21世纪高等学校**市场营销**系列教材

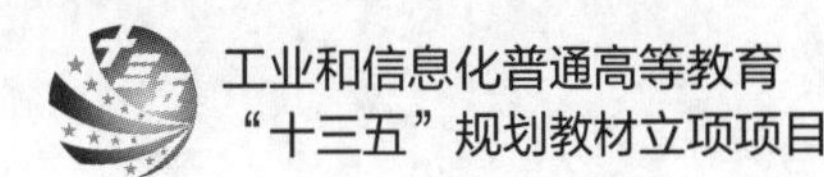

MARKETING

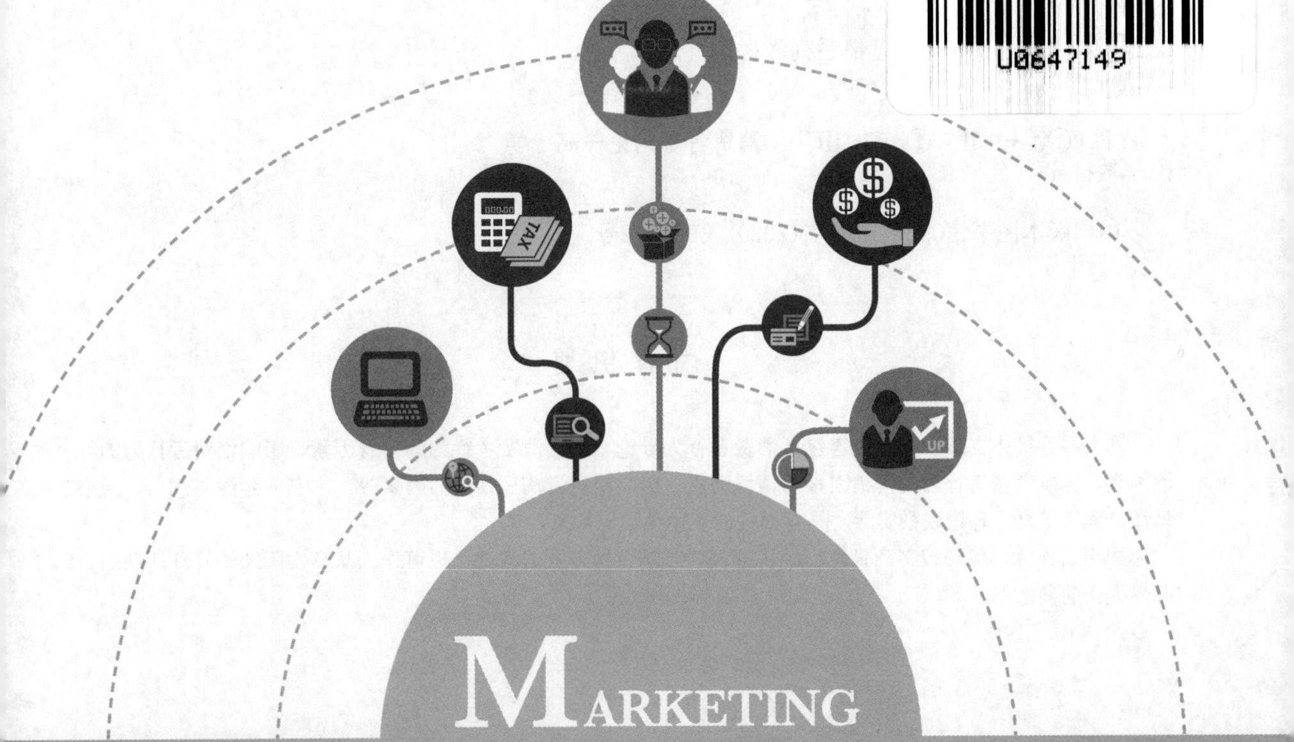

消费者行为学

◆ 苏朝晖 编著 ◆

人民邮电出版社
北京

图书在版编目（CIP）数据

消费者行为学 / 苏朝晖编著. -- 北京 : 人民邮电出版社, 2020.11（2021.7重印）
21世纪高等学校市场营销系列教材
ISBN 978-7-115-53672-3

Ⅰ. ①消… Ⅱ. ①苏… Ⅲ. ①消费者行为论－高等学校－教材 Ⅳ. ①F713.55

中国版本图书馆CIP数据核字(2020)第046032号

内 容 提 要

本书共五篇十二章，主要内容包括消费者行为导论、影响消费者行为的自身因素、影响消费者行为的环境因素、影响消费者行为的营销因素与情境因素、影响消费者购后行为的因素等。本书内容深入浅出、通俗易懂，案例丰富，理论联系实际，具有很强的实用性。

本书既可作为高等院校工商管理、经济管理、市场营销专业的教材，也可作为从事实际经营管理活动的企业界人士的参考书。

◆ 编　　著　苏朝晖
　责任编辑　孙燕燕
　责任印制　周昇亮

◆ 人民邮电出版社出版发行　　北京市丰台区成寿寺路 11 号
　邮编　100164　　电子邮件　315@ptpress.com.cn
　网址　https://www.ptpress.com.cn
　天津翔远印刷有限公司印刷

◆ 开本：787×1092　1/16
　印张：13.75　　2020 年 11 月第 1 版
　字数：286 千字　　2021 年 7 月天津第 2 次印刷

定价：46.00 元

读者服务热线：(010)81055256　印装质量热线：(010)81055316
反盗版热线：(010)81055315
广告经营许可证：京东市监广登字 20170147 号

前言

Preface

消费者市场是由许多具有不同消费倾向、消费需求、消费偏好的消费者和消费群体构成的，又称最终市场，因为只有消费者才是产品或服务的最终归宿，其他市场虽然购买数量也很大，但仍然要到达最终消费者手里才算完成销售，且都以消费者的需求和偏好为转移。因此，了解和掌握消费者行为是企业开展经营活动、营销活动的基础和指南，也是企业生存与发展的重要前提。

然而，消费者行为作为一种有目的的行为，往往受各种因素的影响。从自身因素看，消费者行为会受性别、年龄等生理因素的影响，也会受需要、动机、知觉、学习、记忆、态度、个性、气质、自我概念、生活方式、消费心理等心理因素的影响，还会受来自身份、家庭、经济状况、时间、知识、能力等背景因素的影响。从环境因素看，消费者行为会受政策与法律、经济与文化、自然与技术、社会等环境因素的影响。此外，消费者行为还会受企业的产品、价格、分销、促销等营销因素及消费情境下的物质环境、社会环境、时间环境、任务环境与先行状态等因素的影响。最后，消费者发生购买及消费行为后可能会有不同的反应——有时候满意，有时候不满意；有时候会重复购买表示忠诚，有时候则再也不回头表示流失……那在什么情况下消费者会满意、忠诚或流失呢？这又会受一系列因素的影响。

本书特色如下。

（1）结构新颖，通俗易懂

本书借鉴和吸收了国内外关于消费者行为的最新研究成果，深入浅出、通俗易懂地阐述了消费者行为的模式、类型及消费者的购买过程，以及影响消费者行为的各种因素。

（2）布局合理，案例丰富

本书篇章布局紧凑、叙述清晰流畅，理论联系实际，并且穿插了大量的典型案例，突出了培养应用型人才的特点。

（3）资源丰富，方便教学

本书提供授课计划及建议、多媒体课件、课后思考题答案等教学资源，用书教师可在人邮教育社区（www.ryjiaoyu.com）免费下载。

本书是在前人研究的基础上进行的创新，由于编者水平有限，书中难免有不足之处，恳请读者不吝赐教和批评指正，意见与建议请发至822366044@qq.com，期待读者的反馈。

再次感谢所有给过我支持和帮助的人！

苏朝晖

2020年7月

目录 Contents

第一篇

消费者行为导论

本篇主要介绍什么是消费，什么是消费者行为，为什么要研究消费者行为，消费者行为学的产生及发展是怎样的，研究内容是什么。此外，本篇还介绍了消费者的行为模式、消费者行为的类型，以及消费者的购买过程。

第一章　消费者行为概述

章前思考

1. 消费者需求有哪些特点？
2. 为什么要研究消费者行为？
3. 研究消费者行为有哪些方法？

引例

颜值消费中的消费者行为

颜值表示人靓丽的数值，用来评价人物容貌。每个人都拥有爱美之心，在现代社会中，颜值变得更加重要。颜值引发了一系列越来越普遍的颜值消费现象。颜值消费，是指为了获得高颜值而产生的消费现象。许多消费者为了打造高颜值形象，在颜值消费方面花费大量金钱，包括购买各类化妆品和护肤品、进行医疗美容消费等。

颜值消费的特点是：一是消费需求的差异化、主流化。颜值消费者不仅注重产品的功能，而且更注重围绕产品和自身的个性化需求来消费，消费需求逐步趋于主流化，模仿跟随效应显著。二是冲动式购买增加。大多数颜值消费者缺乏对产品进行鉴别和评估的专业知识，主要依赖网络了解市场信息，因此导致许多购买行为具有极强的冲动性。三是追求名牌消费。大多数颜值消费者更加广泛地通过网络来了解名牌产品的各方面信息，以确定他们的消费决策。

颜值消费者的特征：一是颜值消费者主要以年轻消费者为主，他们追求时尚与潮流，思维愈加开放，同时也更加注重自己的颜值；二是颜值消费者以女性消费者为主，她们更加注重自己的个人形象，对美的追求欲望大于男性消费者，是颜值消费的重要群体；三是颜值消费者通常拥有稳定的收入，或拥有足够的收入来源，以满足他们对颜值消费的经济需要；四是颜值消费者的消费易受他人影响，可能缺乏理性，存在冲动消费行为，同时情感消费特点突出，易受广告的诱惑以及代言人的影响，从而产生从众消费行为；五是颜值消费者通常非常关注他人对自己的印象评价。

第一节 » 消费与消费者行为

本节将介绍什么是消费，什么是消费者行为，消费者需求有哪些特点等。

一、消费

消费是社会再生产过程中的一个重要环节，是满足人们各种需要的过程。

广义的消费包括生产性消费和生活性消费两种，狭义的消费专指生活性消费。

生产性消费是指生产过程中的生产资料和人力劳动的使用和消耗。

生活性消费是指人们把生产出来的物质资料和精神产品用于满足个人生活需要的行为和过程，它是人类社会最大量、最普遍的经济现象和行为活动。生活性消费是一种最终消费，吃、穿、住、行及娱乐等都属于生活性消费，它既是生产的最终目的和动力，也是人们对美好生活需要的直接体现。

本书主要研究和介绍的是生活性消费。

知识扩展

消费品

消费品是用来满足人们物质和文化生活需要的那部分社会产品，也可以称作“消费资料”或“生活资料”。

第一，根据消费者的购买行为和购买习惯，消费品可以分为便利品、选购品、特殊品和非渴求品四类。便利品是指消费者经常购买、反复购买、即时购买、就近购买、惯性购买，且购买时不用花太多时间比较和选择的产品，诸如蔬菜、水果、饮料、香皂、签字笔等。选购品是指消费者对使用性、质量、价格和式样等基本方面要做认真权衡比较的产品，如家具、服装、旧汽车和大的器械等。特殊品是指具有特定品牌或独具特色的产品，或对消费者具有特殊意义、特别价值的产品，如具有收藏价值的古玩字画以及具有纪念意义的结婚戒指等。非渴求品是指消费者不熟悉，或虽然熟悉，但不感兴趣、不主动寻求购买的产品，如环保产品、人寿保险以及专业性很强的书籍等。

第二，按产品耐用程度和购买频率不同，消费品可分为耐用品和非耐用品。耐用品指使用时间较长（至少在1年以上），单位价值较高，购买频率较低的物品，如汽车、电视机、电冰箱、音响、计算机等。消费者购买这类产品时，决策较为慎重。非耐用品指使用时间较短（甚至一次性消费），单位价值较低，消耗快，往往需要经常、反复购买，大量使用的产品，如毛巾、手纸、牙膏等。

营销大师菲利普·科特勒认为，消费者行为一般历经三个阶段：一是量的消费阶段。在产品短缺时，消费者追求数量的满足。二是质的消费阶段。当产品数量丰富时，消费者开始追求中高品质的产品。三是感性消费阶段。当不同品牌产品的功能和品质相近时，消费者开始追求最能表现自己个性和价值的产品，并注重购买时的情感体验和人际沟通。

延伸阅读

消费升级的内容（见图1-1）

一是消费对象升级，表现为消费品质与结构提升。随着消费者收入水平的提高，消费结构从生存型向发展型进而向享受型转变，恩格尔系数下降，消费者对消费数量与质量提出新要求，在数量增加的基础上，对高品质消费的需求大大增加，同时消费内容中实物属性的消费量占比逐步下降，而服务性消费所占的比重大幅度提高。

二是消费路径升级，表现为购买方式更新换代。伴随着技术进步，消费者的购买场所从实体店铺向网络消费、电子商务发展；物流配送的发展使购买过程更加便捷、安全、舒适，使消费更多地呈现出个性化、智能化趋势。

三是消费理念升级，表现为消费者诉求得到满足。这个层面的消费升级包括消费者主权与消费者成就感两个方面。消费者主权是消费的社会属性，表现为消费者在整个经济活动中受到最大限度的尊重，地位得到极大提高，反映的是消费者作为系统运行的终极决定者，其偏好和选择决定着经济系统的方向，引导着资源配置，引领生产活动的未来走向。消费者成就感反映的是现在越来越多的消费者在购买活动中自我保护意识增强，希望能更加深入地参与到商家的经营活动中去，发挥对市场的积极作用。

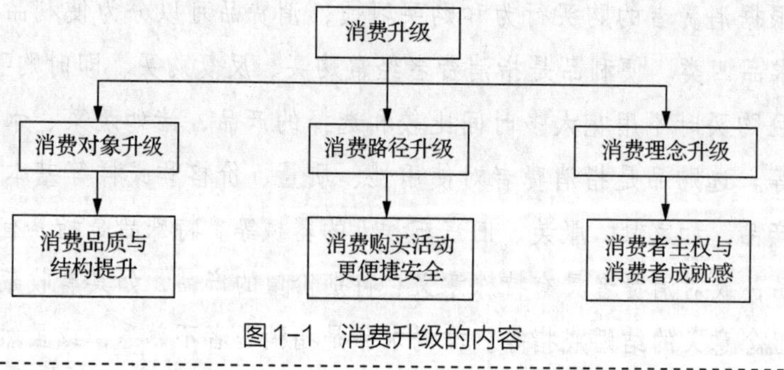

图1-1　消费升级的内容

二、消费者

消费者是为了获得生活资料而做出消费行为的个人。

按照消费者与企业之间关系的疏密，可以将现有消费者分为初次购买消费者（新消费者）、重复购买消费者、忠诚消费者、流失消费者四类。初次购买消费者（新消费者）是对企业的产品或服务进行第一次尝试性购买的消费者。重复购买消费者是对企业的产品或服务进行了第二次及更多次购买的消费者。忠诚消费者是对企业的产品或服务持续地、指向性地重复购买的消费者，是企业最可以信赖的消费者。流失消费者是指曾经是企业的消费者，但由于种种原因，现在不再购买企业的产品或服务的消费者。

消费者对于产品的需求往往不是一次性的，而是不断重复的。经过第一次购买，若产品或服务未能达到消费者的想象或期望，消费者很可能不会再次购买该产品或服务，而会转向选择其他产品或服务；如果产品或服务达到了消费者的想象或期望，甚至让其感觉非常满意，那么该消费者有可能成为企业的忠诚消费者。企业需要的是忠诚、满意的消费者不断进行重复的购买，而不是只购买一次就不再购买。

三、消费者行为

消费者行为有狭义和广义之分。

狭义的消费者行为仅指消费者的购买行为以及对消费资料的实际消费。

广义的消费者行为指消费者为选择、购买、使用、评价或推荐产品及服务所进行的各种活动，包括先于且已决定这些活动的决策过程。

消费者购买意愿即指消费者愿意采取特定购买行为的概率高低。产品的特征、品牌、口碑、信任、消费者个性、消费情境等因素都会影响消费者的购买意愿。

延伸阅读

大数据读懂火锅消费

消费者吃一顿火锅，可以是一时兴起，也可以是酝酿已久。你知道有多少人会到固定的火锅店吃火锅吗？你知道他们为什么要吃火锅吗？你知道他们经常在什么时候吃火锅吗？他们最喜欢吃什么食材，选择什么调料？什么样的方式是他们最容易接受的推荐方式……火锅大数据带您了解火锅消费。

在就餐场景与动机上，消费者以2～3人或4～6人的就餐组合居多，周末是火锅食用的主要时间段，相比周中对于火锅的需求量更大。

在吃火锅的动机中，“朋友交流”“家人聚会”是吃火锅的主要动机。约上三五个好朋友一起吃顿火锅，惬意地聊聊天、交交心是消费者最喜欢的消遣方式。

在火锅餐厅的选择上，“菜品口味好”“食材新鲜”“价格合理”“交通便利”等都是消费者较为看重的方面，而且不同地区的消费者有各自最喜欢的火锅菜品。

在火锅锅底的选择上，双锅或鸳鸯锅较受欢迎，单锅型的火锅占比有较明显的下降。对具体火锅锅底而言，消费者最爱点选麻辣或香辣单锅，且受辣口味接受度逐渐提高的影响，麻辣单锅占比上升。此外，点选较多的单锅锅底有清汤、菌菇、骨头与三鲜，但这些单锅的点选在减少。

在蘸料选择上，就全国而言，芝麻酱的选择最多，但随着全国火锅的发展，芝麻油的选用也越来越多。芝麻油具有降温、降辣、护肠胃的作用，是川味火锅的必备蘸料。

口味是一个不可绕开的话题。从大数据中，我们知道不同地区的消费者选择的火锅品类和菜品都不大一样。火锅餐厅要想在竞争中站稳脚步，就必须找准餐厅的定位，选择好火锅的品类，推出能获得市场认可的菜品。

四、消费者需求的特点

（一）需求的零星性

第一，消费人数众多，涉及千家万户和社会的所有成员；第二，消费者的购买频率较高，但每次的购买数量往往较少。

（二）需求的多样性

消费者是受众多因素影响的个人或家庭，由于消费者在年龄、性别、职业、文化水平、经济条件、个性特征、地理区域、生活方式等方面存在差别，因此消费需求呈现出多样性的特点。而且，随着消费者购买力的不断提高，人们会更加注重个性消费，需求多样性还将呈现不断扩大的趋势。

多样性表现在消费者需求、偏好以及选择产品的方式等方面各有侧重、互不相同。此外，同一消费者在不同时期、不同环境、不同情境、不同产品的选择上，其行为也呈现出很大的差异性。

延伸阅读

酒店商务客人与观光客人需求的比较

各种酒店的客人当中，商务客人和观光客人所占比重最大，所以一家酒店能否在当今竞争激烈的市场中站稳脚跟，最主要的是能否抓住这两类客人。为此，酒店要掌握这两类客人的差异需求。

1. 商务客人的需求

首先，由于酒店大堂代表了整个酒店的形象，代表入住酒店客人的品位。豪华气派和典雅、有文化艺术特色的酒店大堂更受商务客人的青睐。其次，由于商务客人经常会在客房内办公，因而就会需要一些办公必需品及各种设施，比如舒适的桌椅、明亮的灯光、免费的网络、干净整齐的环境、办公所需要的文具等。再次，商务客人有时候会在酒店会见一些重要的人，所以他们对服务的要求也比观光客人的要求要高。最后，商务客人往往并不看重消费价格，而且他们把高价格视为高地位、高身份的象征。

2. 观光客人的需求

观光客人多是出去观光旅游，目的主要是放松心情，感受当地的风土人情和文化，他们到酒店主要就是住宿，回到酒店来消除游玩一天后的疲惫。因此，观光客人对酒店的设施设备没有特殊的需求，有日常生活所需的设备即可，主要是要有家的感觉，要舒适温馨。此外，观光客人大多是自己支付旅行费用，所以会非常注意消费行为是否经济实惠。

（三）需求的多变性

随着时代的变迁、科技的进步、收入的提高，消费者的需求会经历一种由低级到高级、由简单到复杂、由粗到精的变化发展过程，不会永远停留在一个水平，一成不变。

（四）需求的复杂性

需求的复杂性表现为消费者的购买动机往往是隐蔽的、复杂的。以购买一辆宝马车为例，显性动机是购买交通工具，而隐性动机则是显示自己的成功与地位。由此可见，同一消费行为可以是由多种动机所驱使的。

消费者行为还受到社会经济环境、社会文化环境、个性特征和生活方式等因素的影响，而且这些因素对消费者行为的影响有的是直接的、有的是间接的，有的是单独的、有的是交叉的或交互的。正是这些影响因素的多样性和复杂性，决定了消费者行为的复杂性。

（五）需求的层次性

美国著名社会心理学家马斯洛认为：人是有欲望的动物，需求什么取决于其已经有了什么，只有尚未被满足的需求才影响人的行为；人的需求是以层次的形式出现的，按其重要程度的大小，由低层次需求逐级向上发展到高层次的需求。马斯洛将人类需求按低级到高级的顺序分成五个层次或五种基本类型，分别是生理需求、安全需求、归属与爱的需求、自尊的需求和自我实现的需求。

1. 生理需求

生理需求是人们最原始、最基本的需求，是维持个体生存和人类繁衍而必不可少的需求，如对食物、氧气、水、睡眠等的需求。

2. 安全需求

安全需求较生理需求高一个级别，指满足人身安全和健康的需求。当生理需求得到满足以后，人们对于安全的需求就产生了，将会对医疗保健品、人寿保险、防盗物品产生需求。

3. 归属和爱的需求

归属和爱的需求即希望给予或接受他人的友谊、关怀和爱护，得到某些群体的承认、接纳和重视。

4. 自尊的需求

自尊的需求即希望获得荣誉，受到尊重和尊敬，博得好评，得到一定的社会地位的需求。

5. 自我实现的需求

自我实现的需求即希望充分发挥自己的潜能、实现自己的理想和抱负的需求。自我实现的需求是人类最高级的需求。

马斯洛认为人们对每个层次的需求强度不同，通常，较低层次的需求满足之后，再产生较高层次的需求，有条件时希望所有层次的需求都能够得到满足。例如，一个饥寒交迫的人不会注意到别人是如何看待他的（第三或第四层次的需求），甚至他都不会在意他呼吸的空气是否洁净（第二层次的需求），但是当他有了足够的水和食物（第一层次的需求）的时候，安全需求（第二层次的需求）就会产生了。

（六）需求的非专业性

消费者购买产品时大多数是外行，即缺乏相应的产品（服务）知识和市场知识，其购买行为属于非专业性购买。

（七）需求的可诱导性

消费者有时对自己的需求并不能清楚地意识到。此时，企业可以通过提供合适的产品来激发消费的需求，也可以通过有效的广告宣传、营销推广等促销手段来刺激消费者，使之产生购买欲望，甚至影响他们的消费需求，改变他们的消费习惯，更新他们的消费观念。

（八）需求的波动性

需求的波动性体现在有规律的波动和无规律的波动。

1. 有规律的需求波动

由于文化、习惯以及作息时间的影响，消费者在很多情况下产生了步调一致的需求，因而产生了用餐高峰、交通高峰、旅游高峰，及用餐低谷、交通低谷、旅游低谷。还会出现前一小时服务大厅还是门可罗雀，但一小时后已是座无虚席，还排起了长队。

虽然消费者的需求可能在一天的不同时间、一周的不同日子、一月的不同周或日子、一季的不同月份或日子、一年的不同季节或日子都会发生差异，但这些需求大多还都有规律的——它们往往出现在上班（开学）前、下班（放学）后、节假日的前后与节假日期间等。

例如，对补习班、夏令营、冬令营的需求往往发生在长假期；对医院呼吸科的服务需求也与季节性的天气变化相关；工矿产区的餐馆知道工人发工资后的几天是生意最好的时候；医院发现未预约的患者或急诊病人似乎在周一更为集中，而在其他工作日则会少一些。

风景区、酒店、游乐场、零售机构的需求不仅与节假日密切相关，也与一年中的气候变化有关。假期和气候比较好的季节出游人数会增加，如到北京的游客大都集中在春天的四五月份和秋天的十月份，这时北京的住宿和交通常显得紧张，而其他月份的游客相对较少。

汽车经销商发现周末看车的消费者非常多，而周一、周二看车的消费者非常少——因为消费者双休日才有时间看车，如果双休日看车，每周头两天再来看的可能性就非常小。4S店发现黄金周前、春节前车辆检修的需求水平会陡然上升，因为消费者需要为长途旅行做准备。

总之，我们可以发现市场上有些需求是存在周期性、阶段性、季节性等有规律的变化的，识别出这部分有规律的需求，就可以对需求进行预测和引导，并且采取相关措施满足需求。

例如，医院可以将预约患者的诊疗时间安排在周一以外的其他时间，而在周一则将更多的人手、时间和设施用于诊疗未预约的患者或急诊病人。

2. 无规律的需求波动

有时，需求变化是与突发性事件相关的，如疾病暴发、台风、暴雨、停电、停水、交通事故、食物中毒、火灾、地震等，这些突发性事件可能在瞬间引发需求，而消费者又不能提前预测这种无规律的需求。

例如，设备维修机构发现，其维修业务一部分来自于常规合同，而另一部分则是临时业务，这些临时业务往往发生在突发事件，如雷雨天之后，而雷雨天的出现是没有规律的。又如，本来春天是出游的好季节，但如果此时突然出现沙尘天气，消费者就会宁愿待在家里。

服务机构无法预测更没法控制这些突发事件的发生，但可以采取相应措施。例如，设备维修机构可以在突发事件发生后，集中满足临时业务的需求，抓住市场机会。

延伸阅读

六种需求类型

（1）负需求。负需求是指市场上众多消费者不喜欢某种产品或服务。例如，许多老年人为预防各种老年疾病不敢吃甜点心和肥肉，又如有些消费者害怕冒险而不敢乘飞机，或害怕化纤纺织品中的有毒物质损害身体而不敢购买化纤服装。市场营销管理的任务是分析人们为什么不喜欢这些产品，并针对目标消费者的需求重新设计产品、定价，做更积极的促销，或改变消费者对某些产品或服务的观念，诸如宣传老年人适当吃甜食对健康有利，乘坐飞机出事的概率比较小等。

（2）潜伏需求。潜伏需求是指现有的产品或服务不能满足许多消费者的强烈需求。例如，老年人需要高植物蛋白、低胆固醇的保健食品，美观大方的服饰，安全、舒适的交通工具等，但许多企业尚未重视老年人市场的需求。潜伏需求和潜在需求不同，潜在需求是指消费者对某些产品或服务有消费需求而无购买力，或有购买力但并不急于购买的需求状况。企业市场营销的任务是准确地衡量潜在市场需求，开发有效的产品和服务，即开发市场营销。

（3）下降需求。下降需求是指目标市场消费者对某些产品或服务的需求出现了下降趋势。例如，城市居民对电风扇的需求渐趋饱和，需求相对减少。市场营销者要了解消费者需求下降的原因，或通过改变产品的特色，采用更有效的沟通方法再刺激需求，即通过创造性的再营销，或通过寻求新的目标市场，以扭转需求下降的格局。

（4）不规则需求。不规则需求是指许多企业常面临因季节、月份、周、日、时对产品或服务需求的变化，而造成生产能力和产品的闲置或过度使用。例如，在公共交通工具方面，在运输高峰时不够用，在非运输高峰时则闲置不用。又如，在旅游旺季时旅馆紧张或短缺，在旅游淡季时，旅馆空闲。再如，节假日或周末时，商店拥挤，在平时商店消费者稀少。市场营销的任务是通过灵活的定价、促销及其他激励因素来改变需求时间模式，这称为同步营销。

（5）过度需求。过度需求是指市场上消费者对某些产品或服务的需求超过了企业供应能力，供不应求。例如，由于人口过多或物资短缺，引起交通、能源及住房等供不应求。企业营销管理的任务是减缓营销，可以通过提高价格、减少促销和服务等方式使需求减少。企业最好选择那些利润较少、要求提供服务不多的目标消费者作为减缓营销的对象。减缓营销的目的不是破坏需求，而只是暂缓需求水平。

（6）有害需求。有害需求是指有害于消费者身心健康的产品或服务。例如，烟、酒、毒品、黄色书刊等。企业营销管理的任务是通过提价、传播恐怖及减少可购买的机会或通过立法禁止销售，称为反市场营销。反市场营销的目的是采取相应措施来消灭某些有害的需求。

第二节 » 消费者行为学的产生及发展

消费者行为学的产生及发展，经历了萌芽与初创时期、应用与发展时期、变革与创新时期。

一、萌芽与初创时期

消费者行为学的研究起源于18世纪的英国，这是由于英国较早地进入资本主义社会形态，并形成了消费社会。消费者行为学作为一门独立的、系统的应用科学是在资本主义工业革命后，随着产品经济的快速发展、市场问题日益尖锐、竞争加剧而出现的。

从19世纪末到20世纪30年代，有关消费者行为与心理研究的理论开始出现，并有了初步的发展。

19世纪末20世纪初，各主要资本主义国家尤其是美国，在工业革命后劳动生产率大幅度提高，生产能力开始超过市场需求，导致企业之间竞争加剧。在这种情况下，一些企业开始注重对消费者需求的刺激和产品推销。与此同时，一些学者根据企业销售的需要，开始从理论上研究产品的需求与销售之间的关系，研究消费者行为与心理同企业销售之间的关系。

1895年，美国明尼苏达大学的心理学家盖尔采用问卷调查的方法，研究消费者对广告的态度以及对广告中所宣传产品的态度，从消费者的态度中分析广告影响消费者的效用。

1899年，美国社会学家凡勃伦出版了《有闲阶级论》（*Theory of the Leisure Class*）一书，提出了炫耀性消费及其社会意义。他认为，人们对服装、首饰、住宅等物品的过度消费，源于向别人炫耀自己的社会心理。

1908年美国社会学家罗斯发表了《社会心理学》，着重分析了个人和群体在社会生活中的心理与行为。

1912年，主持哈佛大学心理实验室工作的闵斯特伯格出版了《工业心理学》一书，着重阐述了产品销售中广告和橱窗陈列对消费者的影响。同时，还有一些学者在市场营销学、管理学等著作中也研究了有关消费者心理与行为的问题。

二、应用与发展时期

从20世纪30年代到20世纪60年代末，消费者行为研究被广泛地应用于市场营销活动中并得到迅速发展。

在 20 世纪 30 年代的经济大危机中，市场中的产品严重过剩，销售十分困难，这时的市场主要表现为供过于求的态势。企业要想在竞争中战胜竞争者，求得生存，必须首先解决产品销路问题。为此，企业对消费者行为研究成果表现出越来越浓厚的兴趣。关于消费者心理和销售心理的各种专门研究不断发展，为第二次世界大战以后消费者行为研究的发展奠定了基础。

第二次世界大战以后，西方主要发达国家生产技术水平发展较快，市场上的产品激增，消费者的需求和愿望也在不断变化，其购买行为更加捉摸不定。企业开始重视和加强市场调研。预测消费趋势成为企业赢得竞争优势的重要前提。在此背景下，越来越多的心理学家、经济学家、社会学家都转入这一领域的研究，并相继提出了许多理论。例如，经济学家凯恩斯指出，刺激经济最活跃的动力因素来自“个人的多血质和成就动机精神”。凯恩斯关于消费心理与经济危机关系问题研究的学说，对于推动西方各国建立以消费者为核心的经济指标体系发挥了很大作用。

20 世纪四五十年代，最引人注目的是关于消费者购买动机的研究。受弗洛伊德精神分析学说的影响，一些研究人员试图探究消费者购买或不购买某种产品的深层动机。其中，1950 年由梅森•海尔主持的速溶咖啡的研究最具有代表性。

20 世纪 50 年代初，美国著名心理学家马斯洛提出的“需求层次理论”认为，消费者只有在较低层次的需求得到满足以后才会产生较高层次的需求。同一时期，盖斯特和布朗开始了对消费者在购买产品的活动中所表现的品牌忠诚性进行研究。谢里夫、凯利和谢巴托尼等人开展对参照群体影响的研究。此外，风险知觉和潜意识与广告等方面的专题研究也达到了前所未有的水平，从而大大拓展了消费者行为学研究的内容。

20 世纪 60 年代以后，消费者行为学的研究得到迅猛发展。1960 年，美国心理学会正式成立了消费者心理学分会，而美国的一些大学心理学系（学院）、社会学系（学院）、经营管理系（学院）和一些研究生院相继开设并讲授消费者行为学课程，对消费者心理、消费者行为的研究人员增多，研究质量大为提高。

1968 年，恩格尔、科拉特、布莱克威尔等人合著的《消费者行为学》是第一本正式的研究消费者行为学的教科书。该书总结并归纳了作者多年的研究成果，吸收了其他学者的理论，考虑了影响购买决策的内部、外部因素，提出了消费者行为决策的模式，即恩格尔 - 科拉特 - 布莱克威尔购买行为模式（简称 EKB 模式）。这个消费者行为模式考虑了个体内部因素以及社会环境、商业环境对消费者产生的影响，将消费者购买过程的各个环节清晰地勾勒出来。

三、变革与创新时期

从 20 世纪 70 年代至今，这一时期捉摸不定的消费时尚、无规律可言的消费流行，给产品推销工作带来了挑战，相关人员不得不对消费者行为进行深入的、多角度的、跨学科的研究，有关消费者行为研究的论文、调查报告、专著不仅在数量上急剧增加，而且在质量上也越来越高。许多新学科，如计算机科学、经济数学、行为学、社会学等，也被广泛运用于消费者行为、营销决策者行为的研究中。同时，研究方法从一般的描述、定性分析发展到定性分析和定量分析相结合。在一些专题研究过程中，多种方法与技术被协调并用，计算机技术也被用来进行数据处理、建立数量模型等。

第三节 » 研究消费者行为的意义与方法

本节将介绍研究消费者行为的意义，研究消费者行为有哪些方法，研究消费者行为的趋势是什么，以及阐述消费者行为学研究哪些内容等。

一、研究消费者行为的意义

由消费者所构成的市场就是消费者市场，又称最终市场，因为只有消费者市场才是产品或服务的最终归宿，其他市场虽然购买数量也很大，但仍然要以消费者的需求和偏好为转移。因此，全面动态地了解消费者行为，掌握消费者行为的特点是企业生存与发展的重要前提。

市场不是抽象的，而是由许多消费倾向、消费需求、消费偏好互不相同的消费者和消费群体构成的，所以，“先研究消费者，再研究产品”是企业的一个永恒的原则——只有研究消费者行为，了解消费者对各种产品属性的评价，并且以消费者的需求为依据设计、开发、生产及改进产品或服务，才能取得市场经营的主动权，才能增强企业的市场竞争能力，才能实现更好的经济效益和社会效益。

二、研究消费者行为的方法与趋势

（一）研究消费者行为的方法

消费者行为的基本研究方法包括了观察法、实验法、问卷法、访谈法等。

1. 观察法

观察法指在日常生活中通过观察消费者的外在行为探究其心理活动的方法，如到购物场所实地观察消费者的购买行为。这个方法的特点是简单易行、成本低、有一定的可信度。

2. 实验法

实验法是心理学研究中应用最广且成效最大的一种方法，包括实验室实验法和自然实验法两种。实验室实验法是指在专门的实验室内，借助仪器、设备等进行心理测试和分析的方法。实验室实验法因借助仪器会得到比较科学的结果，但存在无法测定比较复杂的个体心理活动的缺点。自然实验法是指企业通过适当地控制和创造某些条件，刺激和诱导消费者的心理，或是利用一定的实验对象对某个心理问题进行测试，最终记录下消费者的各种心理表现。自然实验法具有主动性、系统性的特点，因此被广泛使用。

3. 问卷法

问卷法指调查机构或部门将其希望了解的内容列在纸上，然后发给消费者，让他们填写。这种方法因为可以同时调查多个人，简单易行，收效显著，所以也被广泛应用。

4. 访谈法

访谈法指调查的双方通过交谈的方式完成要调查的内容。一个调查者可以和多个被调查者同时交谈，简单易操作，效果也很好，值得各行各业使用。

以上研究方法的选择取决于人力、时间、信息来源等因素，更取决于研究的目的和性质。很多企业会综合使用以上的方法，这样可以更科学、更准确地判断消费者的心理变化。另外，随着社会的不断发展，研究消费者行为的方法必将不断完善。

（二）研究消费者行为的趋势

1. 研究角度趋向多元化

当前对消费者行为的研究角度渐趋多元化，如从宏观经济角度、自然资源保护角度、消费者利益角度、消费者生活方式角度研究宏观经济对消费者行为的影响、保护自然资源对消费者行为的影响、消费者利益诉求对消费者行为的影响、消费者生活方式对消费者行为的影响等。

2. 研究参数趋向多样化

在最初的研究中，人们主要利用心理学的理论对消费者行为学中涉及的问题做一般的描述，后来加进了经济学、社会学的有关概念作为参数变量，根据消费者的年龄、性别、职业、家庭、社会阶层、收入支出、储蓄信贷等来分析与解释各种消费者行为的差异。现在，随着研究的深入，为了准确把握日益复杂的消费行为，研究者又引入了一系列新的变量，如文化、历史、地域、民族、宗教、价值观等。新变量的加入为消费者行为学研究精细化和准确性提供了可能，同时也使参数变量在数量和内容上更加丰富。

3. 研究方法趋向定量化

过去对消费者行为学的研究仅局限于对各种简单现象的一般描述上。各种新变量的加入使各参数之间的相互关系更加复杂，单纯对某一消费现象进行事实性记述和定性分析显然是不够的。为此，更多的学者越来越倾向于采用实验法、个案分析法、跨文化研究法，运用统计分析技术以及运筹学、动态分析等现代科学方法和技术手段，揭示变量之间的内在联系，如因果关系、相关关系等。定量分析的结果使建立更加精确的消费者行为模式成为可能。但是，单纯采用定量分析方法也可能忽视对整体情况的分析掌握，因此，现在更多采用定性分析法和定量分析法相结合的方法。

三、消费者行为学的研究内容

消费者行为作为一种有目的的活动，往往受多种因素的影响。从自身因素看，消费者行为会受到性别、年龄等生理因素的影响，也会受需要、动机、知觉、学习、记忆、态度、个性、气质、自我概念、生活方式、消费心理等心理因素的影响，还会受到来自身份、家庭、阶层、经济状况、时间、知识、能力等背景因素的影响；从环境因素看，消费者行为会受到政策与法律、经济与文化、自然与技术、社会等环境因素的影响。此外，消费者行为还会受企业的产品、价格、分销、促销等营销因素以及消费情境下的物质环境、社会环境、时间环境、任务环境与先行状态等因素的影响。最后，消费者发生购买及消费行为后可能会有不同的反应——有时候满意，有时候不满意；有时候会重复购买表示忠诚，有时候则再也不回头表示流失，之所以会这样又是受到一系列因素的影响。因此，消费者行为学的研究内容应当包括研究消费者行为的特点，以及影响消费者行为的各种因素。图 1-2 所示为消费者购买过程及影响因素模型。

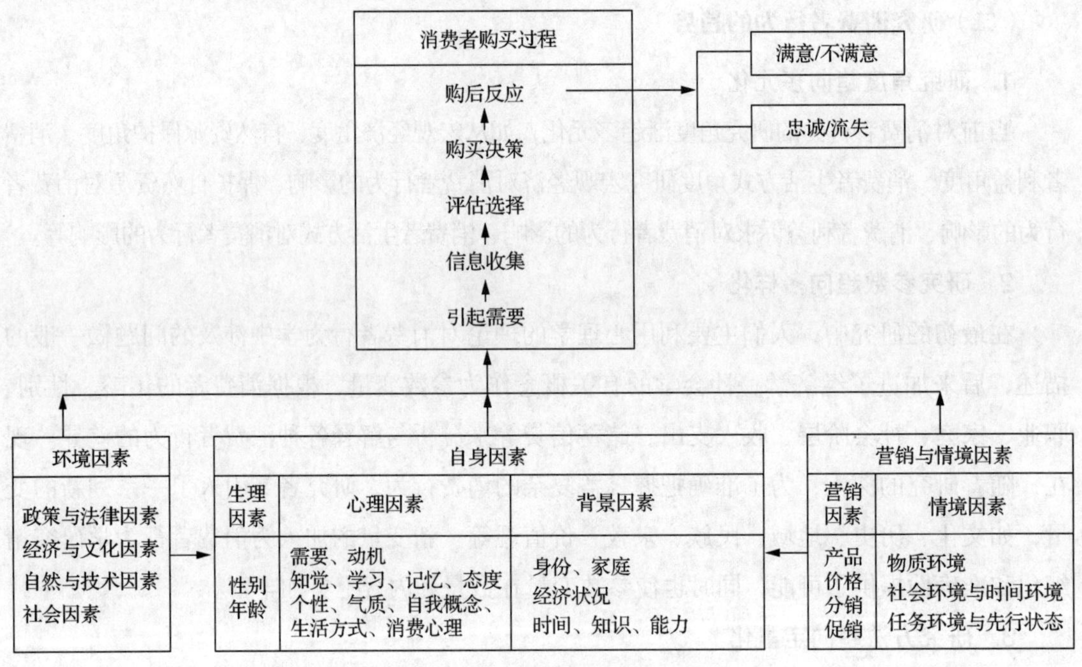

图 1-2　消费者购买过程及影响因素模型

章后思考题

1. 什么是消费？什么是消费者行为？
2. 消费升级的内容是什么？
3. 消费者需求有哪些特点？
4. 研究消费者行为有什么意义？
5. 研究消费者行为有哪些方法？研究消费者行为的趋势是什么？
6. 消费者行为学的研究内容有哪些？

第二章　消费者行为的特点

章前思考

1. 消费者的行为模式有几种?
2. 消费者行为有哪些类型?
3. 消费者购买过程可分为哪几个阶段?

引例

麦当劳如何提高奶昔销售量

很多年前，麦当劳发起了一个项目，目的是增加店内奶昔的销售量。麦当劳请了哈佛商学院教授克莱顿·克里斯坦森（Clayton Christensen）和他的团队一起解决这个问题。

通过一系列的观察、记录和访谈，Clayton团队发现了一个有趣的真相——几乎有一半的奶昔是早上卖掉的，来买奶昔的几乎都是一类人，他们只买了奶昔，并且几乎所有的人都是开车打包带走的。Clayton团队又进行了进一步的访谈研究，发现原来这些消费者每天一大早都有同样的事情要做：他们要开很久的车去上班，路上很无聊，开车时就需要做些事情让路程变得有意思一点；他们当时还不饿，但是大约2个小时后，也就是上午和中午的中间时段，他们知道肚子就会咕咕叫了。

他们一般怎样解决这些问题呢？有人会吃香蕉，但香蕉消化得太快了，很快就又饿了。也有人试过面包圈，但面包圈太脆，边吃边开车，会弄得满手都是碎屑。还有人吃过士力架巧克力，但是早餐吃巧克力总感觉对健康不太好。奶昔呢？无疑是它们当中最好的选择。用细细的吸管吸厚厚的奶昔要花很长时间，并且一瓶奶昔基本上能抵挡住一上午阵阵来袭的饥饿感。有个人脱口而出："这些奶昔真稠！我要花20分钟才能把奶昔用细细的吸管吸干净。谁会在乎里面的成分呢，我就不在乎。我只知道整个上午都不会觉得饿，而且它刚好能与我的茶杯座配套。"

在了解了上面的信息以后，麦当劳到底该如何改进奶昔产品变得显而易见了。如何才能帮消费者更好地打发无聊的通勤时间呢？让奶昔再稠一些，让消费者花更长时间来吸奶昔。加上一点点果肉，目的不是让消费者觉得健康，而是给消费者一些小惊喜。把奶昔的机器搬到柜台前，让消费者不用排队，刷卡自助取用，等等。这些举措大大提高了奶昔的销售量。

第一节 » 消费者的行为模式

国内外许多学者、专家对消费者行为模式进行了大量的研究，并且提出一些具有代表性的模式，揭示了消费者购买行为中的某些共性或规律，其中尤以恩格尔 - 科拉特 - 布莱克威尔（Engel-Kollat-Blackwell，EKB）模式和霍华德 - 谢思（Howard-Sheth）模式最为著名。以下是几种消费者行为模式的具体介绍。

一、一般模式

人类行为的一般模式是 S-O-R 模式，即“刺激－个体生理、心理－反应”（S-stimulus 刺激，O-Organism 有机体，R-Response 反应）。消费者的行为也适用于该模式，即购买行为是由刺激所引起的，这种刺激来自于消费者身体内部的生理、心理因素和外部的环境。消费者在各种因素的刺激下，产生购买动机，在购买动机的驱使下，做出购买产品的决策，实施购买行为，购后还会对购买的产品及其相关渠道和厂家做出评价，这样就完成了一次完整的购买过程。

二、科特勒模式

菲利普 • 科特勒提出一个消费者行为的简单模式，该模式说明消费者的购买行为不仅要受到营销的影响，还要受到外部因素的影响，而不同特征的消费者会产生不同的心理活动，刺激消费者形成不同的决策过程，并导致一定的购买决定，最终形成了消费者对产品、品牌、经销商、购买时机、购买数量的选择。

三、尼科西亚模式

尼科西亚模式由四大部分组成：第一部分，从信息源到消费者态度，包括企业和消费者两方面的态度；第二部分，消费者对产品进行调查和评价，并且形成购买动机的输出；第三部分，消费者采取有效的决策行为；第四部分，消费者购买行动的结果被大脑记忆、贮存起来，为消费者以后的购买提供参考或反馈给企业。

四、恩格尔－科拉特－布莱克威尔模式

该模式又称 EKB 模式，是由恩格尔、科拉特和布莱克威尔在 1968 年提出的，其重点是从购买决策过程去分析。该模式认为，外界信息在有形因素和无形因素的作用下，输入中枢控制系统，通过大脑的发现、注意、理解、记忆及对大脑存储的个人经验、评价标准、态度、个性等进行过滤加工，构成了信息处理程序，并在内心进行评估选择，产生了决策方案。整个决策过程同样要受到环境因素，如收入、文化、家庭、社会阶层等的影响。此后消费者产生购买行动，并对购买的产品进行消费体验，得出满意与否的结论，此结论通过反馈又进入了中枢控制系统，形成信息与经验，影响未来的购买行为。该模式认为，可以用中央控制器来比喻消费者的心理——消费者将接收到的信息输入其中，将消费

者的态度、经验等作为“插入变量”与输入的外部刺激信息进行结合，最后由支配消费者心理的中央控制器让消费者得到认可，最后决定购买，这就是一次完整的循环模式。

五、霍华德-谢思模式

霍华德和谢思认为，影响消费者决策程序的主要因素有输入变量、知觉过程、学习过程、输出变量、外因性变量等。输入变量（刺激因素），包括刺激、象征性刺激和社会刺激。刺激是指物品、商标本身产生的刺激；象征性刺激是指由推销员、广告媒介、商标目录等传播的语言、文字、图片等产生的刺激；社会刺激是指消费者在同他人的交往中产生的刺激，这种刺激一般与提供购买信息相联。消费者对这些刺激因素有选择地加以接受和反应。

霍华德-谢思模式认为投入因素和外界因素是购买的刺激物，它通过唤起和形成动机，提供各种选择方案信息，影响购买者的心理活动（内在因素）。消费者受刺激物和以往购买经验的影响，开始接受信息并产生各种动机，对可选择产品产生一系列反应，形成一系列购买决策的中介因素，如选择评价标准、意向等，在动机、购买方案和中介因素的相互作用下，便产生了某种倾向或态度。这种倾向或态度又与其他因素，如购买行为的限制因素结合后，产生购买结果。购买结果形成的感受信息也会反馈给消费者，影响消费者的心理和下一次的购买行为。

霍华德-谢思模式与EKB模式有许多相似之处，但也有诸多不同点。两个模式的主要差异在于强调的重点不同。EKB模式强调的是态度的形成与产生购买意向之间的过程，认为信息的收集与评价是非常重要的方面。而霍华德-谢思模式更加强调购买过程的早期情况：知觉过程、学习过程及态度的形成，同时也指出了影响消费者购买行为的各种因素之间错综复杂的联系，只有把握多种因素之间的相互关系及联结方式，才能揭示消费者购买行为的一般规律。

六、霍金斯模型

美国消费心理与行为学家D.I. 霍金斯的消费者决策过程模型是关于消费者心理和行为的模型。霍金斯模型认为，消费者在内、外因素影响下形成自我概念（形象）和生活方式，然后消费者的自我概念和生活方式导致需要与欲望产生，这些需要与欲望大部分要求以消费行为（获得产品）来满足，同时它们也会影响今后的消费心理与行为，特别是影响消费者的自我概念和生活方式的调节与变化。霍金斯模型被称为将心理学与营销策略整合的最佳典范，它为我们描述消费者特点提供了一个基本结构与过程或概念性模型，也反映了今天人们对消费者心理与行为性质的信念和认识。

第二节 » 消费者行为的类型

消费者行为的类型可根据消费者的卷入程度和所购产品品牌的差异程度来划分，还可以根据消费者购买目标的确定程度划分，也可以根据消费者的购买态度与要求划分，还可以根据消费者的购买频率划分。

一、根据消费者的卷入程度和所购产品品牌的差异程度划分

不同消费者购买决策过程的复杂程度不同，究其原因，是受诸多因素的影响，其中最主要的是受卷入程度和所购产品品牌差异程度的影响。例如，牙膏、火柴与计算机、轿车之间的购买复杂程度显然是不同的。

美国营销学者阿萨尔（Assael）根据消费者购买参与程度（购买的谨慎程度以及花费时间和精力的多少）和产品品牌差异程度，区分了消费者购买行为的四种类型（见表 2-1）。

表 2–1 阿萨尔购买行为类型

	高度卷入	低度卷入
品牌间差异很大	复杂的购买行为	寻求变化的购买行为
品牌间差异很小	减少失调的购买行为	习惯性购买行为

（一）复杂的购买行为

复杂的购买行为指消费者需要经历大量的信息收集、全面的评估、慎重的购买决策和认真的购后评价等各个阶段。如果所购产品的各品牌、品种和规格之间具有显著差异，需要消费者的高度卷入，则会产生复杂的购买行为。一般来说，购买贵重物品、大型耐用消费品、风险较大的产品、特别容易引起他人注目的产品及其他需要消费者高度卷入的产品，消费者的购买行为往往是复杂的购买行为。

对于复杂的购买行为，营销者应制定策略帮助购买者掌握产品知识，运用印刷媒体、网络媒体和销售人员宣传本品牌的优点，以及发动购买者的亲友影响最终购买决定，简化购买过程。

（二）减少失调的购买行为

这种购买行为指虽然产品的各种品牌之间并没有多大差别，但由于产品具有很大的购买风险或价格很高，所以需要消费者高度卷入才能慎重决定。而购买后消费者也许会感到有些不够满意，也许是觉得产品的某个地方不够称心，也许是听到别人称赞其他品牌的产品，所以在使用期间，消费者会了解更多情况，并寻求种种理由来减轻、化解这种不协调，以证明自己的购买决策是正确的。

对于这类购买行为，营销者要提供完善的售后服务，通过各种途径经常提供有利于本企业和产品的信息，使消费者相信自己的购买决定是正确的。

（三）寻求变化的购买行为

有些产品各品牌之间有明显差别，但消费者并不愿在上面多花时间，在求新求异的消费动机下就会不断地在各品牌之间进行变换，达到常换常新的目的。例如，今天喝的是汇源果汁，明天也许就换成农夫山泉，后天可能又换成加多宝凉茶了。又如，上次购买的饼干是巧克力夹心口味，这次有可能购买的是奶油夹心口味。这样做往往不是因为他们对产

品不满意，而只是想换换口味。

对于寻求变化的购买行为，市场领导者和挑战者的营销策略是不同的。市场领导者可通过占有货架、避免脱销和提醒广告来鼓励消费者形成习惯性购买行为。而挑战者则可以较低的价格、折扣、赠券、免费赠送样品和强调试用新品牌的广告，来鼓励消费者改变原来的习惯性购买行为。

（四）习惯性购买行为

这是指所购产品的品牌之间的差异不大，同时价格也较低而且大多是经常购买的日用消费品，那么消费者在购买这类产品的时候并不需要刻意地形成态度和信念，然后按照决策过程一步一步地实施计划，最后完成购买活动，而是以一种不假思索的方式直接采取购买行动。在这种情况下消费者购买某类产品并非出于品牌忠诚，而是出于习惯，或者说只是熟悉的缘故。例如，买油、盐之类的产品就是这样。这种简单的购买行为往往不经过收集信息、评价产品特点、最后做出重大决定这种复杂的过程。

对习惯性购买行为的主要营销策略如下。

首先，营销者利用价格与促销吸引消费者试用。由于产品本身与同类其他品牌相比难以找出能引起消费者兴趣的独特优点，企业就只能依靠合理的价格与优惠、展销、示范、赠送、有奖销售等销售促进手段吸引消费者试用。一旦消费者了解和熟悉了某产品，就可能经常购买该产品以至形成购买习惯。另外，企业可通过投放大量重复性广告加深消费者印象。在品牌差异小、低卷入度的情况下，消费者并不主动收集品牌信息，消费者选购某种品牌不一定是被广告所打动或对该品牌有忠诚的态度，只是熟悉而已。他们购买之后甚至不去评价它，因为并不重视它。因此，企业必须通过大量广告使消费者被动地接受广告信息，从而产生对品牌的熟悉。为了取得满意的效果，广告信息应简短有力且不断重复，只强调少数几个重点，突出视觉符号与视觉形象。

其次，增加购买参与程度和品牌差异。在习惯性购买行为中，消费者只购买自己熟悉的品牌而较少考虑品牌转换。如果竞争者通过技术进步和产品更新将消费者卷入度低的产品转换为消费者卷入度高的产品，并扩大与同类产品的差距，将促使消费者改变原先的习惯性购买行为，寻求新的品牌。提高消费者卷入程度的主要途径是在不重要的产品中增加较为重要的功能和用途，并在价格和档次上与同类产品拉开差距。例如，洗发水若仅仅有去污的作用，与同类产品没有什么差别，属于消费者卷入度低的产品，只能以低价展开竞争；若增加去除头皮屑的功能，则消费者卷入程度提高，提高价格也能吸引购买，扩大销售；若再增加养发护发的功能，则消费者卷入程度和品牌差异都能进一步提高。

二、根据消费者购买目标的确定程度划分

（一）全确定型购买行为

全确定型购买行为指消费者在购买产品以前，已经有明确的购买目标，对产品的名

称、型号、规格、颜色、式样、商标以至价格的幅度都有明确的要求，进入商场以后，一般都是有目的地选择，并对所要购买的产品提出具体要求，当产品能满足其要求时，便会毫不犹豫地买下产品的一种购买行为。

（二）半确定型购买行为

半确定型购买行为指消费者在购买产品以前，已经有大致的购买目标，但具体要求还不够明确，最后的购买则需要经过选择比较才能完成的购买行为。例如，购买空调是原先计划好的，但购买什么牌子、规格、型号、式样等心中无数。这类消费者进入商场以后，一般要经过较长时间的分析、比较才能完成其购买行为。

（三）不确定型购买行为

不确定型购买行为指消费者在购买产品以前，没有明确的或既定的购买目标，进入商店主要是参观游览、休闲，漫无目标地观看产品或随便了解一些产品的销售情况，有时感到有兴趣或合适的产品偶尔购买的一种购买行为。

三、根据消费者的购买态度与要求划分

（一）习惯型购买行为

习惯型购买行为指消费者出于对某种产品或某家商场的信赖、偏爱而产生的经常、反复的购买行为。由于经常购买和使用，他们对这些产品或服务十分熟悉，体验较深，再次购买时往往不再花费时间进行比较选择，注意力稳定、集中。

（二）理智型购买行为

理智型购买行为指消费者在每次购买前对所购的产品，都要进行较为仔细的研究比较后才决策的一种购买行为。这种行为的感情色彩较少，消费者头脑冷静，行为慎重，主观性较强，不轻易相信广告、宣传、承诺、促销方式以及售货员的介绍，主要看产品的功能、质量、款式。

（三）经济型购买行为

经济型购买行为指消费者购买时特别重视价格，对于价格的反应特别灵敏，无论是选择高档产品，还是中低档产品，都优先考虑价格的一种购买行为。这类消费者对“大甩卖”“清仓”“亏本销售”等低价促销活动最感兴趣。一般来说，这与消费者自身的经济状况不太理想有关。

（四）冲动型购买行为

冲动型购买行为指消费者容易受产品的外观、包装、商标或其他促销活动的刺激而产生购买的一种行为。这类消费者一般是以直观感觉为购买依据，从个人的兴趣或情绪出发，喜欢新奇、新颖、时尚的产品，购买时不愿做反复的选择比较。

（五）疑虑型购买行为

疑虑型购买行为指消费者具有内倾性的心理特征，购买时小心谨慎、疑虑重重，购买

动作缓慢、费时多的一种行为。这类消费者常常“三思而后行”，会因犹豫不决而中断购买，或者购买后还会疑心是否上当受骗。

（六）情感型购买行为

情感型购买行为指消费者的购买多属情感反应，往往以丰富的联想力衡量产品的意义，购买时注意力容易转移，兴趣容易变换，对产品的外观、造型、颜色和名称都较重视，以是否符合自己的内心作为购买主要依据的一种行为。

（七）不定型购买行为

不定型购买行为指消费者的购买多属尝试性，其心理尺度尚未确定，购买时没有固定的偏爱，在上述五种类型之间游移的一种行为。

四、根据消费者的购买频率划分

（一）经常性购买行为

经常性购买行为是购买行为中最为简单的一类，一般多发生于人们购买日常生活所需、消耗快、购买频繁、价格低廉的产品，如油盐酱醋茶、洗衣粉、味精、牙膏、肥皂等时。购买者一般对产品比较熟悉，加上价格低廉，不必花很多时间和精力去收集资料和进行产品的选择。

（二）选择性购买行为

选择性购买行为是指消费者购买时往往愿意花较多的时间进行比较选择的一种购买行为，多发生于购买服装、鞋帽、小家电产品、手表、自行车等消费品时。这一类消费品单价比日用消费品高，并且购买后使用时间较长，消费者购买频率不高，不同的品种、规格、款式、品牌之间差异较大。

（三）考察性购买行为

考察性购买行为是指消费者购买时十分慎重，会花很多时间去调查、比较、选择的一种购买行为，多发生于购买轿车、商品房、成套高档家具、钢琴、电脑、高档家用电器等消费品时。这一类消费品价格昂贵、使用期长，消费者往往很看重产品的品牌，大多是认牌购买，消费者一般在大商场或专卖店购买这类产品。此外，已购消费者对产品的评价对未购消费者的购买决策影响较大。

第三节 » 消费者的购买过程

一般来说，消费者的购买过程包含了引起需要——收集信息——评估方案——购买决策——购后反应五个阶段，如图 2-1 所示。

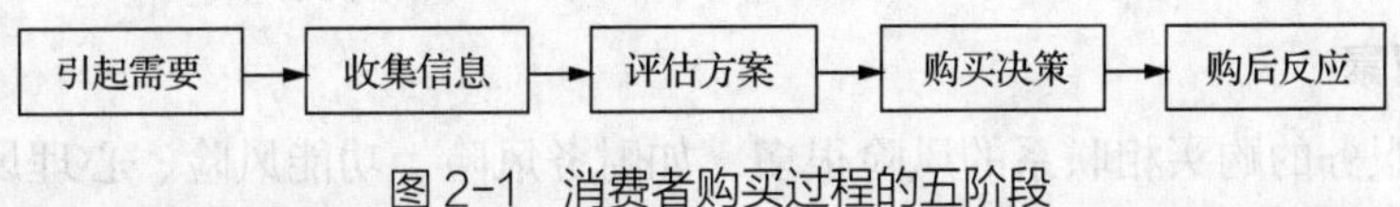

图 2-1　消费者购买过程的五阶段

知识扩展

消费者的5A购买过程

菲利普·科特勒提出，消费者的购买过程可以用5A来描述——消费者对于产品或品牌有所了解（aware）；消费者被企业的价值主张所吸引（appeal）；消费者接下来可能会有一些问题进行问询（ask）；问询之后消费者可能就愿意购买（act）；而如果他喜欢你的产品，他将来还会复购（act again）。

一、引起需要

当消费者感觉到一种需要并准备购买某种产品以满足这种需要时，购买决策过程就开始了。当然，需要不是凭空产生的，需要的产生往往是受到内外因素的影响，为此，企业应当有所作为。

（一）引起需要阶段的影响因素

消费者产生这种需要，既可以是人体内机能的感受所引发的，如因饥饿而引发购买食品，因口渴而引发购买饮料；又可以是由外部条件刺激所诱生的，如看见电视中的西服广告而打算自己买一套，路过水果店看到新鲜的水果而决定购买，等等。当然，有时候消费者的某种需要可能是内、外原因同时作用的结果。

（二）企业的任务

首先，企业应当了解消费者可能产生哪些需要。

其次，企业应当了解引起与本企业产品有关的现实需要和潜在需要的驱使力，即是什么原因引起消费者购买本企业的产品。

最后，设计引起需要的诱因，增强对消费者的刺激，唤起和强化需要，从而引发购买动机。

二、收集信息

当消费者产生了购买需要之后，便会把这种需要存入记忆中，并注意收集与需要相关的信息，以便进行决策。为使购买方案具有科学性与可靠性，消费者必须广泛收集有关信息，包括能够满足需要的产品种类、规格、型号、价格、质量、维修服务、有无替代品、何处何时购买等。因此，企业应当了解哪些因素会影响消费者收集信息并采取相应的措施。

（一）收集信息阶段的影响因素

从决策角度看，有三类因素影响着消费者的信息收集活动——第一类是与产品风险相关的因素，第二类是与消费者特征等相关的因素，第三类是情境因素。

1. 风险因素

与产品或服务的购买相联系的风险很多，如财务风险、功能风险、心理风险、时间风险、社会风险等，一旦消费者认为产品或服务的购买具有很大的风险，其将会花更多的时间、精力收集信息，因为掌握更多的信息有助于减少决策风险。例如，一项研究发现，消费者在购买服务类产品时，一般不像购买有形产品时那样当机立断，而且很多消费者倾向于更多地将别人的经验作为信息来源。之所以如此，原因在于服务不似有形产品那样可以标准化，因而具有更大的购买风险。

2. 消费者因素

消费者因素（如个性、经验、知识水平）同样影响信息收集活动。例如，洛凯恩德和赫曼的研究发现，具有外向性格、心胸开阔、自信心强的人，一般与大量的信息收集活动相联系。斯旺等人发现，对某一产品领域缺乏消费经验的消费者，更倾向于大量收集信息，当消费者对所涉及的产品领域越来越具有消费经验时，他的信息收集活动将减少。应当指出的是，消费经验与信息收集活动之间这种此消彼长的关系，只适用于已经具有某种最起码经验水平的消费者，如果消费者根本没有关于某类产品的消费知识或经验，可能会因此不敢大胆地从各方面收集信息，从而很少从事信息收集活动。此外，高收入和受过良好教育的人具有更高的信息收集水平；同样，处于较高职业地位的人，往往从事更多的信息收集活动。另外，随着年龄的增长，消费者的信息收集活动呈下降趋势。

3. 情境因素

影响信息收集活动的情境因素有很多，具体内容如下。

首先，是时间因素。可用于购买活动的时间越充裕，信息收集活动可能越多。

其次，是消费者在从事购买活动前所处的生理、心理等方面的状态。如消费者的疲意、烦躁、身体不适等状态均会影响消费者收集外部信息的能力。

再次，是消费者面临的购买任务及其性质。如果购买活动非常重要，比如是为一位要好的朋友购买结婚礼品，那么，购买将会十分审慎，并伴有较多的外部信息收集活动。

最后，是市场的性质。研究人员发现，随着备选品数量的增加，消费者会从事更多的信息收集活动，同样，如果出售同类物品的店铺较多，而且彼此靠近，消费者会更多地进行信息收集。

此外，贝蒂（Beatty）和史密斯（Smith）对三类产品即电视机、录放机和个人计算机的信息收集过程做了调查，结果发现——消费者拥有的某一产品领域的知识与信息收集活动呈反向变化；消费者可用的时间越多，信息收集活动将越多；消费者对购买的介入程度越高，信息收集活动越多；信息收集活动随着消费者购物态度的变化而改变，越是将购物作为一种享受的消费者越倾向于进行更多的信息收集活动。

（二）企业的任务

1. 了解消费者信息来源

消费者的信息来源主要有经验来源、个人来源、公共来源和商业来源、其他消费者评价五个方面。

（1）经验来源是指从直接使用产品的过程中获得的信息。

（2）个人来源是指家庭成员、朋友、邻居和其他熟人提供的信息。

（3）公共来源是指从电视、网络等大众传播媒体、社会组织中获取的信息。

（4）商业来源是指从企业营销中获取的信息，如从广告、推销员、展览会等获得的信息。

（5）其他消费者评价是消费者获取购买决策信息的重要来源之一，可以帮助消费者更加客观、全面地评价想要购买的产品。调查显示，77% 的消费者在网上购买产品之前会先看其他消费者的相关评价。其他消费者对产品的评价除了必须具备相关性之外，时效性也非常重要，越是近期的评价，对于消费者越重要，也越能够影响其决策。

2. 了解不同信息来源对消费者购买行为的影响程度

从消费者对信息来源的信任程度看，经验来源和个人来源、其他消费者评价最高，其次是公共来源，最后是商业来源。

3. 设计信息传播策略

企业除利用广告等商业渠道传播信息外，还要设法利用和刺激公共宣传、其他消费者评价和口碑传播等，也可同时使用多种信息传播渠道，以加强信息的影响力。

三、评估方案

消费者在获取足够的信息之后，就会根据这些信息和一定的方法对同类产品的不同品牌、不同购买方案加以评估。企业应当了解哪些因素会影响消费者对购买方案的评估，并有所作为。

（一）评估方案阶段的影响因素

消费者评估方案主要受消费观念、产品属性、属性权重、品牌信念、效用要求等方面的影响。

1. 消费观念

消费观念因人而异。例如，有人以价格低廉作为基本要求，有人以符合时尚作为选择标准；有人要求外观新颖，有人则希望结实耐用；有人追求个性化，求新求异，有人则宁可从众，与所属群体保持一致。面对各种备选方案，消费者可能做出完全不同的选择。

2. 产品属性

产品属性是指产品能够满足消费者需求的特征，它涉及产品功能、价格、质量、款式等。

3. 属性权重

属性权重是消费者对产品有关属性所赋予的不同重要性权数，如购买电冰箱，如果消费者注重它的耗能，他就会更倾向于购买耗电量低的电冰箱。

4. 品牌信念

品牌信念是消费者对某种品牌产品的看法。它带有个人主观因素，受选择性注意、选择性扭曲、选择性记忆的影响，消费者的品牌信念与产品的真实属性往往并不一致。

5. 效用要求

效用要求是消费者对某种品牌产品的各种属性的效用功能应当达到何种水准的要求。产品如果能够满足消费者的效用需求，消费者就愿意购买。

（二）企业的任务

通过广告宣传努力消除消费者不符合实际的偏见，改变消费者心目中的品牌信念，重新进行心理定位；增加产品功能，改变消费者对产品属性的认识。

四、购买决策

消费者购买决策是指消费者在受到内、外部因素刺激，产生某种需求，形成购买动机，并且经过收集信息、评估方案后，在众多方案中挑选出最为符合自己标准的产品、服务或品牌，以此来完成满足自身需要的特定过程。为此，企业应当了解购买决策阶段的特点，以及哪些因素会对消费者的购买决策产生影响，从而采取相应的措施。

（一）购买决策阶段的影响因素

通常情况下，消费者在做购买决策的时候，都需要经过三个层面的思考：（1）技术层面，这个产品是否能满足我特定的需求；（2）经济层面，这个产品能满足我的特定需求，但是我有足够的钱来购买吗；（3）实惠层面，这个产品能满足我的特定需求，我也有足够的钱来购买，但是，它在我的选择决策中，是实惠的吗？

总体上说，影响购买决策的因素较为复杂，消费者的购买决策受到多方面因素的影响和制约，具体包括以下内容。

1. 产品因素

在现实当中，由于产品的特点、用途及购买方式不同，制定购买决策的难易程度与程序也有所不同，并非所有的购买决策都必须经过以上全部程序。

一般来说，日常生活用品如牙膏、洗衣粉等，消费者对所购产品的品牌、价格、档次比较熟悉，无须花费大量时间收集信息和比较选择，仅根据以往经验或习惯做出购买决策，购后也无须进行评价。这类决策通常较为简单迅速，只经过第一、第四两道程序即可。

对于服装、鞋帽、家具等种类和款式繁多、选择性较强的产品，消费者具有一定的购买经验，无须大量收集信息、反复比较选择，但受时尚流行、个人偏好等因素影响，消费者通常在式样、花色、质量、价格等方面进行比较选择，且会进行购后评价。这类以选择性购买为特征的决策相对复杂，仅可省略第二道程序。

高档耐用消费品如家用电器、汽车、住房等，由于产品价格昂贵，使用年限较长，规格、质量复杂且差异较大，消费者大多缺乏专门知识，因此对这类产品的购买一般持审慎态度。在购买前，消费者会通过各种途径广泛收集有关信息，对各种备选方案反复进行比较选择，在购买中要求当场试用体验，并详细询问使用、退换、售后服务等事宜，购买后还要进行购后评价。因此，这类决策较之其他决策要复杂得多，通常依次经过五道程序才可完成。

2. 消费者自身因素

消费者个人的性格、气质、兴趣、生活习惯、收入水平、购买传统、消费心理、家庭环境等，这些与主体相关因素存在着差异性，不同的消费者对于同一种产品的购买决策也可能存在着差异，并且，由于影响决策的各种因素不是一成不变的，而是随着时间、地点、环境的变化而不断发生变化，因此对于同一个消费者来说，消费决策具有明显的情景性，其具体决策方式因所处情景不同而不同。

3. 他人的态度

由于许多产品具有在他人面前自我表现的作用，因而人们在购买时会更加在意他人的看法。他人的看法与消费者意见相左，将会导致消费者犹豫不决，很难在短期内做出购买决策，甚至会放弃购买意图。

他人态度的影响力取决于三个因素：一是他人态度的强度。态度越强烈，影响力越大。二是消费者对遵从他人态度的强度。一般来说，他人与消费者的关系越密切，对消费者的影响越大。三是他人的权威性。此人对产品的专业知识了解越多，对产品的鉴赏力越强，则影响力越大。

4. 意外因素

消费者购买意向是以一些预期条件为基础形成的，如预期收入、预期价格、预期质量、预期服务等。如果这些预期条件受到一些意外因素的影响而发生变化，购买意向就可能改变。比如，预期的奖金收入没有得到，原定产品价格突然提高，购买时销售人员态度恶劣等都有可能改变消费者的购买意向。

知识扩展

影响消费者冲动购买的因素

（1）消费者特征。冲动型气质的人，心境变化剧烈，对新产品有浓厚兴趣，较多考虑产品的外观和个人兴趣，易受广告宣传的影响；而想象型气质的人，活泼好动，注意力易转移，兴趣易变，审美意识强，易受产品外观和包装的影响。

（2）产品因素。产品是满足消费者需要的基础，是影响消费者购买动机最主要的因素。冲动购买行为多发生在消费者卷入购买程度较低、价值低、需频繁购买的日用品购买场景中。消费者对其一般性能、用途、特点都比较熟悉，且花费不多又是必需的开支，这时消费者因个人偏好，做出冲动购买的情况特别多。另外，玩具、糖果、小食品、便服等休闲产品的外观、包装、广告促销、价格、销售点等对销售也起着重要作用，消费者在品牌选择上的随机性较大，冲动购买行为也很容易出现。

（3）设计因素。超市广泛采用了自选售货方式，在自由挑选产品的环境下，商家通过通道设计、陈列设计、灯光色彩设计、广告设计等营销手段，吸引消费者，延长消费者在店内的逗留时间，最大限度地激发消费者的冲动购买欲望。

（4）促销因素。现场促销形式是影响消费者冲动购买行为的直接诱因，现场营业推广活动和 POP 广告，有助于激发消费者相应的心理反应，促使其进行冲动购买。

（二）购买决策的主要内容

消费者购买决策的内容因人而异，但所有购买决策都离不开五个 w 和两个 h。

（1）明确购买主体（who）。在购买过程中，消费者扮演的角色有所不同，有人充当决策者，有人具体实施购买，有人则是产品的使用者。

（2）明确购买动机（why）。消费者的购买动机多种多样。同样购买一台洗衣机，有人是为了减轻家务负担，有人则为了炫耀攀比。同样购买一束鲜花，有人为了装饰家居，自我欣赏；有人为了献给爱人，表达情感；有人则用于看望朋友、同事。

（3）明确购买对象（what），这是决策的核心问题。购买目标不只是停留在一般类别上，而是要确定具体的对象及内容，包括产品的品牌、性能、质量、款式、规格及价格等。

（4）明确购买时间（when）。它与主导性购买动机的迫切性有关。在消费者的多种动机中，往往由需求强度高的主导性动机决定购买的先后缓急，同时，购买时间也与市场供应状况、购物场所营业时间、节假日及消费习惯等有直接关系。

（5）明确购买地点（where）。购买地点是由多种因素决定的，如购物场所的环境、商家信誉、交通便利程度、可挑选的品种数量、价格水平以及服务态度等。例如，走在路上口渴难耐，我们就会到路边小店买瓶矿泉水，但如果是为了家庭需要，我们往往会到超市或大卖场成箱购买。此外，这项决策既与消费者的惠顾动机有关，也与求名、求速、求廉等动机有关。例如，求便、求速的消费者会光顾便利店，追求声望的消费者会去高档百货商场，喜欢物美价廉或追求时尚的消费者还会到网上购物。

（6）明确购买数量（how many）。购买数量一般取决于实际需要、支付能力及市场供求情况。如果市场供应充裕，消费者不急于买且买的数量也不会太多；如果市场供应紧张，即使目前不急需或支付能力不足，消费者甚至会负债购买。

（7）明确购买方式（how）。购买方式是指消费者是店购、网购、预购还是代购，是付现金、信用卡还是分期付款等。随着电视购物、直销、网络购物等新型销售方式不断涌现，现代消费者的购买方式也趋于多样化。

知识扩展

机会成本

机会成本是指在面临多个方案时，从中选择一个做决策，被舍弃选项中的最高价值者即为本次决策的机会成本，也可以理解为人们为了得到某个东西而要放弃另外一些东西的最大价值。机会成本是没有发生的支出，是对未来预期收益的放弃。

尽管消费者面对的可供选择的产品品类日益繁多，但由于认知资源有限，消费者无法投入大量的时间和精力收集并对比所有的产品信息再做出决策，因此就会在能力范围内做出相对合理的选择，达到相对满意的结果。消费者的购买决策原则之一是最小化付出，在可行的范围内以较小的代价获得较大的效用。最小化付出原则会促使消费者失去尝试其他给自己带来更高满意度和价值的产品的机会。

（三）购买决策的参与者

消费者的购买决策在许多情况下并不是由一个人单独做出的，而是有其他成员的参与和影响，往往是一种集体决策的过程。由于个人在选择和决定购买某种个人消费品时，常常会同他人商量或听取他人的意见。因此，了解哪些人参与了购买决策，他们各自在购买决策过程中扮演怎样的角色，对于企业的营销活动是很重要的。

一般来说，消费者购买决策的参与者大体可分成五种主要角色：（1）发起者，即首先想到或提议购买某种产品或服务的人；（2）影响者，即其看法或意见对最终购买决策具有直接或间接影响的人；（3）决定者，即能够对买不买、买什么、买多少、何时买、何处买等问题做出全部或部分决定的人；（4）购买者，即实际采购的人，会对产品的价格、购买地点等内容进行选择，并同卖方进行谈判，达成交易；（5）使用者，即直接消费或使用所购产品或服务的人，会对产品进行满意度评价，会影响再次购买决策。

上述五种角色有时候可能由消费者一人担任，而有时五种角色往往由不同成员分别担任。例如，一个家庭要购买一台英语学习机，发起者可能是孩子，孩子认为有助于提高自己学习英语的效率。影响者可能是爷爷奶奶，他们表示赞成，并鼓励孩子父母要给孩子买。决定者可能是母亲，她认为孩子确实需要，根据家庭目前经济状况也有条件购买。购买者可能是父亲，他更熟悉电器产品知识，会去商场或在网上选购。使用者是孩子。可以看出，他们共同参与了购买行为。

（四）企业的任务

首先，必须了解购买决策的参与者是哪些人。

其次，了解谁在决策中起到关键作用。

再次，了解可能影响消费者决策的意外因素，尽量消除或减少意外因素对决策的干扰。

最后，要向消费者提供真实可靠的产品信息，以增强其购买的信心。

五、购后反应

消费者购买产品以后，如果使用频率很高，说明该产品有较大的价值，消费者回头重新购买的周期就越短，有的消费者甚至为产品找到新用途，这些对企业都有利。如果消费者将产品闲置不用甚至丢弃，则说明消费者认为该产品无用或价值较低或不满意，将会影响企业产品的销量。因此，产品卖出后企业营销人员的工作并不能结束，还需要监测消费者的购后使用情况和评价情况，采取相应的对策。

（一）购后反应阶段的影响因素

消费者在完成实际购买后，会在产品的使用过程中，将产品的实际价值表现与之前的购买期望值进行比较，以此来形成消费者对该产品的满意程度，形成购后评价。说明消费者购后评价行为有两种基本理论：预期满意理论和认识差距理论。

预期满意理论认为，消费者购买产品以后的满意程度取决于购前期望得到实现的程度，可用函数式表示为：$S=f(E, P)$。其中，S 表示消费者满意程度，E 表示消费者对产品的期望，P 表示产品可觉察性能。如果 $P=E$，则消费者会感到满意；如果 $P>E$，则消费者会很满意；如果 $P<E$，则消费者会不满意，差距越大就越不满意。

认识差距理论认为，消费者在购买和使用产品之后对产品的主观评价和产品的客观实际之间总会存在一定的差距，可分为正差距和负差距两种。正差距指消费者对产品的评价高于产品实际和生产者原先的预期，产生超常的满意感。负差距指消费者对产品的评价低于产品实际和生产者原先的预期，产生不满意感。

购后评价会对消费者以后的态度和购买行为产生影响，还会通过口碑传播扩散至其他消费者，影响他们的态度和行为。如果消费者对自己的购买感到满意，则非常可能再次购买该产品，即形成忠诚，甚至带动他人购买该品牌。如果消费者对自己的购买感到不满意，则会尽量减少或消除失调感。消费者消除失调感的方式各不相同：第一种方式是寻找能够表明该产品具有高价值的信息或避免能够表明该产品具有低价值的信息，证实自己原先的选择是正确的；第二种方式是讨回损失或补偿损失，如要求企业退货、调换、维修、补偿在购买和消费过程中造成的物质和精神损失等；第三种方式是可能向政府部门、法院、消费者组织和舆论界投诉；第四种方式是可能采取各种抵制活动，如不再购买，即形成流失，甚至带动他人拒买等。

总之，影响消费者购后反应的因素就是消费者购前对产品价值的预期、使用后对产品价值的感知，以及影响消费者忠诚或流失的其他相关因素。

延伸阅读

网络购物中消费者的购买过程

（1）消费者需求引发。网上购物与传统购物的一个相同点就是都将消费者需求诱发作为消费者购买过程的开始。但与之不同的是，网上购物除了受到实际需求的引发，也会受到其他需求的引发。如：网页上商家页面的广告宣传，产品的文字描述与产品的图片对消费者会产生视觉和听觉的双重刺激。

（2）产品的浏览、比较与选择。如今消费者更倾向于网上购物是因为在这种消费方式下，消费者只需要动动手指，就可以通过购物平台挑选符合自身需求的产品。同时消费者还可以通过对各产品的价格、质量、配送服务等方面进行比较来得到最心仪的产品。这使得消费者购物更加便利。

（3）支付购买。网上购物相较于传统购物的另一便利特征就是其不再像传统购物一样需要当面、现金交易，而是可以通过各种各样的网上支付方式进行结算，如可以通过支付宝、网上银行进行支付。

（4）购后评价。网上购物的消费者收到产品后，会对产品进行试用，之后会将体验后的感受用文字、图片等方式对产品、产品提供者与物流做出评价。高评价可能会促使其他准备购买的消费者因此选择此产品，低评价则可能会使其他准备购买的消费者放弃购买。

（二）企业的任务

首先，企业应当了解消费者的预期，甚至引导消费者的预期。

其次，企业应当采取有效措施减少或消除消费者的购后失调感，及时处理消费者的意见，给消费者提供多种消除不满情绪的渠道。

再次，企业应建立与消费者的长期沟通机制，在有条件的情况下进行回访。事实证明，与消费者进行购后良好沟通可以减少消费者的不满意感，如果让消费者的不满发展到向有关部门投诉或抵制产品的程度，企业将遭受严重的损失。

最后，企业应采取适当的措施促进消费者忠诚而不流失。

延伸阅读

基于消费者购买决策过程的超市营销策略

在需要认识阶段，超市的首要任务是激发消费者对产品潜在的购买欲望。例如，超市可通过价格促销、折扣、抽奖活动、会员积分、奖品、奖券等对消费者进行让利的同时，强化产品的品牌效应；通过对产品形象的宣传，加强产品的知名度和美誉度，增加消费者的回购率，提高消费者购买行为发生的概率。

在信息收集阶段，第一，超市要强化消费者的信息经验来源。加强广告的投放力度，不再单纯地采用千篇一律的传单广告方式，而是综合利用受众较多、消费者接受度较高的电视、电台、网络等大众传播媒体。第二，要注重公共信息来源。随着人们生活方式的改变，越来越多的消费者加入了各种公共组织，其中不乏种类繁多的购物论坛。由于购物论坛中对产品的评价来自于其他使用者的用后感知，相对而言，购物论坛中对产品的评价比广告、经销商推荐等商业信息来源更真实、更具说服力。

在评估方案阶段，第一，超市要不断改进进货渠道，提高进货产品的差异性，避免同类产品的同质化，以满足持不同消费观念的消费者的消费心理，以此助力消费者的评价决策；第二，要在产品销售环节，强化超市销售人员的“服务意识”和“导购职责”，加强对超市员工职业道德修养方面的教育，让服务意识深入其心，同时开展专业技能培训，使超市员工专注于某一类产品的销售，实现销售岗位的专业细化。

在购买决策阶段，第一，超市要增加收银窗口，保证收银的有序进行。收银窗口的增加虽然会占据超市的更多空间资源，但其同样可以因消费者排队的减少来增加超市的有效可用空间。第二，超市要鼓励消费者采用现代化的付款方式，如微信支付等，这样做可以节约付款找零的时间。第三，超市要在购物高峰时段，多安排收银员进行工作。第四，超市要安排专人协调排队，减少因消费者选择就近收银台付款所导致的排队拥挤现象。

在购后评价阶段，第一，超市不能一味地为了追求销售额而夸大产品的功效，误导消费者，导致消费者对产品的心理预期远高于产品的实际价值。应该从诚信的角度出发，实事求是地向消费者进行产品宣传，以此来使消费者对产品的预期处于一个科学、合理的水平，从而提高消费者对产品使用后的满意度。第二，要提高超市售后服务的质量。一方面，企业可以建立基于消费者的投诉处理体系，在保证消费者投诉渠道畅通的同时，对于消费者的投诉要积极响应、妥善处理，不懈怠、不推诿，并对投诉进行分析，从中吸取教训，改善经营，杜绝同类投诉事件的发生；另一方面，扩大超市售后服务的范围，通过消费者满意度调查，积极了解消费者对售后服务的具体需求，并根据消费者现实需求的不断增加与提高，及时调整售后服务的范围，满足消费者的需求。

章后思考题

1. 什么是恩格尔-科拉特-布莱克威尔模式？
2. 什么是霍华德-谢思模式？
3. 恩格尔-科拉特-布莱克威尔模式与霍华德-谢思模式二者有什么不同？
4. 如何划分消费者行为的类型？
5. 如何根据消费者的卷入程度和所购产品品牌的差异程度划分消费者行为的类型？
6. 如何根据消费者的购买态度与要求划分消费者行为的类型？
7. 消费者的购买过程可分为哪几个阶段？各阶段分别受到哪些因素的影响？

本篇实训

◆ **实训内容：**

分析说明自己或他人某次消费的购买过程。

◆ **实践组织：**

1．全班分为若干个小组，采用组长负责制，组员合理分工、团结协作。

2．小组内部充分讨论，认真研究，形成分析报告。

3．小组需制作一份 10 分钟左右能够演示完毕的 PPT 文件在课堂上进行汇报，之后其他小组可提出质询，台上台下进行互动。

4．教师对每组分析报告和课堂讨论情况即时进行点评和总结。

第二篇

影响消费者行为的自身因素

消费者的购买行为会受到性别、年龄等生理因素的影响，也会受需要、动机、知觉、学习、记忆、态度、个性、气质、自我概念、生活方式、消费心理等心理因素的影响，还会受到身份、家庭、经济状况、时间、知识、能力等背景因素的影响。

第三章　生理因素

章前思考

1. 男性与女性的消费行为有差别吗？
2. 不同年龄段的消费者的消费行为有差别吗？

引例

奶茶消费者行为分析

奶茶的主要消费者群体是 15 ～ 30 岁追求时尚的年轻人，且以女性消费者居多。奶茶消费的种类在夏季和冬季也有所不同，夏季，消费者多选择冰饮，而冬季消费者则多选择热饮。很多年轻人都认为喝奶茶是一种时尚，因而他们在闲暇时，就会选择去奶茶店喝一杯奶茶消磨时光。奶茶店是他们与朋友小聚的优选场所。许多奶茶店提供优雅的环境和好喝的饮品以吸引消费者，Wi-Fi 成为影响消费者选择的因素之一。口味则会直接影响消费者的购买欲望，这就要求奶茶店需要针对不同口味的消费者推出不同饮品。此外，周围人群的选择也在一定程度上影响了消费者的选择。

人们的消费行为与其性别、年龄等生理因素紧密相关，不同性别、不同年龄的消费者有着截然不同的消费心理和消费行为。

第一节 » 性别

性别是影响人们消费行为的重要因素，大多数情况下，女性与男性有着截然不同的消费行为。

一、女性消费行为的特点

（一）有专属的消费品及服务

女性的生理特点注定了其会与男性购买不同的消费品及服务。例如，生理期的用品、女性特征鲜明的化妆品、胸衣、裙子、旗袍、高跟鞋、手包、项链等用品，还有分娩服务、月子服务以及女性特征鲜明的烫发、染发、美发、美容服务等。

（二）女性是大多数购买活动的行为主体

受文化与习惯的影响，我国庞大消费市场的大多数购买决策往往由女性做出，尤其是随着电子商务的兴起，女性作为消费主力军的地位更加突出——有网络购物行为的女性消费者不仅在数量上多于男性，而且进行网络购物的频率也更高。女性消费者在购买活动中也起着特殊的作用，她们不仅为自己购买所需产品，而且由于女性在家庭中承担了母亲、妻子、女儿等多种角色，因此也是大多数儿童用品、男性用品、家庭用品、老人用品的主要购买者。因此有人说，在现代社会，谁抓住了女性，谁就抓住了赚钱的机会。企业要想快速赚钱，就应该将目光瞄准女性的口袋。

（三）追求美观时髦

俗话说“爱美之心，人皆有之”，对于女性消费者来说，更是如此。不论是青年女子，还是中老年女性，她们都愿意将自己打扮得美丽一些，充分展现自己的女性魅力。尽管不同年龄层次的女性具有不同的消费心理，但是她们在购买某种产品时，首先想到的就是这种产品能否展现自己的美，能否增加自己的形象美，使自己显得更加年轻和富有魅力。女性消费者还非常注重产品的外观，将外观与产品的质量、价格当成同样重要的因素来看待，因此在挑选产品时，她们会非常注重产品的色彩、式样，往往喜欢造型别致新颖、包装精致的产品。越来越多的女性在消费中更加注重对时尚的追求，购买服装、珠宝、箱包等产品时喜欢追逐潮流和时髦感。

（四）非理性消费比较多

女性消费者需求比较广泛，购买欲、表现欲强，购物目的又往往不够明确，决策偏于感性和冲动，在商场里流连忘返，通常有更多的计划外购物，消费行为容易受到情感的驱动。同时，女性消费者的购物行为也极容易受到外界刺激的影响。例如，促销、打折、赠送礼物、赚取积分等活动，经常导致她们购买一些没有很大用处的产品。从电子商务平台统计的高退货率可以看出，女性消费者容易一时冲动购买产品，非理性消费比较多。

（五）精打细算，比较缺乏主见

一般来说，女性消费者不仅对时尚的敏感程度往往高于男性消费者，而且对价格的敏感程度也远远高于男性消费者，在购买过程中比较细心、谨慎，对细节较为苛求，常常乐于货比三家，力求付出较少的钱买到满意称心的产品。而在购买方式上，有些女性消费者通常缺乏决断性，在购买时会更多地参照别人的意见。

（六）自尊心强，比较喜欢炫耀

对于部分女性消费者来说，之所以购买产品，除了满足基本需要之外，还有可能是为了向别人炫耀。在这种心理的驱使下，有些女性消费者会追求高档产品，而不注重产品的实用性。只要能显示自己的身份、地位或优越感，她们就会乐意购买。

（七）更乐于分享

近年来出现的社交平台的分享功能满足了部分女性用户的炫耀心理和分享心理。知乎、小红书、淘宝、55style 等平台，都有涉及女性穿搭推荐、居家消费分享等内容，并包括了图文、视频等分享方式，这些平台受到女性消费者的喜爱。

鉴于女性消费者在消费领域的重要地位，企业应特别重视针对女性消费者心理与行为特点制定营销策略。例如，产品的款式要新颖时尚，注重细节，突出实用性和便利性。广告宣传要引发女性消费者的情感共鸣。另外，现场促销还应注意语言的规范性，讲究语言艺术，尊重女性消费者，以赢得其好感。

知识扩展

"她经济"

根据《2017 年中国女性消费调查报告》，有超过半数以上的女性认为自己的收入水平与配偶相近或相当，近半数女性个人消费占家庭收入的三分之一以上。

"她经济"是指围绕女性理财、消费所形成的特有的经济圈和经济现象。现代女性拥有了更多的收入和更高的社会地位，她们崇高"追求更好的生活品质"的理念，喜欢疯狂购物，于是女性成为重要的消费群体，为企业带来了机遇。

不仅仅线下女性消费者数量增多，线上女性消费者也占据着越来越大的比例，每一个使用互联网的女性，几乎都会进行网上购物，尤其是年轻女性，还会把网上购物作为一种享受。每逢重大节日，各大电商平台一般都会对女性用品加大推送力度和提高折扣率，女性化妆品、女装、珠宝配饰、母婴等产品交易额在活动期间增加明显。

鉴于女性经济市场的可观潜力，洞悉并掌握"她经济"大潮下的女性消费偏好与趋势，已经成了商家的要务。

案例

屈臣氏为女性消费者服务

屈臣氏经过多年的观察，发现在日益同质化竞争的零售行业，如何锁定目标客户群至关重要。屈臣氏在调研中发现，亚洲女性会用更多的时间逛街购物，她们愿意投入大量时间去寻找更便宜或是更好的产品。最终屈臣氏将其在国内的主要目标市场锁定为 18 ~ 35 岁、月收入在 2500 元以上的女性。

屈臣氏认为这个年龄段的女性消费者最富有挑战精神，她们喜欢用最好的产品，寻求新奇体验，追求时尚，比较注重个性，有较强的消费能力，但时间紧张，不太喜欢去大卖场或大超市购物，追求的是舒适的购物环境，这与屈臣氏非常吻合。

因此，在选址方面，最繁华的一类商圈，如有大量客流的街道或大商场是屈臣氏的首选，机场、车站或是白领集中的写字楼等地方也是屈臣氏的考虑对象。在店内经营上屈臣氏更有讲究，在屈臣氏销售的产品中，药品占15%，化妆品及护肤用品占35%，个人护理品占30%，剩余的20%是食品、美容产品以及衣饰品等。

此外，屈臣氏将货架的高度从1.65米降低到1.40米，并且主销产品在货架的陈列高度一般在1.3～1.5米。在商品的陈列方面，屈臣氏注重其内在的联系和逻辑性，按化妆品—护肤品—美容用品—护发用品—时尚用品—药品—饰品和化妆工具—女性日用品的分类顺序摆放，并且在不同的分类区域会推出不同的新产品和促销商品。

屈臣氏还在店内陈列《护肤易》等各种个人护理资料手册，免费提供各种皮肤护理咨询；药品柜台的“健康知己”资料展架，提供各种保健营养分配和疾病预防治疗方法；屈臣氏还建设了一支强大的健康顾问队伍，包括全职药剂师和“健康活力大使”，为“女性消费者”免费提供保持健康生活的咨询和建议。

二、男性消费行为的特点

（一）有专属的消费品及服务

男性的生理特点也注定了其会与女性购买不同的消费品及服务，最典型的是剃须用的刀具，以及男性特征鲜明的西装、皮带等。

（二）理性消费，较有主见

一般来说，男性消费者购物目的明确，决策比较理性，重视产品的性能和品质，购买时决定较为迅速，有主见，一般不会过多考虑他人的看法。

（三）少挑剔，习惯性购买多

男性消费者追求快捷、简单的购物过程，习惯性购买比较多，不喜欢花较多的时间在同类产品之间反复比较和权衡，因此他们选购产品的范围较窄。他们在购买产品时较少挑剔，只是询问大概情况，对某些细节不予追究，即使买到稍有瑕疵的产品，只要无关大局，他们也不愿“斤斤计较”。

知识拓展

“他经济”

随着互联网的发展和电商的普及，以及快递到家、移动支付的不断成熟，男性消费者追求效率和便捷性的购物模式得到很大程度的满足，这唤起了男性的购物欲望，促成了男性消费者们在线上消费市场的"强势"地位。

根据波士顿咨询发布的研究报告，男性消费的种类和额度都在增加，而在线上消费方面，男性每年的平均开支超越了女性。虽然男性消费次数低，但他们的消费项目的单价却不低。根据《中国奢侈品网络消费白皮书》中的有关信息，网络奢侈品消费中，女性占比略高于男性，但男性的客单价比女性高 6%，且奢侈品消费频次在 3 次及以上的男性比例也比女性高。

同时，蚂蚁花呗、苏宁任性付等互联网金融产品的繁荣，也获得了男性消费者的青睐，这除了因互联网金融产品能快速、便捷地解决资金需求之外，还在于男性消费者更具冒险心理，因而容易接受借款消费、超前消费的理念。在互联网金融的刺激下，许多男性消费者越来越多地使用各种消费金融产品满足自己对高质量生活的追求，尤其对于经济实力还比较薄弱的年轻男性消费者，便捷的资金获取渠道为其超前消费创造了条件。

随着经济社会的发展，男性消费者的经济实力持续提升，而对事业的追求也促使他们在社交领域不断拓展。此时，男性消费者们越来越意识到，他们的外在形象、服装搭配与个人品味已经成为职场不可或缺的部分。所以，许多男性消费者渐渐开始通过购买护肤品、高档西装、时尚手表与豪车等方式来展现自己的魅力。

第二节 » 年龄

年龄对消费者行为会产生明显的影响，不同年龄阶段的人有不同的需求和偏好。一般来说，每个人的食、穿、住、行、娱等各方面的需求都会随着年龄的变化而变化的。

一、少年儿童（0～17岁）消费行为的特点

（一）0 ～ 5 岁年龄段的消费特点

这个年龄段的消费群体主要是消费婴幼儿奶粉、婴幼儿护肤品、纸尿裤、玩具、早教培训等，他们是极其需要细心照顾和保护的。他们不可能自己去买东西，只能靠家长们为他们服务。对于婴幼儿，安全是最重要的考虑因素，比如说食品安全、玩具的使用安全方面等。

（二）6 ～ 17 岁年龄段的消费特点

这个年龄段除了衣、食、住、行及娱乐需求以外，多数都是教育需求，包括由其自身的兴趣爱好引发的教育培训。他们绝大部分都是在学校接受教育，如幼儿园、小学、初中、高中，甚至是大学。他们的性格还没有完全形成，一般活泼好动，对周围的事物充满了新鲜感。例如，在餐饮方面，他们因为缺乏经验和一定的知识储备，容易被食物的外观

和气味所吸引而进行消费。但是，因为他们还没有独立的足够的购买能力，所以他们的消费行为会受到大人的决策的影响，对大人产生依赖性和模仿性。其中，由于 12 ~ 17 岁的青少年一般都有零用钱，但是零用钱的多少不同、来源不同、自由支配的程度不同、用途也不同。家庭条件好的青少年的零用钱来源稳定、数量可观，所以他们在消费时不考虑价格，追求个性，享受生活。

少年儿童自身虽然没有经济能力，但是由于其特殊的地位，在家中往往成为消费的中心，他们对家庭购买点心、玩具、文体用品等产品有较大影响。在我国传统的望子成龙、望女成凤思想的影响下，父母亲都会尽力地培养子女，特别是在经济条件允许的情况下，许多家庭在子女教育上的花费逐年增加。少年儿童的父母都希望自己的孩子能够接受良好的教育，会为自己的孩子寻找能够提供良好教育的学校，同时也会让自己的孩子寻求某些技能上的学习机会，如学习钢琴、画画或是一些体育运动等。

二、青年人（18~36岁）消费行为的特点

（一）受家庭影响大、可塑性强

一方面，青年人的消费心态与行为受家庭和家长的影响很大，自小到大，耳濡目染地观察着长辈们的消费情况，选择什么、为何选择、是否商量、问题处置等都直接影响着青年人的消费理念和消费行为，并在相当程度上造就了他们属于某类消费群体的特性。另一方面，青年人正处于认识社会、把握规律的学习阶段，对新生事物接受得很快，消费心态具有良好的可塑性，社会上的消费潮流、理念等很容易在他们那里生根发芽，甚至转化为自身的习惯。

（二）既要合群又要表现自我

一方面，青年人的同伴意识很强，非常喜欢交友，消费认同是与同伴交流的重要内容，例如，与伙伴们一起吃同样的食品、穿同一品牌的服装、使用同样档次的化妆品等，这是青年人特有的群体共性，对青年人的影响甚至可能远远超过其家庭、长辈的影响。另一方面，青年人自我意识强，独立意识强，追求独立自主，在做任何事情时都力图表现出自我个性，这一心理特征反映在消费行为上，就是喜欢购买一些具有特色的产品，而且这些具有特色的产品最好是能体现自己的个性特征，对那些不能表现自我个性的产品，一般都不屑一顾。

（三）容易冲动，注重情感

由于人生阅历并不丰富，青年人对事物的分析判断能力还没有完全成熟，他们的思想感情、兴趣爱好、个性特征还不完全稳定，因此在处理事情时，往往容易感情用事，甚至产生冲动行为，属于感性消费者。这种心理特征表现在消费行为上，就是在选择产品时，感情因素占了主导地位，往往以能否满足自己的情感愿望来决定是否购买。在许多时候，

产品的款式、颜色、形状、广告、包装等外在因素往往是决定其购买该产品的第一要素。

（四）追求时尚和新颖

青年人的特点是热情奔放、思想活跃、富于幻想、喜欢冒险，这些特点反映在消费行为上，就是对于新生事物容易接受，赶时髦，因此他们往往是新产品的拥护者，喜欢追求新颖、奇特、时尚的新产品，乐于尝试新的生活方式。

（五）消费行为变化多端，不易掌握

青年人可能是最“不忠诚”的消费者，他们喜欢追求新鲜刺激，一会儿喜欢这种产品，一会儿又喜欢另外一种产品。虽然青年人自己的能力、资源有限，而他们的梦想却是无限的，他们崇拜自己的偶像、追逐心目中的明星。在这种思想的驱动下，青年人很容易产生“爱屋及乌”的冲动，经常模仿偶像、明星的消费方式、消费行为，这也是为什么许多企业都喜欢聘请明星偶像代言产品的原因。

（六）网络成为消费的主渠道

互联网的高速发展对青年人的影响更是达到了深刻的程度。调研发现，青年人的主要消费渠道已经网络化。另外，随着互联网、手机等的迅速普及，青年人的支付方式已不再以现金为主，而是呈现出多元共存、以便捷为主的格局。

三、中年人（37～59岁）消费行为的特点

（一）理智胜于冲动

中年人经验丰富，情绪比较稳定，理性消费远超过情绪性消费，他们有很强的自我意识和自我控制能力。在选购产品时，他们很少受产品的外观因素影响，比较注重产品的内在质量和性能，往往经过分析、比较以后，才做出购买决定，尽量使自己的购买行为合理、正确、可行；很少有冲动、随意购买的行为，宁可压抑个人爱好而表现得随俗，喜欢买大众化的产品，尽量不使他人感到自己的独特和不够稳重。

（二）计划多于盲目

中年人大多是家庭的经济支柱，他们上要赡养父母，下要养育子女，肩上的担子非常沉重，所以消费行为中讲求实惠、理性的特征十分突出，消费的时候会有认真的思考和权衡，购买比较有计划性。他们中的多数人懂得量入为出的消费原则，很少像青年人那样冲动和随意。在购买产品前常常对产品的品牌、价位、性能乃至购买的时间、地点都妥善安排，对不需要和不合适的产品他们绝不购买，很少有计划外开支和即兴购买。

（三）有主见，很少受外界影响

由于中年人的购买行为具有理智性和计划性的心理特征，他们在购买时大多很有主见。大多愿意挑选自己所喜欢的产品，对于别人的推荐与介绍有一定的判断和分析能力，

对于广告一类的宣传也有很强的评判能力，受广告宣传的影响较小。

（四）求经济、耐用与省时省力

中年人不像青年人那样追求时尚，生活的重担与压力使他们越来越实际。因此，中年人对新产品缺乏足够的热情，更多的是关注产品的结构是否合理，使用是否方便，是否经济耐用、省时省力。此外，由于中年人的工作、负担较重，倾向于购买能减少家务劳动时间或提高工作效率的便利产品，如减轻劳务负担的自动化耐用消费品，半成品、现成品的食品等。

（五）面子消费、应酬消费多

中年人是社会的栋梁、家庭的支柱，生活上、事业上都需要他们积极参与较多的社会活动，因此，用于装点门面、社交应酬的消费比较多。

四、老年人（60岁及以上）消费行为的特点

（一）消费习惯稳定，品牌忠诚度高

在长期的生活过程中，老年消费者已经形成了一定的生活习惯，而且一般不会作较大的改变，他们对于曾经使用过的产品及其品牌比较信任，习惯购买熟悉的产品，往往是企业的忠诚消费者。

（二）成熟保守、坚持己见

由于年龄和心理因素，与中青年相比，老年人的消费观较为成熟也比较保守，消费行为理智，冲动性消费和目的不明的计划外消费少。

老年消费者在消费时，大多会有自己的主见，而且十分相信自己的经验和智慧，即使听到企业的广告宣传和别人的介绍，也要先进行一番分析，以判断自己是否需要购买这种产品。

（三）节俭消费、注重实用性

老年消费者一般都很节俭，他们把产品实用性作为购买决策考虑的首要因素，至于产品的品牌、款式、颜色、包装则放在第二位。价格便宜对于老年消费者选择产品有吸引力。但是随着收入水平的提高，老年消费者在购买产品时也并非一味追求低价格，品质和实用性也是他们考虑的主要因素。

（四）抱有补偿性的消费动机

在子女成人独立、经济负担减轻之后，部分老年消费者产生了强烈的补偿心理，试图补偿过去因条件限制未能实现的消费愿望。他们对美容美发、穿着打扮、营养食品、健身娱乐、特殊嗜好、旅游观光等同青年人一样有着强烈的消费兴趣。同时，由于需求结构的变化，老年消费者在穿着及其他奢侈品方面的支出大大减少，对满足兴趣爱好的产品的购

买支出明显增加。随着现代观念的逐步确立，老年人迫切希望自己的晚年生活能够丰富多彩，因而在文化娱乐方面也舍得花钱。例如，他们会去参加一些老年大学的学习，参加旅行社举办的集体出游活动。

（五）需求结构侧重健康保健

随着生理机能的衰退，老年消费者对保健食品和用品的需求大大增加。老年人由于各方面的原因，身体大多会出现各种各样的问题，因此，老年人消费更多的是围绕健康问题，无论是保健品、药品还是家庭用医疗仪器等产品，市场都十分巨大。例如，老年人由于身体原因，味觉、嗅觉和消化功能等方面都有所退化，他们普遍喜欢食用松软易消化又富有营养的食物。此外，他们对养老院、社区中的家庭病床、为老年人提供健康咨询和定期体检的保健站、专为老年人交流与娱乐提供服务的活动站等也有需求。

章后思考题

1. 女性消费行为有哪些特点？
2. 男性消费行为有哪些特点？
3. 青年人消费行为有哪些特点？
4. 中年人消费行为有哪些特点？
5. 老年人消费行为有哪些特点？

第四章 心理因素

1. 消费者的心理会对消费者行为产生影响吗?

2. 哪些心理因素会对消费者行为产生影响?

按动机细分境外旅游市场

依据旅游动机的不同，我们可以将境外旅游市场划分为休闲式旅游、探亲观光旅游、商务性出游、购物性旅游、宗教文化旅游等。近年来，消费者选择境外出游的动机从传统的探亲观光旅游向休闲度假旅游转移。消费者愿意付出更多的金钱和时间体验有品质的旅游项目。越来越多的消费者愿意尝试冰川远足、跳伞体验，也能接受邮轮出游、包机出游，还有的消费者倾向于选择“亲子游”“蜜月游”“美食游”等主题旅游。

消费者的心理因素支配着消费者的购买行为。影响消费者行为的心理因素主要有需要、动机、知觉、学习、记忆、态度、个性、自我概念、生活方式等。

第一节 » 需要、动机

人们行为的产生过程从心理学的角度分析是由外界客观事物的刺激而激发人的需要，由进一步的作用导致动机的产生，并在客观环境条件成熟后由动机产生行为。

一、需要

需要是指消费者生理和心理上的匮乏状态，即感到缺少些什么，从而想获得它们的状态，是人对某种目标的渴求或欲望，是人的行为的动力基础和源泉。心理学家也把促成人们各种行为动机的欲望称为需要。

（一）需要的分类

1. 从需要的起源对需要进行分类

从需要的起源对需要进行分类可分为生理需要和社会需要。

在人的一生中，要消费许许多多的物质和非物质产品。对于这些产品的消费，有的是基于生理的需要，即为了维持自身生存、繁衍后代所必需，有的则是基于享受、发展等社会性需要。所以，从需要的起源划分，需要包括生理需要和社会需要。

（1）生理需要。生理需要是为保存和维持有机体生命和种族延续所必需的，包括维持有机体内不平衡的需要，如对饮食、运动、睡眠、排泄等的需要；回避伤害的需要，如对有害或危险的情景的回避等；性的需要，如配偶、嗣后的需要。生理需要是生而有之的。基于生理需要的消费是一种本能性消费，它是人类全部消费活动的基础。

（2）社会需要。社会需要是人们为了提高自己的物质和文化生活水平而产生的社会性需要，包括对知识、劳动、艺术创作的需要，对人际交往、尊重、道德、名誉地位、友谊和爱情的需要，对娱乐消遣、享受的需要等。

案例

医院的“人性化”服务

首先，医院可在门诊大厅设立“大堂主管”，专门负责解答患者的各种问题，并且推行“首问负责制”和“首访负责制”，问到哪个人，访到哪个科室，其都有义务为患者解答。

其次，医院可将自动扶梯“移植”到医院里来，方便病人上下楼。医院还可在急诊门口安排护士专门负责接救护车，确保危重病人在第一时间得到最有效的救治。抢救室里应配一部专用电话，随时用最短的时间呼叫相应科室的医生到抢救现场。

再次，传统的医院封闭式窗口给交流双方带来不便，如药房收费窗口太小，病人想问一句话不得不紧凑上去，收款人也很难与病人交流。如果将所有窗口都改为无屏障开放式服务台，就可以实现全面贴近病人、方便病人。针对收费处排队时“人盯人”易暴露隐私的状况，医院可采用银行“一米线”的办法，保护病人的隐私。

2. 从需要的内容对需要进行分类

从需要的内容对需要进行分类，我们可将其分为物质需要和精神需要。

（1）物质需要。物质需要是指人对物质对象的需要，包括对衣、食、住有关物品的需要，对工具和日常生活用品的需要。物质需要具体可划分为以下几个方面。

① 对产品基本功能的需要。基本功能指产品的有用性，即产品能满足人们某种需要的物质属性。产品的基本功能或有用性是产品的基本条件，也是消费者需要的最基本内容。任何消费都不是抽象的，而是有具体的物质对象，成为消费对象的首要条件就是要具

备满足人们特定需要的功能。例如，汽车能高速灵活驾驶，冰箱可以冷冻、冷藏食品，护肤用品能够保护皮肤，这些都是消费者对产品功能的基本要求。在正常情况下，基本功能是消费者对产品诸多需要中的第一需要，如果不具备基本功能，即使产品外观精美、价格低廉，消费者也难以产生购买欲望。

② 对产品质量性能的需要。质量性能是消费者对产品基本功能达到满意或完善程度的要求，通常以一定的技术性能指标来反映。当然，消费者要求产品的质量与其价格水平相符，即不同的质量有不同的价格，一定的价格水平必须有与其相称的质量。

③ 对产品安全性能的需要。消费者要求所使用的产品安全可靠、不危害身体健康。这种需要通常发生在对食品、药品、卫生用品、家用电器、化妆品等产品的购买和使用中，是人类追求安全的基本需要在消费需要中的体现。具体包括：产品要符合卫生标准，无损身体健康，如食品应符合国家颁布的《中华人民共和国食品安全法》等法规和检验标准，要在保质期内出售，要不含任何不利于人体健康的成分和添加剂；产品的安全指标要达到规定标准，不含任何不安全因素，使用时不发生危及生命安全的意外事故，这种需要在针对家用电器、厨具、交通工具、儿童玩具、化妆品等时尤为突出。

④ 对产品消费便利的需要。这一需要表现为消费者购买和使用产品过程中对便利程度的要求。在购买过程中，消费者要求以最少的时间、最近的距离、最快的方式购买到所需的产品。近年来，随着网络技术和电子商务的发展，网上购物以传统购物方式无可比拟的便利、快捷、零距离等优势，正在受到越来越多的消费者青睐。此外，在使用过程中，消费者要求产品使用方法简单、易学好懂、操作容易、携带方便、便于维修。

延伸阅读

零售机构提供的便利服务

当零售机构出现服务供不应求时，就可能会怠慢消费者，导致消费者反感，造成消费者的流失。国外的研究成果表明，83% 的女性和 91% 的男性会因为需要排长队结账而停止购物。因此，零售商要为消费者减少时间成本、体力成本、精力成本、心理成本而提供各种便利，从而创造美好的购买体验。零售服务机构至少可以为消费者提供四个方面的便利。

一是进入便利，即要让消费者很方便地与服务机构进行往来。首先，零售服务机构的选址起着关键的作用，如果其能够位于人口密集、交通便利的地段，就能够为消费者提供进入便利，零售服务机构的营业收入和利润也自然比较高；其次，营业时间也影响消费者的进入便利，所以，零售服务机构要尽可能延长营业时间，如 24 小时营业，也可以采取灵活的营业时间；最后，通过提高服务效率，如电话订货、网上服务、特快专递服务等也可以为消费者创造进入的便利性。

二是搜寻便利，即要让消费者很容易找到自己所需要的产品。浪费消费者的时间和精力是零售经营中的通病，造成这种通病的主要原因有产品陈列不当、结算不便等，所以，零售服务机构在产品布局、场地布置、通道线路设计上要合理，要根据消费者的时间价值来进行设计，以方便消费者选购和识别。“一站式”服务的实质就是服务的集成、整合，其最大优点在于，消费者能集中在一个服务站点办完其所需服务事项，节省消费者搜寻服务站点的时间。

三是占有便利，即要让消费者能够很快地得到自己所选购的产品。这就要求服务机构存货合理，交货及时快捷，送货上门、上门安装。零售服务机构还要努力提高服务人员的技能和积极性，必要时增加服务人员，或通过外部合作与互助协议来应对不时之需。

四是交易便利，即要让消费者很快和很容易地完成交易。服务设施是影响服务质量的重要因素，假如，收款机经常出故障，消费者的满意度就会下降，因此，零售服务机构应该不断改善自己的服务设施，提高设施的完好率。此外，今天的便利店已经不是纯粹的提供食品零售服务，服务内容的范围扩大至包括速食、鲜食、代收服务、电子商务、传真复印、彩扩冲印、代缴电费煤气费有线电视费等。

（2）精神需要。精神需要是指人对精神生活及其产品的需要，其具体划分为以下几个方面。

① 对产品审美功能的需要。这一需要表现为消费者对产品在工艺设计、造型、色彩、装潢、整体风格等方面审美价值上的要求。在审美需要的驱动下，消费者不仅要求产品具有实用性，而且还要求产品应具备较高的审美价值；不仅重视产品的内在质量，而且希望产品拥有完美的外观设计，即实现实用性与审美价值的和谐统一。当然，由于文化背景、教育程度、职业、个性等方面的差异，消费者的审美观和审美标准也存在诸多差异。

② 对产品情感功能的需要。这是指消费者要求产品蕴涵浓厚的感情色彩，能够成为人际交往中感情沟通的媒介，并通过购买和使用产品获得情感的表达、寄托、追求或补偿。消费者在从事消费活动时，会将喜、怒、哀、乐等各种情绪映射到消费对象上，即要求所购产品与自身的情绪体验相吻合、相呼应，以求得情感的平衡。例如，在欢乐愉悦的心境下，消费者往往喜爱明快热烈色调的产品；在压抑沉痛的情结状态中，消费者则经常倾向于选择偏冷色调的产品。此外，消费者作为社会成员，有着对亲情、友情、爱情、归属等情感的强烈需要，这种需要主要通过人与人之间的交往沟通得到满足。许多产品如鲜花、礼品等，因此成为人际交往的媒介和载体，起到传播和沟通感情、促进情感交流的作用。

③ 对产品社会象征性的需要。社会象征性是要求产品体现和象征一定的社会意义，使购买、拥有该产品的消费者能够显示出某些社会属性，如身份、地位、财富、声望等，

从而获得心理上的满足。通常有社会象征性需要的消费者，对产品的实用性要求不高，价格敏感度较低，特别看重产品所具有的社会象征意义，这类需要在高级轿车、豪华住宅、珠宝首饰、名牌服饰、名贵手表等产品的购买中表现得尤为明显。某些产品由于制作工艺复杂、数量稀缺、价格昂贵、不易购买等，使消费受到极大限制，只有少数消费者才有条件拥有和购买，这些产品由此便成为一定社会身份、地位的象征物。

④ 享受良好服务的需要。在对产品实体有多方面需要的同时，消费者还要求在购买和使用产品过程中享受到良好的服务。良好的服务可以使消费者获得尊重、情感交流、个人价值认定等多方面的心理满足。在现代消费中，产品与服务已经成为不可分割的整体。消费者所购买的已不仅仅是产品实体，同时还购买与产品相关的服务，其中包括各种售前、售中、售后服务。在一定意义上，服务质量的优劣已成为消费者选择购买产品的主要依据。

案例

汉莎航空公司的服务

德国著名的汉莎航空公司奉行的是“机上行家”的理念，坚持聘用国际一流名厨的原则，让知名厨师和资深调酒师专门为头等舱的客人提供特色服务，因为汉莎航空公司坚信，美食大师的厨艺不仅能给乘客提供顶级的美味，更能让乘客在旅途疲劳中得到“灵魂唤醒”，从而更加信赖和忠诚于汉莎航空公司。

汉莎航空公司头等舱内的食谱全部都是由知名的“星级厨师”亲自设计制作的，而且做到不重复，坚持每两个月更换一次，力求使乘客对旅途上的餐饮风味保持新鲜感。不仅如此，搭乘汉莎航空公司航班的乘客还可以根据自己的爱好和口味自行定制个人菜谱，空姐们还会根据乘客的饮食习惯和饮食时间，在约定的时间为客人送上合乎个人喜好的美味佳肴。汉莎不仅注重菜肴的色香味，更是在营养和健康饮食方面下足功夫，食谱中的每一款食物，都力求含有丰富的维生素和矿物质，并且能充分保证碳水化合物、蛋白质和脂肪含量的平衡。

此外，汉莎航空公司还在头等舱和商务舱推出了机上卧床、自选菜单和影视节目播放等服务项目，所有这些项目都将租车、住宿、延伸服务、联运和转运捆为一体，实施“一条龙”服务。尽管汉莎航空公司的机票卖得很贵，但是这些周到的服务举措仍然有效地吸引了目标乘客。

3. 从需要的状态对需要进行分类

从需要的状态对需要进行分类可将其分为现实需要和潜在需要。

（1）现实需要。现实需要是指目前具有明确消费意识和支付能力的需要，也称为有效需要，满足消费者的现实需要是企业当前市场营销活动的中心。

（2）潜在需要。潜在需要是指目前尚未显现或明确提出，但在未来可能形成的需要。潜在需要通常是由于某种消费条件不具备所致，如市场上缺乏能满足需要的产品，消费者的货币支付能力不足，缺乏充分的产品信息，消费意识不明确，需求强度较弱等。然而，上述条件一旦具备，潜在需要就可以立即转化为现实需要。对于支付能力不足的消费者的潜在需要，企业或商家可以采取降价、分期付款等营销措施；对于消费者意识不明确的潜在需要，企业就应该采取广告宣传、示范表演、免费试用等营销手段，引导消费者将潜在需要转化为现实需要。

（二）需要对消费者行为的影响

个体在其生存和发展过程中会有各种各样的需要，如饿的时候有进食的需要，渴的时候有喝水的需要，在与他人交往中有获得友爱、被人尊重的需要等。当一种需要获得满足以后，它就失去了对行为的刺激作用，而未获得满足的需要是购买者产生购买动机与行为的源泉。需要经唤醒会产生驱动力，驱动有机体去追求需要的满足。例如，血液中水分的缺乏会使消费者产生对水的需要，从而使驱动力处于唤醒状态，促使消费者从事喝水这一行为。

需要是消费者一切行为活动的基础和原动力，也是消费者是否购买的决定性因素。消费者的购买行为，是消费者解决需要问题的行为。只有符合并能够满足消费者特定需要的产品，才能吸引消费者购买。当然，不同消费者的需要内容、需要程度千差万别，购买行为自然也各不相同。

延伸阅读

心理需要对餐饮消费的影响

（1）求方便快捷的心理。由于竞争的日益加剧，人们用于工作和学习上的时间越来越多，日常生活节奏变得越来越快。由此导致人们对餐饮产品的需要发生了如下变化，一方面对各式快餐的需求增长较快，快餐经营企业机会大增；另一方面对正餐的需求也同样增加，家庭更多地选择在外就餐，以减少家务劳动所占的时间。

（2）求健康的心理。随着近年来消费者收入水平的普遍提高，人们的基本生活需求得到了充分满足，人们更加重视预防疾病、增进营养、保证健康。绿色餐饮产品应运而生并大受欢迎，消费者更加愿意到绿色餐厅享受无污染的绿色消费。在餐饮服务方面，适应健康和疾病预防的新生活方式，分餐制也以开始流行起来。

（3）求文化与品味的心理。随着人们可支配收入的增加、生活水平的提高以及审美情趣的提高，餐饮消费者对就餐环境及服务水准的要求越来越高，对餐饮设施和用具的舒适美观、不同风味美味佳肴、菜品精致程度、服务礼仪及服务方式的多样化提出更高的要求。

二、动机

动机这一概念是由伍德沃斯（R.Woodworth）于 1918 年率先引入心理学的。他把动机视为决定行为的内在动力——人们从事任何活动都由一定动机所引起。

一般认为，动机是激发和维持个体进行活动并导致该活动朝向某一目标的心理倾向或动力，是促使个体采取行动的力量，具有一定的指向性。动机在消费上的体现就是消费动机。

（一）动机的产生

引起动机有内外两种条件，内在条件是需要，外在条件是诱因。

一方面，需要可以直接引起动机，从而导致人朝特定目标行动。急需满足的需要，会激发起强烈的购买动机，需要一旦获得满足，则失去了对行为的激励作用，即不会有引发行为的动机。

另一方面，即使缺乏内在的需要，单凭外在的刺激，有时也能引起动机和产生行为。例如，饥而求食固属一般现象，然而无饥饿之感时若遇美味佳肴，也可能会使人顿生一饱口福之动机。又如，看到邻居的新车或看到电视关于车的广告，激发了购买车的欲望。

总之，动机既可能源于内在的需要，也可能源于外在的刺激，或源于内在需要与外在刺激的共同作用。

（二）消费动机对消费者行为的影响

消费动机是直接驱使消费者进行某种购买活动的内在动力。消费者为什么购买某种产品，为什么对企业的营销刺激有着这样而不是那样的反应，在很大程度上是和消费者的购买动机密切联系在一起的。

例如，人们普遍认为，高颜值让人更容易获得好的工资收入、社会地位和婚恋关系，高颜值人群在政界、商界和娱乐界等社会各界更容易获得成功，高颜值也可以提升个体的整体幸福感。所以，越来越多的人进行颜值消费，在健身、减肥产品、整形、护肤、美发、化妆品等方面的消费支出也不断上升。

延伸阅读

都市人的新体验——心情消费

都市里的人为工作忙碌，紧张、焦虑和压力往往使人感到心累大于身累。于是，心情消费应运而生：减压消费——KTV、健身、泡吧、上网迅速兴起；宣泄消费——人的心理承受能力是有限的，当心中的郁闷与痛苦积压较多时，便要发泄，如借助高台跳水、射击、赛车，释放心中的压抑；情调消费——如情人节、母亲节、圣诞节和庆祝生日等；奖励消费——获奖宴请消费；宁静消费——渴望宁静、远离喧嚣，去图书馆、展览馆或去垂钓、上网。

（三）消费动机的分类

1. 求实动机

这是以追求产品的实用价值为主要目的的消费动机。具有这种消费动机的消费者在选购产品时，一方面比较注重产品的功用和质量，要求产品具有明确的使用价值，讲求经济实惠，经久耐用；另一方面比较重视所购买的产品能为其带来更多的实际利益，如方便、实用、省时、省力，减轻家庭负担，增加休闲娱乐时间等。此类消费者对产品的外观造型、色彩、商标、包装等不太重视，在购买时大多比较认真仔细地挑选，也不太受广告宣传的影响。

一般而言，消费者在购买基本生活资料、日用品的时候，求实动机比较突出，而在购买享受资料，如较高档次的、价值高的消费品时，求实动机不太突出。此外，这也与消费者的消费能力和消费观念有关。

2. 求新动机

这是一种以注重产品的新颖、奇特和时尚为主的购买动机。消费者在购买产品时，追求新奇、时髦和与众不同，而对陈旧落后的东西不屑一顾。消费者在购买产品时受广告宣传、社会环境和潮流导向的影响很大。具有这种购买动机的消费者观念更新较快，容易接受新思想、新观念，追求新的生活方式，在一些经济条件比较好的人群身上表现得比较明显。

案例

斯沃琪——唯一不变的是我们一直在改变

为了在手表市场上站稳脚跟，斯沃琪始终保持与时俱进的风格。最关键的是，斯沃琪的设计师并不是坐等灵感，跟随潮流，而是洞悉先机，预先估计即将出现的潮流。事实上，整个创作过程于一年前已经开始：首先产生基本的意念，然后按照大家共识的工作原则加以发展。这种由生产上的要求主导的创作动力，是斯沃琪享有“潮流先锋”美誉的原因之一。正如斯沃琪一直强调的：“我们唯一不变的是，我们一直在改变。”公司每年都要向社会公开征集钟表设计图，根据选中的图案生产不同的手表系列，其中包括儿童表、少年表、少女表、男表、坤表、春天表、夏天表、秋天表、冬天表，后来又推出了每周套装，从星期一到星期日，每天一块，表面图案各不相同。由于斯沃琪的产品不断翻新，迎合了社会不同层次、不同年龄、不同爱好、不同品味消费者的需要，因此深受广大消费者的欢迎和喜爱，销售量年年攀升，市场份额不断扩大，公司的效益自然也越来越好。

在新品推广上，斯沃琪同样显示了它的独到之处，其新产品发布会简直是一场无比精彩的“腕上时装秀”。优美的音乐、绚丽的灯光、美轮美奂的场面、千挑万选的模特、精心设计的时装……所有这一切都是为了衬托斯沃琪的风采——青春、时尚和与众不同。

中国台湾地区的一项消费者调查表明，在手表的满意度方面，劳力士是第一名，占30%；斯沃琪是第二名，占23%。撇开劳力士高品质高价位不谈，这份调查显示了斯沃琪的品牌战略的成功。斯沃琪手表目前在150多个国家和地区销售，它早已不再是简单地发挥计时作用，而是代表了一种观念、一种时尚、一种艺术和一种文化。正如赫雅克所说："斯沃琪最叫人心悦诚服的，是它使瑞士的制表工业一直领先于先进的欧洲及北美洲等地，同时又保留了瑞士传统的制表技艺。凭借着想象力、创造力以及誓要成功的意志，斯沃琪制造出了优秀而实惠的产品。现在，斯沃琪肩负了明确的使命，将继续发展和推出更多有意思的产品。"

3. 求美动机

这是以追求产品的欣赏价值和艺术价值为主要目的的购买动机。具有这种购买动机的消费者，一方面重视产品本身存在的美感价值，如色彩美、造型美、艺术美等；另一方面重视产品能为消费者创造出的美感，如美化了自我形象、美化了个人生活环境等。因此，选购产品时，特别重视产品的外观造型、色彩和艺术品位。

4. 求廉动机

这是一种以注重产品价格低廉，希望付出较少的货币而获得较多的物质利益为主要特征的购买动机。对价格敏感是这类消费者的最大特点，受处理价、优惠价、大特价、清仓价等的影响较大。求廉的动机固然与收入水平较低有关，但对于大多数消费者来说，以较少支出获取较大收益是一种带有普遍性的购买动机。

5. 求名动机

这是以追求名牌、仰慕某种产品的名望，借以显示或提高自己的身份地位和威望为主要目的的购买动机。具有这种购买动机的消费者特别重视产品的品牌、产地、声誉以及象征意义。他们对产品的使用价值不太注重。

6. 追求便利的动机

这是指消费者追求产品购买的便利性和使用时的方便快捷的购买动机。这类消费者对时间、效率尤为重视，看重购买的便利性和产品携带、使用、维修方便，减少麻烦。受这一动机驱使，消费者趋向于购买可以减少家务劳动或减轻劳动强度的产品或服务，如洗衣机、微波炉、家庭服务等。同时，越来越多的消费者采用电话订货、电视购物、网上购买等现代购物方式。随着工作和生活节奏的加快，消费者追求便利的动机日趋强烈。

7. 从众动机

从众指个人的观念与行为由于受群体的引导或压力，而趋向于与大多数人相一致的现象。从众购买动机是以与别人保持一致为主要特征的购买动机，所以也叫模仿购买动机。具有这种购买动机的消费者，其购买动机是在参照群体和社会风气的影响下产生的。从众动机驱使这类消费者购买和使用与别人相同的产品，而不顾及自身的特点和需要。因此，这类消费行为往往有盲目性和不成熟性的特点。例如，购物时喜欢到人多的商店；在品牌选择时，偏向那些市场占有率高的品牌；在选择旅游点时，偏向热点城市和热点线路。

8. 好胜动机

这类消费者购买某种产品往往不是出于实际需要，而是为了与他人攀比，赶上、超过他人，以求得心理上的平衡和满足。“你有的我也要有”“你没有的我更要有”。渴望别人重视，获得别人认可和赞美，获得优越感。这种购买动机具有浓厚的情绪化色彩，购买行为带有一定的冲动性和盲目性，在此动机驱动下，消费会超过甚至大大超过自己的购买或支付能力。

9. 炫耀动机

这是一种以彰显地位、身份等为主的购买动机。消费者在购买产品或从事消费活动时，不太重视消费支出的实际效用，而格外重视由此表现出来的象征意义，意图通过购买或消费行为体现出有身份、财富、地位、权威或名流的形象。

10. 追求安全、健康的动机

现代消费者越来越注重自身的安全与健康，并且把保障安全和增进健康作为消费的重要内容，有这种动机的消费者通常把产品的安全性能和有益健康作为购买的首要标准，对欲购买的物品要求必须能确保安全，尤其像食品、药品、洗涤用品、卫生用品、电器和交通工具等，不能出任何问题。就安全性能而言，消费者要求产品在使用过程中各种性能安全可靠，如装修材料不含有毒物质，汽车的安全性能有绝对保障。他们还非常重视食品的保质期，药品无副作用，洗涤用品无化学残留，电器用品无漏电现象，等等，而且刻意采购各种安全防护性用品和服务，如购买人寿保险和雇用私人保镖等。

11. 满足嗜好的动机

这是以满足个人偏好为目的的购买动机。许多消费者拥有专长、兴趣和个人嗜好，因此特别偏爱某一类产品，如集邮、摄影、音响、古玩字画等，这些嗜好往往与消费者的职业特点、专业知识、生活情趣有关，因此其购买动机非常明确，购买指向也比较稳定和集中，具有持续性和重复性的特点。

12. 储备动机

这是以储备产品的价值或使用价值为主要目的的购买动机。在市场出现不正常的现象，如产品日渐稀少或供不应求时，尽可能多地购买产品以备将来需要或获利。

以上列举的仅是常见的一些消费动机，除上述主要购买动机外，消费者还有自卫性、储备性、怀旧性、补偿性、馈赠性等购买动机，这些动机大部分都有明确的指向性和目的性。例如，在怀旧性动机的诱导下购买具有重复性，其表现常常是购买具有某一历史时期特征的传统商品或仿古制品，具有明确的购买目标性和专一性的特点。

需要指出的是，消费者的购买动机是一个复杂的动机体系，实际上人们的消费行为往往不是由一种动机引发的，而常常是多种动机共同作用的结果。这些购买动机不是彼此孤立的，而是相互交错、相互制约的。在有些情况下，一种动机居支配地位，其他动机起辅助作用；在另外一些情况下，可能是另外的动机起主导作用，或是几种动机共同起作用。而在某些少数情况下，甚至消费者也说不清自己真实的购买动机。因此，在调查、了解和研究过程中，对消费者购买动机切忌作静态和简单的分析。

当消费者同时具有两种意向的动机且共同发生作用时，动机之间就会发生矛盾和冲突。这种矛盾和冲突可能是由于动机之间的指向相悖或相互抵触，也可能是出于各种消费条件的限制。我们知道，人们的欲望是无止境的，而拥有的时间、金钱和精力却是有限的，当多种动机不可能同时实现时，动机之间的冲突就是不可避免的。

第二节 » 知觉、学习、记忆、态度

消费者行为除了受需要、动机的影响支配外，还会受消费者的知觉、学习、记忆、态度等的影响。

一、知觉

知觉是各种感觉在头脑中的综合反映，对消费者行为有着较大的影响。

（一）感觉

所谓感觉，就是人们通过感官对外界的刺激物或情境的反映或印象。例如，如果在消费者购物的环境放一些轻松的音乐，消费者就会比较有耐心；如果音乐比较嘈杂，消费者就会没有耐心，而且会很急躁。

像我们走进一个五星级酒店，首先看到的是五星级酒店辉煌的灯光，然后看到了高档的装修，这些都会给我们一种感觉——这家酒店是一个很高档的酒店。如果你走进希尔顿、喜来登酒店，从走廊、大厅到房间都弥漫着一种淡淡的让人很喜悦的香味。酒店为什么每年都要花很多钱来维护这个环境的气味，就是因为它会形成一种暗示，直接影响消费者对酒店的感觉。

又如，触觉是指人们皮肤感受到的感觉，如果你摸到一个很粗糙的东西，你就会觉得这个产品的质量会很粗糙，档次很低；如果你摸到一个很细滑、很柔滑的东西，你就会感觉这个产品的质量会更好一些。iPhoneX 外壳就大量地使用了玻璃和铝金属，当消费者触摸到该产品时就会感觉到手感很好，自然就觉得这个产品的档次会更高一点。

案例

一个杯子到底能卖多少钱？

第一种卖法：卖产品本身的使用价值，只能卖 3 元 / 个。

如果你将它仅仅当一只普通的杯子，放在普通的商店，也许它最多只能卖 3 元钱。

第二种卖法：卖产品的文化价值，可以卖 5 元 / 个。

如果你将它设计成今年最流行款式的杯子，可以卖 5 元钱，因为你的杯子有文化价值。

第三种卖法：卖产品的品牌价值，就能卖 7 元 / 个。

如果你将它贴上品牌标签，它就能卖六七元钱，因为你的杯子是有品牌的东西，几乎所有人都愿意为品牌付钱。

第四种卖法：卖产品的组合价值，卖 15 元 / 个没问题。

如果你将三个杯子全部做成卡通造型的套装杯并用温馨、精美的家庭包装，起名叫"我爱我家"，一只叫父爱杯，一只叫母爱杯，一只叫童心杯，卖 50 元一组没问题。

第五种卖法：卖产品的细分市场价值，卖 188 元 / 对也不是不可以。

如果你将杯子上印上十二生肖，并且配上时尚的情侣套装礼盒，取名"成双成对"或"天长地久"，可卖 188 元 / 对。

第六种卖法：卖产品的包装价值，卖 288 元 / 对，卖得可能更火。

如果把具有保健功能的情侣生肖套装做成三种包装：第一种是实惠装，卖 188 元 / 对；第二种是精美装，卖 238 元 / 对；第三种是豪华装，卖 288 元 / 对。

第七种卖法：卖产品的纪念价值，可以卖 20 000 元 / 个。

如果这个杯子被名人用过，或有去遨游太空的经历，这样的杯子可以卖到 20 000 元 / 个。

（二）知觉对消费者行为的影响

随着感觉的深入，各种感觉到的信息在头脑中被联系起来进行初步的分析综合，形成对刺激物或情境的整体反映，这就是知觉。

消费者知觉是一个有选择的心理过程。例如，消费者听到一个广告，或看到一个朋友，或闻到污染的空气，或触摸到一种产品的时候，虽然获得了大量的零碎的信息，但是消费者往往无法在同一时间里去注意所有的信息，而会在选择一些信息的同时放弃其他大量的信息，那些被注意到的信息才能够成为知觉。

假如消费者接触的信息能满足其眼前的需要，就可能被消费者注意到并且保留下来，也就是说被消费者所感知甚至上升为意识——知觉的高级阶段，这样就可能产生相应的消费行为。例如，你饿的时候，你便可能去注意食品及相关广告，并且产生消费行为。相反，假如刚吃过饭，食品及相关广告被意识到的可能性就小，一般不会再去消费食品。

另外，信息输入强度的急剧变化也会影响知觉或意识的形成，从而影响消费者行为。例如，一个商店的降价幅度较小时，消费者也许未加以注意——这是因为其变化太小，但是如果商店降价一半，我们注意到这种降价的可能性就大得多，产生消费行为的可能性也大得多。

知识扩展

消费者的价格意识

消费者的价格意识是指消费者对商品价格高低的感觉程度，直接表现为消费者对价格敏感性的强弱，包括知觉速度、清晰度、准确度和知觉内容的充实程度。

研究表明，价格意识和收入呈负相关关系，即收入越低，价格意识就越强，价格的变化直接影响购买量；收入越高，价格意识就越弱，价格调整一般不会对需求造成太大的影响。

消费者可接受的产品价格界限是由价格意识决定的，在一定条件下，价格界限是相对稳定的，若条件发生变化，则价格心理界限也会相应改变，因而会影响企业的调价幅度。

（三）知觉风险的类型、来源与对策

1. 知觉风险的类型

消费者购买中的知觉风险是指消费者对于购买的结果没有办法进行预料和预估而产生的一种不确定感觉。知觉风险包括以下几种类型。

（1）功能风险。功能风险是指消费者所购买或消费的产品或服务没有达到消费者所期望的功能，其功能可能比竞争者的产品要差的风险。

（2）经济风险。经济风险主要是指消费者消费的产品有可能定价太高或产品本身还有质量上的问题，从而有可能导致其在经济上承受损失而产生的风险。

（3）物质风险。物质风险主要是指产品或服务有可能对自己、对他人造成的健康、安全方面的危害风险。

（4）形象风险。社会风险是指消费者因购买的决策出现问题，从而有可能遭受到其他人的看不起或疏远而造成的风险。

（5）机会风险。机会风险是指消费者因购买某一品牌而错失竞争品牌所带来的风险。

（6）心理风险。心理风险是因消费者的决策偏差造成失误，从而使消费者的情感受到伤害而形成的风险。

应当指出，消费者的知觉风险因人、因产品、因品牌、因情境而异。不同的消费者对于同一种风险的感受是有差异的，如同样是旅游，年轻人通常比年龄大的人感到的风险要小。

2. 知觉风险的来源

第一，在大多数消费者看来，新的产品或自身没有体验过的产品对于消费者来说存在更大的不确定性，这种感觉和消费者自身的经验有关，和消费者是否尝试过有关，也和消

费者习惯于已有的状态和事物有关。因此难以做出购买决策或对自己做出正确决策的能力缺乏信心。

第二，“一朝被蛇咬十年怕井绳”，一旦消费者有过不愉快的购买经历或经验，就会对目前的消费或购买产生疑惑或不确定感，从而更加剧风险意识。

第三，由于经济条件和机会成本的存在，选择这个产品意味着放弃另一个购买机会。消费者在做出选择之后，对于选择的消费是否正确或合适或是否有更好的选择并没有十足的把握。

第四，市场秩序混乱，假冒伪劣产品泛滥，会加剧消费者购买前的风险感。因为消费者很难识别产品或服务本身的性能和价格。

第五，对于技术性、工艺性相对比较复杂的产品，消费者往往在不同的品牌之间难以进行比较，这对消费者进行选择和消费造成了很大的困难和风险。

知识扩展

消费者的错觉

有些时候消费者由于受到客观条件的限制而不能全面地看问题，形成首因效应、近因效应、光环效应、成见效应、投射效应等错觉，而造成认知上的偏差，以致做出错误的推测、判断和评价。

首因效应。首因即首次或最先的印象。首因效应是指在社会认知过程中，最先的印象对人的认知具有极其重要的影响，即我们所说的第一印象。例如，如果消费者对某个超市环境的第一印象好，那么对该超市其他方面就会显得比较宽容，也比较容易产生好感。

近因效应。近因即最后的印象，指最后的印象对人的认知具有重要的影响。近因效应也有正向、负向之分，对下次购买行为也会产生积极和消极的影响。

心理学家卢钦斯认为，当两种信息连续被人感知时，首因效应明显；而当两种信息断续被人感知时，起作用的则是近因效应。有些心理学家指出，认知者在与陌生人交往时，首因效应起较大的作用；而认知者与熟人交往时，近因效应则起较大作用。

光环效应。光环效应是指由事物的一点做出对事物整体的判断，这种判断容易产生“一好百好，一坏百坏”以偏概全的认知偏差。

成见效应。成见效应指人们对某一类人或事物有着一种比较固定的看法。例如，消费者一般认为，食品超市设在超市的底楼，这已在消费者的头脑中形成了固定不变的印象，如果他需要购买食品时，就会很自然地到超市的底楼选购。所以，超市在设计和布局时，一定要充分地考虑到消费者已经形成的各种消费习惯。

投射效应。投射效应是一种以己度人的错觉。以自己所具有的观念和想法去判断别人，认为自己的观念和想法别人也一定会有，当确认了别人也有同样的看法的时候，就会产生一种满足和被认同的感觉。例如，在超市里打折促销产品时，可以在产品的陈列上显示出产品数量众多，但是已经销售了很大一部分的迹象，使消费者感觉到产品被大多数人所认同，这样就会降低消费者的预防心理，容易促成消费行为。

3. 消费者降低知觉风险的对策

消费者是具有能动性的，一旦意识到某种风险的存在，消费者本人必然会采取各种方式来降低他可能觉察到的风险，从而恢复心理上的平衡。一般来说，消费者采用的规避和减少知觉风险的方式有以下几种。

（1）主动收集产品相关信息。对于选择的后果存在不确定或缺乏一定信心时，大多数消费者就会主动进行外部信息的获取，因为更多信息的获取对于消费者而言增加了消费的可预见性和确定性。

（2）在购买前慎重决策。事实证明，消费者购买前越是慎重，也就是说消费者经过认真思考、反复对比后形成的购买，往往越能减少失误，从而降低风险。

（3）保持品牌的忠诚度。消费者若对现有的品牌满意，则会加强和保持对品牌的忠诚度，也可以降低消费者购买的知觉风险。

（4）从众购买。根据大多数人的选择来判断购买决定是很多消费者减少知觉风险的常用办法，即便这个产品或服务不是最好的，但至少它的风险不至于是最大的，所以采取从众购买也是降低消费购买中知觉风险的策略之一。

（5）购买高价产品。“一分价钱一分货”“便宜无好货、好货不便宜”是很多消费者的一种共识。高价产品常常与高质量、好的服务联系在一起。因此在通常情况下，消费者通过价格对产品质量做出推断，可以在一定程度上降低消费者购买的知觉风险。虽然这种推断不一定是正确，但事实说明大部分情况下价格与质量还是有一定的关联度的。

（6）寻找优质服务或承诺保证。消费者可通过寻找到优质服务和承诺保证来降低知觉风险，从而将购买产品后的风险降到最低限度。

二、学习

人们从事社会实践活动的过程就是学习的过程。同样，消费者从事购买活动的过程也是学习的过程，是不断积累知识、丰富经验的过程，是一个由不知到知，由知之不多到知之较多的过程。

消费者学习，是消费者在购买和使用产品的实践中，逐步获得和积累经验，并根据经验调整自己购买行为的过程，是通过驱策力、刺激物、提示物、反应和强化的相互影响、相互作用而进行的。

“驱策力”是引发人们行动的内在刺激力量，例如，某消费者重视身份地位，尊重需要就是一种驱策力，这种驱策力被引向某种“刺激物”——高级名牌领带时，驱策力就变为动机。在动机支配下，购买行为的发生往往取决于周围“提示物”的刺激，如看了有关电视广告、产品陈列，消费者就会完成购买。如果穿着很满意，其对这一品牌领带的反应就会加强，以后如果再遇到相同诱因时，就会产生相同的反应，即再次购买。如反应被反复“强化”，久而久之，购买这一品牌的领带就成为习惯了。这就是消费者的学习过程。

消费者购买活动的每一步都是在学习，从感知产品到购买决策及使用体验，都是学习的过程，可见学习对消费者的重要性。这种重要性体现为四点：一是消费者的购买决策是以获得有关购买对象即产品或服务的知识和信息为前提的，信息的获取本身就是一种学习，通过哪些渠道获取信息、获取哪些方面的信息，这些都需要借助学习这个手段；二是增加消费者的产品知识，丰富购买经验；三是进一步提高消费者的购买能力，促进购买活动的完成；四是有助于促发消费者重复性的购买行为。例如，一个消费者购买了某种牌子的香水而且很喜欢，那么该消费者以后还可能一直购买同样牌子的香水，直到这个牌子不再使其满意为止。

为此，企业营销要注重消费者购买行为中“学习”这一因素的作用，通过各种途径给消费者提供信息，如重复广告，目的是达到加强诱因，激发驱策力，将人们的驱策力激发到马上行动的地步。同时，企业的产品和提供的服务要始终保持优质，消费者才有可能通过学习建立起对企业品牌的偏爱，形成其购买本企业产品的习惯。

延伸阅读

消费者学习的方法

（1）模仿法。模仿就是仿效和重复别人行为的趋向，是消费者学习的一种重要方法。一些演艺明星和体育明星的发型、服饰，甚至生活方式，之所以能很快在一些人群中流行开来，就是模仿心理的作用。模仿可以是自觉的、主动的，也可以是无意的和被动的。当被模仿行为具有榜样作用，社会或团体又加以提倡时，这种模仿就是自觉进行的。如果传媒又对此大加宣传，那么社会上就会有很多人自觉地予以模仿学习。在社会生活中还有很多模仿是无意的，如小孩模仿大人的行为，经常接触某个群体的成员，就会不自觉地带有该群体的行为特征等。模仿可以是机械地模仿。

（2）试误法。试误法又叫尝试错误法，它是消费者通过尝试与犯错误，从而在一定的情境和一定的反应之间建立起联结。消费者渴了的时候，可以喝茶、咖啡、可乐、矿泉水或功能性饮料等，也就是说可以做出许多不同的反应，但经过多次尝试，发现做出某种特定反应能获得最满意的效果，于是此种反应与渴这一情境的联结就会得以保存。如果今后做出此种反应之后总是伴随着满足，则联结的力量会增强；反之，若做出反应之后伴随的是不满和烦恼，联结的力量将会减弱。

（3）观察法。观察法是指消费者通过观察他人的行为，获得示范行为的象征性表象，并做出或避免做出与之相似的行为的过程。例如，当他发现同事买的某种品牌的手机质量好，在自己需要购置手机时，就会不自觉地想到同事的那部手机，并形成购买意向。反之，如果他经过观察发现同事所购买的那部手机不那么理想，则在购买时可能会避免选择该品牌的手机。观察法使个体突破直接经验的限制，获得很多来自间接经验的知识、观念和技能，它是消费者普遍采用的学习方法。

三、记忆

记忆是人脑对经历过的事物的反映。如过去感知过的事物、思考过的问题、体验过的情感等，都能以经验的形式在头脑中保存下来，并在一定条件下重现出来。

与感知相同，记忆也是大脑对客观事物所做的反映活动。二者的区别在于：感知是大脑对当前直接作用的事物的反映，记忆是大脑对过去经验的反映。也就是说，记忆中保留的映像是过去的经历或经验。

（一）记忆对消费者行为的影响

记忆是大脑的重要机能之一，也是消费者认识过程中极其重要的心理要素。现代研究表明，人脑如同一个指挥中枢那样能向身体的各个器官和部位发号施令，它所记忆的特定信息对人体行为产生极大的影响和作用。

在消费实践中，消费者感知过的广告、使用过的产品、光顾过的超市、体验过的情感以及做过的设备等，在之后并非消失得无影无踪，而是在大脑皮层留下兴奋过程的印迹。当引起兴奋的刺激物离开之后，在一定条件影响下，这些印迹仍然能够重新活跃起来，这样，消费者就能再现过去感知过的事物的形象。

正是有了记忆，消费者才能把过去的经验作为表象保存起来，经验的逐渐积累推动了消费者心理的发展和行为的复杂化。反之，离开记忆则无法积累和形成经验，也不可能有消费心理活动的高度发展，甚至连最简单的消费行为也难以实现。例如，如果丧失对产品外观、用途或功效的记忆，消费者再次购买同一种产品时，将无法辨认并做出正确的判断和选择。

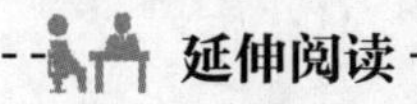

延伸阅读

广告策略之记忆点创造法

记忆点创造法就是要将企业产品最具差异化、最简单易记的品牌核心诉求提炼出来，把企业所有宣传、传播的力量集中贯注于这一个点，努力让这一个点渗透到消费者的记忆深处。

例如，每家麦当劳分店，都可以看到醒目的金色的拱形标志和一个逗孩子们欢笑的“麦当劳叔叔”，这些标识都成为麦当劳的经典象征。美国著名的“旅游者”保险公司在促销时，用一个伞式符号作为象征，促销口号是：“你们在旅游者的安全伞下”。这样，无形的保险服务具有了一种形象化的特点。

又如，在别的厂家都尽力回避果汁饮料里有沉淀物的问题时，农夫山泉却迎难而上，打出“农夫果园，喝前摇一摇”的广告语，并把其变成了产品销售的一个卖点。这一摇，使产品深入人心，并倡导了一种新的喝法；也使“农夫果园”系列产品扶摇直上，将果汁市场“摇”得重排座次，农夫山泉的果汁饮料也乘势从二流产品迅速跻身一流产品。“摇一摇”最形象直观地暗示消费者它是由三种水果调制而成，“摇一摇”可以使口味统一。另外，更绝妙的是无声胜有声地传达了果汁含量高——因为我的果汁含量高，摇一摇可以将较浓稠的物质摇匀这样一个概念。“摇一摇”的背后就是“我有货”的潜台词。

再如，当年纯净水刚开始盛行时，所有纯净水品牌的广告都说自己的纯净水纯净。当消费者不知道哪个品牌的水是真的纯净，或更纯净的时候，乐百氏纯净水在各种媒介推出卖点统一的广告——乐百氏纯净水经过 27 层净化。这个系列广告在众多同类产品的广告中迅速脱颖而出，给受众留下了深刻印象。

消费者的记忆能力是有限的，而市场中各种产品的信息相对而言是无限的。面对铺天盖地的产品信息，消费者只愿意也只能够记住简单的信息，越简单越好，简单到只有一点，最容易记忆。

例如，农夫山泉仅仅用了“有点甜”三个字，三个再平常、简单不过的字，而最核心的点只是一个“甜”字，这三个字容易使消费者轻松记忆。

（二）记忆的过程

消费者对过去经验的记忆是经历一定过程的，这一过程包括识记、保持、回忆、再认四个基本环节。

1. 识记

识记是一种有意识的反复感知，使客观事物的印迹在头脑中保留下来成为映像的心理过程。整个记忆过程是从识记开始的，它是记忆过程的第一步。

根据消费者在识记时是否有明确目的或随意性，识记可分为无意识记和有意识记。首先，无意识记是事先没有明确目的的，也没有经过特殊努力的识记。当消费者随意浏览产品，或阅读报纸、看电视时，虽然没有明确的目的和任务，也没有付出特别的努力，但某些产品或广告的内容可能被自然而然地识记下来，这就是无意识记。无意识记具有很大的选择性。一般来说，那些在消费者的生活中具有重要意义，适合个人需要、兴趣、偏好，能激起情绪或情感反应的信息，往往容易被无意识记。其次，有意识记是有预定目的，并经过努力的识记。例如，欲购买汽车的消费者对各种汽车的品牌、性能、质量、价格、外观等特性，均需进行全面了解和努力识记。可见，有意识记是一种复杂的智力活动和意志活动，要求有积极的思维参与和意志努力。

根据所识记的材料有无意义和识记者是否理解其意义，识记可以分为机械识记和理解识记。首先，机械识记是在对事物没有理解的情况下，依据事物的外部联系机械重复进行的识记。例如，没有意义的数字、生疏的专业术语等。机械识记是一种难度较大的识记，容易对消费者接收信息造成阻碍。因此，企业在宣传产品、设计商标或为产品及企业命名时，应当坚持便于消费者识记的原则。其次，理解识记是在对事物理解的基础上，依据事物的内在联系所进行的识记。它是消费者通过积极的思维活动，揭示消费对象的本质特征，找到新的消费对象和已有知识的内在联系，并将其纳入已有知识系统中来识记的。运用这种识记，消费者容易记住消费对象的内容和形式，记忆保持的时间较长，并且易于提取。大量的实验表明，以理解为基础的理解识记，在全面性、快速性、准确性和巩固性方面都比机械识记优越得多。

2. 保持

保持是过去经历过的事物在头脑中的映像得到巩固的过程。保持并不是对过去经验的机械重复，它是对识记的材料进一步加工、存储的过程。存储起来的信息材料也不是一成不变的，随着时间的推移和后来经验的影响，保持的识记在数量和质量上会发生某些变化。一般来说，随着时间推移，保持量逐渐减少，也就是说人对其经历过的事物总是要忘掉一些的。识记保持的数量或质量变化有的具有积极意义，如消费者在识记产品的过程中，逐渐了解并概括出产品的基本特性，对无关紧要的细节忽略不计，把有关的必要信息作为经验在头脑中存储起来。

3. 回忆

回忆又称重现，是对不在眼前的、经历过的事物的表象在头脑中重新显现出来的过程。例如，消费者购买产品时，往往把产品的各种特点与在其他超市见到的，或自己使用过的同类产品在头脑中进行比较，以便做出选择。这就需要回忆。

根据回忆是否有预定目的，回忆可以分为无意回忆和有意回忆。无意回忆是事先没有预定目的，也无须意志努力的回忆。有意回忆则是有目的的、需要意志努力的回忆。例如，消费者在做出购买决定时，为慎重起见，需要努力回忆以往见过的同类产品或了解的有关信息。

消费者对消费信息的回忆还有直接性和间接性之别。直接性回忆就是由当前的对象唤起旧经验。例如，人们一见到劳斯莱斯广告，就会想起各种溢美之词，这种直接的回忆或重现相对比较容易。间接性回忆是要通过一系列的中介性联想才能唤起对过去经验的回忆。

例如，曾使用过戴尔电脑但一时想不起的消费者，通过戴尔的标识则可能唤起其回忆。

4. 再认

过去经历过的事物重新出现时能够识别出来就是再认。例如，消费者能够很快认出购买过的产品、光顾过的超市、观看过的广告等。一般来说，再认比重现简单，能重现的事物通常都能再认。

上述的识记、保持、回忆、再认等四个基本环节彼此联系，相互制约，共同构成消费者完整统一的记忆过程。其中，没有识记就谈不上对消费对象内容的保持，没有识记和保持，也不可能对接触过的消费对象回忆和再认。因此，识记和保持是回忆和再认的前提，回忆和再认则是识记与保持的结果及表现，同时，通过再认和回忆还能进一步巩固并加强对消费对象的识记和保持。

（三）遗忘

在消费实践中，无论何种类型的记忆都难以永远保持，这是由于在记忆过程中存在着另一个重要的心理机制，即遗忘。对识记过的事物不能再认或回忆，或表现为错误的再认或回忆，称为遗忘。遗忘可能是永久性的，即不再重复时就永远不能再认或重现，如许多文字或电视广告，倘若不加注意和有意识记，很可能会完全忘记。遗忘也可能是暂时的，消费者叫不出熟悉产品的名称，想不起使用过产品的操作程序，都属于暂时性的遗忘。

关于消费者遗忘的原因，有关学者提出两种假设，即衰退说和干扰说。衰退说认为遗忘是由于记忆痕迹得不到强化而逐渐减弱、衰退以至于消失的结果。干扰说则认为遗忘是在学习和回忆之间受到其他刺激干扰的结果，记忆痕迹本身不会变化，它之所以不能恢复活动，是由于存在着干扰，干扰一旦被排除，记忆就能恢复。这个学说最有力的证据就是前摄抑制和后摄抑制。前摄抑制是指先前学习的材料对后学习材料的干扰作用；后摄抑制是指后学习的材料对先前学习材料的干扰作用。在消费活动中，前摄抑制和后摄抑制的影响是十分明显的。例如，消费者在连续观看十几则电视广告之后，往往对开始和最后的广告记忆深刻，对中间的多数广告则记忆不清。

消费者的遗忘是有规律的。一般来说，消费者在识记后保持在头脑中的材料随时间的推移而递减，这种递减在识记后的短时间内特别迅速，即遗忘较多。一项试验表明，某广告最后一次重复之后，只相隔 4 个小时，消费者记住它的百分比就下降了 50%。此后，随着时间的推移，遗忘的速度缓慢下来，保持渐趋稳定的下降，也就是说，遗忘的进程是先快后慢。

了解消费者遗忘的规律，对于企业有针对性地采取措施，帮助消费者减少遗忘、保持有效记忆具有重要启示。第一，由于独特的、不寻常的信息较少受到遗忘的干扰，具有更大的记忆潜力。因此，企业在做广告时，或采取其他促销方法时，必须具有鲜明的主题和个性特征。第二，由于呈现信息的顺序会影响对它的保持，如信息的中间部分最容易被遗忘，因此企业在提供消费信息时，应尽可能将最重要的部分放置在开头与结尾，以免出现前摄抑制和后摄抑制的干扰。第三，由于重复可以增加信息在短时记忆中停留的机会，不断重复还有助于将短时记忆转化为长时记忆，所以应尽可能多次重复有关消费信息，但应注意表现形式的多样化和重复的间隔性与节奏性，避免引起消费者的乏味感和厌烦情绪。最后，遗忘的恢复依赖于某些线索，这些线索反过来又会促进对识记材料的回忆。为此，产品的包装、陈列以及广告设计等都应考虑利用相同的线索来帮助消费者回忆起已经遗忘的信息材料。

延伸阅读

峰终定律

峰终定律就是：人们对一件事的印象，往往只能记住两个部分，一个是过程中的最强体验——峰；一个是过程中最后的体验——终——好的开头不如好的结尾。过程中好与不好的其他体验对记忆差不多没有影响。

例如，一些儿科医院会在诊疗结束后，送给小孩子礼物，或给他最爱吃的零食。这样即便过程很痛苦，最后有一个甜甜的结果，小孩子对这个疾病的痛苦印象就不会那么深刻。

星巴克的“峰”是友善的店员和咖啡的味道，“终”是店员的注视和微笑。尽管整个服务过程中有排长队、价格贵、长时间等待制作、不易找到座位等很多差的体验，但是消费者下次还会再去。

宜家的购物路线也是按照“峰终定律”设计的。虽然它有一些不好的体验，比如“地形”复杂，哪怕只买一件家具也需要走完整个商场；比如店员很少，顾客得不到及时的帮助；比如要自己从货架上搬货物，要排长队结账；等等。但是它的峰终体验是好的，它的“峰”就是过程中的小惊喜，比如便宜又好用的挂钟，好看的羊毛毯以及著名的瑞典肉丸。它的“终”是什么呢？就是出口处 1 元钱的冰淇淋！1 元钱的冰淇淋看似赔本，却为宜家带来了极佳的“终”体验。

有一家名叫马克罗尼的意式餐厅，它就会随机筛选出一些消费者，并在结账的时候告诉他们这顿饭免费。虽然这项活动会让这家餐厅的营业额少收 3.3%，但它产生的效果却远好于采用 3.3% 的打折策略，因为它给人留下了难忘的体验。

四、态度

通过感觉、知觉、学习、记忆，消费者获得了自己的态度、信念、兴趣，而态度、信念、兴趣又反过来影响消费者的行为。

（一）态度的概念

态度是人对一个概念的整体评价。弗里德曼认为态度是个体对某一特定事物、观念或他人稳固的评价，是由认知、情感和行为倾向三个成分组成的心理倾向。

认知是指个人对态度对象的认识、了解、看法及评价，个人只有在对态度对象认知的基础上，才能产生情感反应及行为倾向。例如，消费者在对新产品感知的基础上，会对新、旧产品的各项指标进行比较。如果比较后确信新产品具有独创、新奇、时尚的特点，能为自己带来新的利益及心理上的满足，消费者就会对新产品产生好感，抱有积极、肯定的态度。

情感是指个人在与态度对象接触或交往过程中所产生的一种内心体验，包括理智感、荣誉感、道德感、审美感等。它是人们在长期的社会实践中，受到客观事物的反复刺激而形成的内心体验，因而与消费者情绪相比，具有较强的稳定性和深刻性。在消费活动中，情感对消费者心理和行为的影响相对长久和深远。例如，消费者选购小轿车时，对轿车的造型、颜色的挑选，实际上体现了他个人的审美感，对 4S 店销售人员的评价又体现了他的道德感。

知识扩展

情绪与情感

情绪是一种感受的倾向，一般指与生理的需要和较低级的心理过程（感觉、知觉）相联系的内心体验。例如，消费者选购某品牌的小轿车时，会对它的颜色、造型、性能、价格等可以感知的外部特征产生积极的情绪体验。情绪一般由当时特定的条件所引起，并随着条件的变化而变化，因此情绪表现的形式是比较短暂和不稳定的，具有较大的情境性和冲动性。某种情境一旦消失，与之有关的情绪就立即减弱或消失。

消费者的情绪与情感之间又有着密切的内在联系。情绪的变化一般受到已经形成的情感的制约，而离开具体的情绪过程，情感及其特点则无从表现和存在。因此，从某种意义上可以说，消费者的情绪是情感的外在表现，情感是情绪的本质内容。正由于此，在实际生活中二者经常被当作同义词使用。

行为倾向是指个人对态度对象一种可预期的反应。例如，当个人对产品产生了好感，并且对其有了一定的认知之后，接下来就会产生选择、购买该产品的行为倾向。

态度作为个体内在的心理过程，它不能直接加以观察，但可以从个体的思想表现、言语论述、行为活动中加以推断。人们所持态度针对的目标可能是有形的或无形的，有生命的或无生命的。例如，我们有针对性别、信仰、政治等的态度；也有对花和啤酒的态度。然而，个人的态度基本上是保持稳定的，不会时刻变化。

信念是指一个人对某些事物所持有的描绘性思想。信念的形成可以基于知识与经验，也可以基于信仰或情感等。

兴趣是人对事物的一种特殊的认识倾向，这种认识倾向带给消费者的是一种肯定的情绪和积极的态度。

（二）态度对消费者行为的影响

为什么消费者知道吸烟有害身体健康还要去抽烟？为什么消费者知道西式快餐是“垃圾”食品还偏偏带着孩子去吃？为什么消费者知道方便面没有营养还要去消费……有时候消费者明知不是好东西却仍然去消费，有时候消费者明知道是好东西却对其无动于衷——这些都是消费者的态度造成的。

消费者的态度就是指消费者在购买活动中，对所涉及的有关人、物、群体、观念等方面所持有的认知、情感和行为倾向。消费者态度既影响消费者对产品、品牌的判断和评价，也影响消费者的学习兴趣和效果，还影响消费者的消费意向和消费行动。

例如，当消费者最初使用某种名牌产品后感觉很好，形成了对该种产品质量、功效的认知，并逐渐产生了对这个品牌的好感，增强了使用该品牌的信心，那么一般情况下消费者就不会改用其他品牌的产品，而成为该品牌的忠诚消费者。

消费者的态度是消费者在长期的消费行为中形成的，常常是无法抗拒的，它甚至比价值观对消费行为的影响作用还要大。消费者的态度有些是可以改变的，有些是很难改变的，即使能改变，那也需要时间和付出巨大的代价。

例如，20 世纪 90 年代初，箭牌香口胶在德国面市，在消费者心目中它是香口胶，防龋是它的一个独特的附属功能。同时上市的还有混合洁口胶，在消费者心目中，混合洁口胶的主要功能是洁齿护齿，香口则是其附属功能。经过一段时间的市场竞争较量，混合洁口胶败下阵来，箭牌香口胶则以 90% 的市场占有率遥遥领先。究其原因，是消费者的态度在作怪——大多数消费者已习惯于首先是香口胶然后才是防龋功能。

案例

可口可乐更换配方的风波

1980 年，可口可乐公司向世人展示了比老可乐口感更柔和、口味更甜、泡沫更少的新可口可乐样品。在推向市场之初，可口可乐公司花费 400 万美元进行口味测试，结果表明新可乐更受欢迎。接着，可口可乐便大做广告，把新可乐全面推向了市场。

然而，新可乐推出不久，西雅图一群忠诚于老可乐的人组成了“美国老可乐饮用者”组织，准备发动全国范围内的“抵制新可乐运动”，洛杉矶的消费者也威胁说：“如果推出新可乐，以后再也不买可口可乐”……原来，这些人认为老的可口可乐配方代表了一种传统的美国精神，热爱传统配方的可口可乐就是有美国精神的体现，而放弃传统的可口可乐配方就意味着一种背叛。

对众多的批评者，可口可乐公司不得不开通 83 部热线电话，雇请大批公关人员面来温言安抚愤怒的消费者。在随后进行的又一次的消费者意向调查中，30%的人说他们喜欢新可口可乐，而60%的人明确拒绝新口味可口可乐。最终，公司决策者们不得不动摇更换配方，恢复了传统配方的可口可乐的生产。

总而言之，消费者的态度对消费者行为的影响重大，当消费者对企业及其产品或服务持肯定态度时，他们会自觉成为企业的顾客甚至忠诚的顾客，也会带动影响他人成为企业的消费者。而当消费者对企业及其产品或服务持否定的态度时，不仅他们自己会停止使用该企业的产品或服务，还会要求亲戚和朋友也这样。因此，营销者应该重视消费者的态度，要让消费者充分地了解企业、了解产品或服务，帮助消费者建立对本企业及其产品或服务的正确认知，培养消费者对企业及其产品或服务的情感，从而让企业及其产品或服务尽可能适应消费者的购买倾向。

信念与兴趣是激发潜在消费行为产生的直接动力，这是因为，如果消费者对某种产品产生信念，发生兴趣，就往往会主动收集有关信息，积累知识，为未来的消费活动打下基础。此外，信念与兴趣能促使消费者快速做出消费决定，并且，信念与兴趣还可以刺激消费者对某种产品重复消费或长期使用。

第三节 » 个性、气质、自我概念、生活方式

消费者行为还受到消费者的个性、气质、自我概念、生活方式等的影响。

一、个性

（一）个性的概念

“个性”一词是由拉丁文 persona 而来，原指演员演戏时所戴的假面具，后指演员自身和他所扮演的角色。心理学和行为学把这一概念借用过来，把个体在人生舞台上扮演的角色的外在行为和心理特质都称为个性。

个性是个体对待社会、他人和自己的心理活动，并以一定的形式表现在自身行为活动中，构成了个人所特有的行为方式，在社会评价上有好坏之分。

个性具有以下多方面的特点。

首先，个性的形成与所处的社会环境尤其是童年时的经历具有直接联系，往往受生活条件的影响和制约，后天环境对个性的塑造作用较为明显。

其次，个性反映了个体间的差异性，每个人的内心世界、知识结构、成长过程都不同，也就会形成千差万别的个性。

再次，个性的可塑性强，并非不可改变，生活中的某些重大事件，如小孩的出生、亲人的去世等都可能导致个性的改变。

最后，个性一方面可以反映人的行为方式，另一方面还可以反映人的动机和态度。例如，一个小气的人和一个节俭的人，在行为方式上很接近，但是动机和态度却是不一样的。

（二）个性对消费者行为的影响

个性比较典型地表现为以下一种或几种特征，如内向、外向、灵活、死板、积极、进取、自信、自主、支配、顺从、保守、适应等。构成个性的这些特征不仅对产品选择产生影响，而且还会影响消费者对促销活动的反应以及何时、何地和如何消费某种产品。

研究表明，人们越来越倾向于购买不同风格的产品以展示自己独特的个性。例如，美国学者发现，购买有活动车篷汽车的买主与购买无活动车篷汽车的买主之间，存在一些个性差别——前者表现较为主动、激进和喜欢社交。

此外，消费者的个性还直接影响到消费者对产品的接受程度与速度。例如，个性灵活、乐于接受变化、富于冒险和创新精神的消费者，比思想保守、兴趣单一、固执守旧的消费者更容易接受新产品，接受速度更快。

在现代市场经济条件下，越来越多的消费活动成为消费者个性特征的外化和社会价值的体现。一个人的服饰、饮食偏好、家居装饰、汽车选择等，都是其个性与风格的认知指标。

延伸阅读

不同个性消费者的消费行为特点

（1）理智型。此类消费者购买过程冷静、理智，情绪不外露，注意力稳定，具有自我控制能力，一般在采取购买行为之前，要做周密考虑，广泛收集有关信息，充分了解所需产品的相关知识，尽可能认真、详细地进行产品的比较选择，只有证实了自己选择的合理性后才会购买。

（2）冲动型。此类消费者容易受别人诱导和影响，从而迅速做出购买决策，随意性较强，容易受到广告宣传、营销方式、产品特色、购买氛围的影响，不太注重产品的功效。另外，兴趣对此类消费者购买的影响很大。

（3）外向型。此类消费者在购买过程中，热情活泼，喜欢与人交换意见，主动询问有关产品的质量、品种、使用方法等问题，易受产品广告的感染。这类消费者的购买决定比较果断，买与不买都比较爽快。

（4）内向型。此类消费者在购买活动中沉默寡言，反应缓慢，面部表情变化不大，内心活动丰富而不露声色，不善于与人交谈，挑选产品时不希望他人帮助，对产品广告冷淡，常凭自己的经验购买。

（5）节俭型。此类消费者在消费观念和态度上崇尚节俭，讲究实用，朴实无华，他们选择产品的标准是实用，较为注重产品的质量、性能、实用性，以物美价廉作为选择标准，不在意产品的外观造型、色彩、包装、品牌及消费时尚，不图名声，不喜欢高档昂贵、无实用价值的产品。

（6）自由型。此类消费者消费态度浪漫，简单比较注重产品的外观，有时也受销售宣传的诱导，联想丰富，一般有较强的购买技巧。

（7）保守型。此类消费者消费态度严谨、固执，生活方式刻板，喜欢遵循传统消费习惯，对有关新产品的市场信息抱怀疑态度，有意无意地进行抵制，信奉传统产品，有时消费情绪悲观。

（8）傲慢型。此类消费者消费态度傲慢，往往具有某种特殊的生活方式或思维方式，有时会提出一些令人不解的问题和难以满足的要求，自尊心强且过于敏感。

（9）顺应型。此类消费者消费态度随和，生活方式大众化，其行为受相关群体影响较大，和与自己相仿的消费者群体保持比较一致的消费水平，而且能够随着社会发展、时代变迁不断调节、改变自己的消费方式和消费习惯。

（10）习惯型。此类消费者常常根据以往的购买和使用经验或习惯采取购买行为。当他们对某一品牌的产品有深刻体验后，便很难改变自己的信念，在购买中遵循惯例，不受时尚和社会潮流的影响。

二、气质

（一）气质的概念

气质是依赖于人的生理特征或者身体特点表现出来的心理特征，气质差异的形成是先天形成的，因而气质的可塑性极小，稳定性强，无好坏之分。

古希腊医生希波克拉底很早就观察到人有不同的气质，他认为人体内有四种体液：血液、黏液、黄胆汁和黑胆汁。用体液解释气质类型虽然缺乏科学根据，但人们在日常生活中确实能观察到这四种气质类型的典型代表——活泼好动、敏感、反应迅速、喜欢与人交往、注意力容易转移、兴趣容易变换等，是多血质的特征（活泼型）；直率、热情、精力旺盛、易于冲动、心境变换剧烈等，是胆汁质的特征（兴奋型）；安静、稳重、反应缓慢、沉默寡言、情绪不易外露，注意力稳定但又难于转移，善于忍耐等，是黏液质的特征（安静型）；孤僻、行动迟缓、体验深刻、善于觉察别人不易觉察到的细小事物等，是抑郁质的特征（抑制型）。

（二）气质对消费者行为的影响

从消费者气质类型上看，由于气质类型不同，他们的消费行为表现出特有的活动方式和表达方式。

1. 多血质

多血质的消费者善于交际，观察敏锐，反应敏捷，有较强的灵活性，有时其兴趣与目

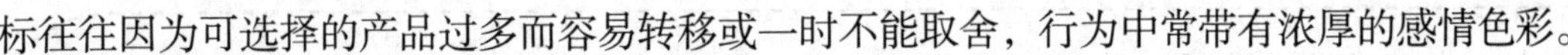

标往往因为可选择的产品过多而容易转移或一时不能取舍，行为中常带有浓厚的感情色彩。

2. 胆汁质

胆汁质的消费者在购物中喜欢标新立异，追求新款奇特、具有刺激性的流行产品。他们一旦感到需要，就很快产生购买动机并干脆利落地迅速成交，往往不善于比较，缺乏深思熟虑，体现出冲动型的购买行为特点。

3. 黏液质

黏液质的消费者在购物中比较谨慎、细致、认真。他们大都比较冷静，不易受广告宣传、商标、包装等干扰，很少受他人的影响，喜欢通过自己的观察、比较做出购买决定。他们对自己熟悉的产品会积极购买，并持续一段时间，对新产品往往持审慎态度，体现出理智型的购买行为特点。

4. 抑郁质

抑郁质的消费者在购物中往往考虑比较周到，对周围的事物很敏感，能够观察别人不易察觉的细枝末节，其购物行为拘束，拖泥带水，谋而不断，一方面表现出缺乏购物主动性，另一方面对他人的介绍不感兴趣或多疑不信任，体现出谨慎型、敏感型的购买行为特点。

气质对消费者购买行为的影响主要是通过上述气质类型表现出来的。当然，在现实生活中，属于典型气质类型的人很少，多数人的气质类型是属于混合型的。

延伸阅读

气质差异对购买过程的影响

在信息收集阶段，不同气质的消费者的行为有明显差异。多血质和胆汁质的消费者通常主动与售货员接触，积极提出问题并寻求帮助，有时还会主动征询其他在场消费者的意见，表现十分活跃。黏液质和抑郁质的消费者则比较消极被动，通常要由售货员主动询问，不会主动提出问题，因此不太容易沟通。

在评估方案时，气质有差异的消费者行为也有显著不同。黏液质的消费者比较冷静慎重，能够对各种产品的内在质量加以细致的选择比较，通过理智分析做出购买决定，善于控制自己的感情，不易受广告宣传、外观包装及他人意见的影响。胆汁质的消费者易感情冲动，经常凭个人兴趣、偏好以及对产品外观的好感选择产品，不过多考虑产品的性能与实用性，他们喜欢新产品，容易受广告宣传及购买环境的影响。

在做出购买决策和实施购买时，气质的不同会直接影响消费者的决策速度与购买速度。多血质和胆汁质的消费者心直口快，动作迅速，一旦见到自己满意的产品，往往会果断地做出购买决定，并迅速购买，不愿花费太多时间比较选择。抑郁质和黏液质的消费者在挑选产品时则优柔寡断，十分谨慎，挑选的时间也较长，在决定购买后易发生反复。

在购后体验方面，消费者因气质不同，体验程度会有明显差异。黏液质和抑郁质的消费者在消费体验方面比较深刻，他们对购买和使用产品的心理感受十分敏感，并直接影响其心境及情绪，在遇到不满意的产品或服务时经常做出强烈的反应。相对来说，胆汁质和多血质的消费者在消费体验方面不太敏感，他们不过分注重和强调自己的心理感受，对于购买和使用产品的满意程度不太苛求，表现出一定程度的容忍。

三、自我概念

自我概念也称自我形象，是指个人对自身一切的知觉、了解和感受的总和。每个人都会逐步形成关于自身的看法，如是丑是美、是胖是瘦、是能力一般还是能力出众等。自我概念回答的是“我是谁”和“我是什么样的人”一类问题，它是个体自身体验和外部环境综合作用的结果。

罗杰斯认为，人类行为的目的，都是保持与“自我概念”或自我形象的一致性。消费者的很多决定，实际上都会受自我形象的引导。一般情况下，消费者将选择那些与其自我概念相一致的产品或服务，避免选择与其自我概念相抵触的产品或服务。正是在这个意义上，研究消费者的自我概念对企业特别重要。

当然，消费者不只有一种自我概念，而是拥有多种类型的自我概念——实际的自我概念，指消费者实际上如何看待自己；理想的自我概念，指消费者自己希望如何看待自己；期待的自我概念，指消费者期待在将来如何看待自己，是介于实际的自我与理想的自我之间的一种形式；社会的自我概念，指消费者感到别人是如何看待自己的；理想的社会自我概念，指消费者希望别人如何看待自己。

自我概念的多样性意味着在不同的情境下消费者可能选择不同的自我概念来指导其态度与行为。例如，在家里与家庭成员交往时，其行为可能更多地受实际的自我概念支配；在电影院或博物馆，其行为则可能更多地受理想的社会自我概念所支配。

案例

购买特斯拉的消费者

特斯拉是一家美国电动车及能源公司，产销电动车、太阳能板及储能设备，总部位于美国加利福尼亚州硅谷的帕罗奥多。

作为“全球科技含量最高的汽车公司”，特斯拉针对的是企业家群体、有科技范的人群。他们买车，买的是感觉。他们使用产品时不只是在用其功能，而是通过使用这个产品来告诉别人，他们是什么样的人。他们开的不是车，是标签。

作为纯电动车品牌，特斯拉提供不同价位的电动汽车供消费者选择，满足消费者对科技化驾驶体验的追求。很多消费者购买特斯拉的三个最大的感受是：外观好看，很拉风；开车速度快；软件体验好，大屏。

此外，随着全球能源形势的日益严峻，人们越来越关注环境问题，力求为环保节能贡献自己的力量，一部分消费者看中特斯拉电动汽车在行驶时释放的二氧化碳较少这一卖点，将其作为自己绿色出行的选择。

四、生活方式

生活方式是指一个人怎样生活，是一个人在世界上所表现的有关其活动、兴趣和看法的生活模式。具体来说，生活方式是个体在成长过程中，在与社会诸因素交互作用下表现出来的活动、兴趣和态度模式，是人们生活、花费时间和金钱的方式的统称。

消费者追求的生活方式往往各不相同：有的追求新潮时髦；有的追求恬静、简朴；有的追求刺激、冒险；有的追求稳定、安逸。不同的生活方式显然有着不同的购买需求，会产生不同的购买行为。

文化与生活方式有着极为密切的联系，文化规定了人们一定的生活样式，教育人们以什么样的方式生活。在不同的社会文化背景下，人们生活方式会大相径庭，生活方式的不同自然会产生不同的消费心理与购买行为。

生活方式很大程度上还受个性的影响，一个具有保守、拘谨性格的消费者，其生活方式不大可能包含诸如登山、跳伞、丛林探险之类的活动。

此外，个体和家庭都有生活方式，家庭生活方式由家庭成员的个人生活方式所决定，反过来，个人生活方式也受家庭生活方式的影响。

延伸阅读

乐活族

乐活族又称乐活生活、洛哈思主义，追崇乐活生活方式的人群又被称为乐活族，乐活族所推崇的是乐活着。乐活，是一个从西方传来的新兴生活型态，由LOHAS音译而来。LOHAS是英语Lifestyles of Health and Sustainability的缩写，意为以健康及自给自足的形态过生活，强调“健康、可持续的生活方式”。“健康、快乐，环保、可持续”是乐活的核心理念。他们关心生病的地球，也担心自己生病，他们吃健康的食品与有机蔬菜，穿天然材质棉麻衣物，使用二手家用品，骑自行车或步行，练瑜伽健身，听心灵音乐，注重个人成长。

第四节 » 消费心理

消费者的心理活动是一种复杂的思维现象，各种心理因素相互影响，相互制约，并随时变化。以下介绍几种常见的消费心理。

一、预期心理

预期对消费者行为有着重要的影响。显而易见，如果经济形势好，消费者会预期他们的未来收入会增加，从而引致消费支出的增长；相反，如果经济萧条，消费者就会预期自己可能失去现有的职位，或者认为预期的未来收入会下降，这样必然引致消费支出的下降。

又如，消费者的价格预期也会影响消费者的行为。一般而言，如果消费价格正在上升，消费者会预期未来消费价格仍会上升，于是就会有抢购心理，提前购买；反之，如果消费价格正在下降，消费者就会预期未来消费价格仍会下降，于是就会持币观望，延迟购买。

二、占便宜心理

人性有优点，也有缺点，如自私、贪婪、恐惧、嫉妒、懒惰、虚荣、爱占便宜、难抵诱惑、热爱免费、重视等级、崇拜名人、喜欢从众等。例如，消费者通常只会关注自己的感受和利益。所以，企业要站在消费者的立场，给消费者上帝般的感觉，真心实意为消费者利益考虑，这样消费者才会信任你，进而购买你的产品。

“便宜”与“占便宜”不一样。价值50元的东西，50元买回来，那相对于购买价值100元的东西那叫“便宜”。而价值100元的东西，50元能够买下来，那叫“占便宜”。消费者并不是想买“便宜”的产品而是想买可以“占便宜”的产品，如赠品、打折、送券、积分。

消费者不仅想“占便宜”，还希望“独占便宜”。例如，“今天刚开张，你是第一个消费者，图个吉利，按进货价卖给你算了！”“这是最后一件，按清仓价卖给你！”“马上要下班了，一分钱不赚卖给你！”这些话隐含如下信息：只有你一个人享受这样的低价，便宜让你一人独占了。面对如此情况，消费者鲜有不成交的。

有关心理学家曾做过调查，认为消费者讨价还价的动机主要有以下情形：消费者怕吃亏；消费者想买得更便宜，获得更优惠的价格和服务；消费者想在商谈中显示他的谈判能力；消费者想获得销售人员的重视；消费者从对方的让步中获得成就感；消费者想通过讨价还价来了解产品真正的价格；消费者为了从另一家买到更便宜的产品而先设法砍价，再给第三者施压。

三、避险心理

由于在现实经济生活中，消费者所从事的消费活动都可能存在着风险，因而对于风险规避者来说，选择合适的方法来降低可能面临的风险是非常必要的。

首先，获取更多的信息。在不确定性的情况下，消费者的决策是建立在现有信息基础上的，所以如果消费者可以获得更多信息，就可以相应地降低风险。

其次，人们可以采取多样化的行为，来降低风险。例如，用多样化的方法来持有资产，不局限于单一的持有方式，不把所有鸡蛋放到一个篮子里，可以把部分钱存入银行，部分钱投入股市，剩余的钱用来买基金或投资房产之类的。

再次，从众消费。即与大多数人的消费倾向相一致。例如，购物时喜欢到人多的商店；在品牌选择时，偏向那些市场占有率高的品牌；在选择旅游点时，偏向热点城市和热点线路。

最后，可以通过购买保险的方式来降低风险。市场机制通过风险分摊的方式来应对各种风险，其中，主要形式就是保险。人们可以通过购买保险的形式，把自己的不确性情况变成自己确定的可预期的情况。例如，购买车辆保险时，你不确定你的车子是否会发生一系列的意外，这其中就存在着很大的不确定性，但是如果你购买了保险，当你的车子发生意外时，保险公司就需要按照合同要求来赔偿你的损失，这样你就可以大大地降低自己承担的风险。

延伸阅读

接近消费者的方法

（1）馈赠接近法。馈赠接近法指推销人员通过赠送礼物来接近消费者的方法，此方法比较容易博得消费者的欢心，取得他们的好感，从而拉近推销员与消费者的关系，而且消费者也比较乐于合作。

（2）赞美接近法。赞美接近法指推销人员利用消费者的虚荣心，以称赞的语言博得消费者的好感，从而接近消费者的方法。需要注意的是，推销人员称赞消费者时要真诚、要恰如其分，切忌虚情假意，否则会引起消费者的反感。

（3）服务接近法。服务接近法指推销人员通过为消费者提供有效的，并符合需要的服务，如维修服务、信息服务、免费试用服务、咨询服务等来博得消费者的好感，赢得消费者的信任，从而接近消费者的方法。

（4）求教接近法。求教接近法指推销人员利用对方好为人师的特点，通过请消费者帮忙解答疑难问题，从而接近消费者的方法。但是推销人员要提对方擅长的问题，而不要考问对方，如果让消费者下不了台，生意也就黄了。

四、逆反心理

心理学上认为，逆反行为是出于一种自我价值保护的本能。当一个人被禁止或严令做什么的时候，出于本能的自我价值保护，表现在外在言行上，就是在态度或行为上抗拒外界的劝导和说教。

物以稀为贵，消费者在购物的时候，也常常会被“机不可失，时不再来”的氛围影响而果断行动，以便抓住这稍纵即逝的机会，免受错失之痛。例如，商场先挂上“仅剩 2 件”这样的牌子，催促消费者快速做决定。又如，航空公司推出广告——特价机票仅仅投放 3 ~ 5 张，就是要给消费者营造一个限量供应的印象，提醒其尽快做出购买决定。

五、锚定效应

锚定效应指的是人们在对某人某事做出判断时，易受第一印象或第一信息支配，就像沉入海底的锚一样，把人们的思想固定在某处。也就是说，人们对事物的判断容易依赖最初的参考点，而且无法充分调整。

例如，某消费者第一次看到某产品的价格，那么这个第一印象的价格，将对该消费者产生巨大的影响。后来发现打折后就会立即拿下——当时的原价已经在消费者心中占据了第一印象，所以打折就会让其觉得便宜了，甚至觉得自己赚到了。

虽然，我们都知道对事物的判断依赖第一印象并不科学和准确，但我们还是无法摆脱第一印象的影响。例如，当你喜欢的某品牌牛仔裤原本 50 美元一条，现在 35 元的折扣价一定会让你很动心，而最初的 50 美元就起到“锚”的作用，影响了你的预期。

在奢侈品行业中，有一些价格高得离谱的商品，所起到的作用就是充当“锚点”，它的存在价值就在于与其他价格相对便宜的商品形成对比，在消费者的心中挠痒痒，操纵消费者的心理——“好吧，十几万的限量款的包太贵，那几千元的包总该不算贵吧？”

又如，房产中介为了推销 90 平方米，售价 170 万的房子，会先带消费者看一套 100 平方，售价 200 万的房子，使消费者有一个心理定势——每平方米 20 000 元，这就影响了消费者对房价的预期，这样，当消费者看到每平方米低于 20 000 元的房子时，就比较容易接受。

再如，“依云矿泉水”在星巴克一般标价 20 多元人民币，作为星巴克咖啡的陪衬，它向你传递一个潜台词——你看，一瓶水都卖 20 多，那 20 ~ 30 元一杯的咖啡能算贵吗？

案例

《经济学人》的定价

《经济学人》为杂志的年度订阅打出了这样一个广告——电子版《经济学人》定价 59 美元，纸质版《经济学人》定价 125 美元，电子版 + 纸质版《经济学人》定价 125 美元——也就是说，纸质版和“电子版 + 纸质版”的价格居然是一样的！这是为什么呢？经济学教授丹 • 艾瑞里在麻省理工学院对 100 个学生进行试验中找到了答案。当他将包含了3个价格的广告给学生进行选择时，学生们都选了“电子版+纸质版”的组合价；而当他将看上去“毫无用处”的第二个价格（纸质版125美元）删掉时，学生们都倾向于选价格最低的电子版订购——也就是说，第二个价格并非真的“毫无用处”，它会让第三个价格看上去非常合算，从而诱使人们选择它。

六、沉没成本效应

沉没成本是指已经付出且不可收回的成本，比如付出的时间、金钱、精力。人们在决定是否去做一件事时，不仅会考虑这件事未来需要付出的成本以及对自己是否有益处，而且会考虑自己是否已经有所付出，这种行为称为沉没成本效应。

沉没成本效应广泛地存在于消费者行为中。例如，获取某件产品的价格越高，沉没成本就越多，消费者在购买后会倾向于更多地使用该产品，以实现物有所值。在很多情况下，消费者在购买一件产品后会发现，产品本身并不符合自己的预期，但是为了不浪费已经付出的金钱和时间成本，消费者仍会坚持使用该产品，从而投入更多的时间和情感成本，甚至身体健康成本。

七、正负效应

前景理论认为，同样数量的绝对收益或损失，损失所带来的负效用必然大于收益带来的对应的正效用。换句话说，消费者从损失中感受到的痛苦大于消费者从收益中感受到的快乐，即使损失和收益的量是相等的。

也就是说，人们对损失更加敏感，人们失去某样东西的痛苦程度会远远高于其得到这样东西的开心程度。行为经济学家甚至还计算出了一个准确数值，同量的损失带来的负效用为同量收益的正效用的 2.5 倍。正负效应给我们一个启发，那就是要捆绑损失，分散好处。

为什么商家会说“买 5688 元计算机，送耳机、送高档鼠标垫、送免费 1 年上门维修”，而不是把耳机、上门维修等价格都包在“5688 元”里面？同样是花 5688 买了这一堆产品和服务，为什么要把某些部分说成是“免费”送的？

这是因为如果把所有的成本折到一起，给消费者一个总价，让消费者一次支出 5688 元，而不是感觉到多次支出（为计算机支出 4000 元，为耳机支出 300 元，为维修支出 200 元……），消费者就觉得付出这些金钱没有那么痛苦。

 案例

井格火锅的促销

夏季一般都是火锅的淡季，井格火锅为了提高夏季的销量，发起了一个“38 元畅饮

节”的活动。用户只需要花38元就可以获得400瓶饮品（300瓶啤酒+100瓶酸梅汁），如果以一瓶饮料5元算，400瓶相当于2000元，即花38元得到了价值2000元的东西。

当消费者通过 38 元获得 400 瓶饮品后，出于规避损失的心理，这次消费完后，下次再吃火锅或者朋友聚餐时，为了不浪费，就会出现再去井格火锅的心理暗示，因为那里有免费的啤酒和酸梅汁在等着他。

八、心理账户

心理账户是芝加哥大学行为科学教授、2017 年诺贝尔经济学奖获得者理查德·塞勒（Richard Thaler）提出的概念。所谓心理账户，指的是消费者会根据财富的来源不同把等价的支出或收益在心理上划分到不同的账户中。心理账户有三种情形：一是将各期的收入或者各种不同方式的收入分在不同的账户中，不能相互填补；二是将不同来源的收入做不同的消费倾向；三是用不同的态度来对待不同数量的收入。

一个人会将辛苦赚来的报酬制定严谨的储蓄和投资计划，但是对意外获得的钱却有不同的态度。可能会挥霍来得容易的钱，但会珍惜来之不易的钱。可见，由于消费者心理账户的存在，人们在决策时往往会违背一些简单的经济运算法则，从而做出许多非理性的消费行为。

消费行为生命周期理论应用心理账户来解释现实中人们的消费行为——消费者往往根据财富的来源和形式不同，将它们划分为三个心理账户——现期可花费的现金收入账户、现期资产账户和未来收入账户。

消费行为生命周期理论认为，不同账户的财富对消费者的决策行为是不同的。其中，现金收入账户消费的诱惑力最大，因此，将这个账户的收入完全储蓄起来的心理成本也最大。现期资产账户的诱惑力和储蓄的心理成本居中。未来收入账户的诱惑力和储蓄的心理成本最小。消费者倾向于较多地通过现金收入账户消费，而较少通过现期资产账户消费，几乎不通过未来收入账户消费。

章后思考题

1. 需要对消费者行为有什么影响?
2. 动机对消费者行为有什么影响?
3. 知觉对消费者行为有什么影响?
4. 学习、记忆对消费者行为有什么影响?
5. 态度对消费者行为有什么影响?
6. 个性、气质对消费者行为有什么影响?

第五章　背景因素

除生理因素、心理因素外，还有哪些消费者自身的因素影响消费者行为？

唯品会消费者的特点

首先，唯品会是一个专门做品牌折扣特卖的电商网站，消费人群中青年居多，20～40岁的网民占很大比例。其“一站购物，时尚体验”的风格深受中青年消费者的喜爱。他们大部分人具有较高的文化水平，熟悉计算机操作，有较强的浏览阅读能力，是唯品会的主要用户。他们适应和欣赏唯品会购物网站营造出的氛围，感觉在这种氛围内购买产品就是一种享受。

其次，中等收入阶层人员居多，这部分消费群体希望在唯品会类网站上淘便宜。这部分消费者的消费能力会很适合购买唯品会二三线品牌折扣价格产品。

再次，女性网购者居多，且增长速度快。唯品会的产品价格比商场的会便宜一些，另外，在网上看衣服款式，看服装搭配，满足了女性足不出户就能逛街的需要。

影响消费者行为的自身因素，除生理因素、心理因素外，还有消费者自身的背景因素，如身份、家庭、经济状况，以及所拥有的消费时间、消费知识、消费能力等。

第一节 » 身份、家庭

一般来说，消费者的身份、所处的家庭都会影响消费者行为，不同身份、不同家庭的消费者其消费行为各有不同。

一、身份

每个人都在一定的群体、组织、团体中占有一定位置，和每个位置相联系的就是身份，是个体被社会或群体所认定的角色。

不同社会身份的消费者，承担并履行着不同的责任和义务，对产品的需求和兴趣也各不相同，消费者往往结合身份、地位做出购买选择。例如，农民偏好载重汽车，而城市白领则喜欢样式美观的汽车。许多产品、服务、品牌由此成为一种身份和地位的标志。

当然，消费者往往同时拥有多种身份，如一个男子不仅拥有父亲和丈夫的身份，而且还可能是公司主管、学会理事、体育教练，或大学夜校的学生。尽管在不同的场合有着不同的身份，但是消费者会尽可能去适应当前的身份去消费。

另外，消费者购买的目的也经常是向他人展示自己的身份和地位，希望通过选择某种产品或服务或品牌来宣告自己的存在：我是谁、我的喜好、我的品位、我的价值主张、我的身份等。

职业也反映一种社会身份，也是一个影响消费者行为的因素，并且它的重要性被频繁地、戏剧性地在人们的消费行为中表现出来。特定职业可能具有接受某种相应产品或服务的可能性，如他们进行消费时，会倾向于选择与其职业相对应的产品，会去与他们职业相称的场所，而这些产品和场所又在一定程度上体现着消费者的职业特征。

二、家庭

家庭是指建立在婚姻关系、血缘关系或继承、收养关系基础上，由夫妻和一定范围亲属组成的一种社会生活组织单位。

家庭是社会的基本单位，又是现代社会生活的细胞。人的一生大多是在家庭中度过的，在其一生中一般要经历两个家庭。第一个是父母的家庭，在父母的养育下逐渐长大成人，然后又组成自己的家庭，即第二个家庭。消费者行为必然会受到这两个家庭的影响。

由于家庭中充满骨肉亲情，家庭成员之间互动频繁，因而家庭对消费者的影响持久而深刻，它强烈地影响着人们的价值观、人生态度和购买行为。年幼的消费者作为一个家庭成员，从小到大深受父母的种种倾向性影响，因而形成了所谓的代际效应，即消费者成年后用的品牌通常也是其父母用过的品牌，日用消费品的选择会更多地反映出这一规律。同样，子女的思想、行为也同样会影响到其父母、长辈对某类产品、品牌的态度及偏好。例如，老年人接受卡拉 OK 等新鲜事物，常是由于受到子女的影响。

一般来说，家庭经济状况决定家庭成员的购买能力，此外，家庭规模小型化的趋势对消费者购买行为的影响表现在：家庭的消费数量下降但消费质量提高，适合小型家庭需要的小包装食品及包装精美的馈赠礼品流行起来；对住宅的功能性要求增加，对厨房、卫生间面积及配套设施的要求提高；对半成品、熟食制品、快餐食品等的需求大量增加。

延伸阅读

家庭的功能

作为社会的基本组织，家庭具有许多功能，与消费者行为研究关系比较密切的有以下四种功能。

（1）经济功能。在小农经济社会，家庭既是一个生产单位，也是一个消费单位，发挥着重要的经济功能。在现代社会条件下，家庭为每一个家庭成员提供生活福利和保障仍然是家庭的一项主要功能。

（2）社会化功能。家庭成员的社会化尤其是儿童的社会化是家庭的主要或核心功能。人从刚出生时的一无所知，到慢慢地获得与社会文化一致的价值观、行为模式，这个过程大部分是在家庭中完成的。孩子们通过接受父母的教育或模仿大人的行为，获得待人接物、适应社会的观念、规范和技巧。儿童时期所习得的行为、观念对人的一生都将产生至深的影响。从这个意义上来说，家庭所履行的社会化功能对消费者的成长是非常关键的。

（3）情感交流功能。家庭成员之间的亲密交往和情感建立在亲缘关系的基石上，具有较为牢固的基础。在竞争日益激烈的现代社会里，人们对获得家庭的关爱有更强烈的要求。因此，家庭是思想、情感交流最充分的场所，家庭成员关系是最亲密的人际关系。消费者在工作、生活等方面遇到困难、挫折和问题，常常能够从家庭得到安慰、鼓励和帮助。

（4）赡养与抚养功能。当子女还没有独立生活能力时，父母负有抚养他们的责任，否则他们就无法生存，人类也就不能延续。当父母年老且丧失劳动能力时，子女也负有赡养老人的义务。家庭的这类功能将随着社会保障制度的完善部分地由社会承担，但不可能完全外移。

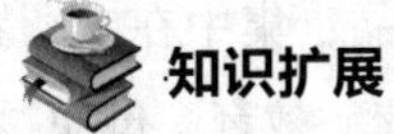

知识扩展

家庭消费行为

家庭本身就是一个消费单位。例如，彩电、冰箱、空调、家具，甚至锅、碗、瓢、盆等日用品的计算都是以家庭为单位的。

传统上，丈夫往往是家庭中购买高档产品的主要决策者，这是因为与妻子相比，丈夫就业率和经济收入往往相对较高，因而在家庭决策中占有支配地位。在烟酒、五金工具、家用电器、家具等的购买方面，丈夫影响大。另外，在购买活动中，丈夫对产品结构与功能的了解能力要优于妻子，这往往使他们成为结构较为复杂的产品或高档耐用消费品的选购者。

一般来说，食品、洗漱用品、纸类产品、儿童用品、装饰用品、日用杂品等，妻子影响作用大。此外，在现代社会，随着越来越多的妻子参与到工作中，她们对家庭所做的经济贡献越来越大，家庭地位不断提高，在家庭决策中的影响逐渐加大，其影响力逐渐和丈夫的影响力持平。

当然，价格高昂、全家受益的大件耐用消费品，文娱、旅游方面的支出，往往全家人共同协商。

第二节 » 经济状况

经济状况包括消费者的收入、财产、支出等情况。经济状况是消费者购买的基础，经济状况决定消费者的购买力，还起着规范和塑造消费者生活方式和偏好的作用，对消费者的购买行为有极大的影响。

一、收入

收入作为购买力的主要来源无疑是决定消费者购买行为的关键因素。在其他条件不变的情况下，消费随收入的变动而呈现同方向的变动，即收入增加，消费增加；收入减少，消费减少。

对于一般的消费者而言，收入是决定其能否发生购买行为、发生何种规模的购买行为以及购买产品的种类、数量、频率和档次的基础。另外，收入的多少还影响着消费者的支出模式，如是全款消费还是按揭消费，也影响着消费者的消费结构。

例如，随着我国消费者的收入提高，消费水平自然而然也在提高。当物质需求得到极大满足，消费者开始注重精神需求，文化、休闲、娱乐成为精神消费的一个主题，体现了居民消费层次的提升。以往的消费市场，主要为消费者提供生存物品，集中在吃、穿、住、行等领域；如今的消费市场，更加偏重消费者的发展需求，如医疗、教育、健康、娱乐等。此外，消费者对于产品的需求，从数量向质量转变，注重产品质量成为一个新的消费特征。例如：购买食品时，从吃饱、注重味道，转变为绿色、安全；购买住宅时，从面积、户型，转变为注重周围环境、物业服务。购买产品或服务，向着高档次、多功能、品牌化的方向转变。

此外，收入不同会导致消费者行为的差异，收入变化也会导致消费者行为的变化。

（一）收入不同导致消费者行为的差异

高收入消费者与低收入消费者在产品选择、休闲时间的安排、对新产品新服务的态度等方面都会有所不同。例如，同是外出旅游，在出行时间、交通工具以及食宿地点的选择上，高收入者与低收入者会有很大的不同。

另外，收入高的消费者，在消费心理方面表现为求新、求好，因而常常是新产品新服务的最先使用者。而收入一般的消费者，在消费心理方面表现为谨慎、求实，因而通常是新产品新服务的晚期采用者。当消费者的收入很低时，一般不可能对新产品、新服务产生任何的奢望，因而其消费表现只能是守旧者。

（二）收入变化导致消费者行为的变化

1. 消费者绝对收入的变化影响其消费行为

一般认为，收入由工资、奖金、津贴、红利和利息等构成，另外，消费者还享有社会福利、社会优抚、社会救济和社会保险以及商业保险等带来的收入。此外，消费者突然得到他人赠送、接受遗产、彩票中奖，或意外地蒙受损失等也会带来消费者绝对收入的增减。政府税收政策变化，企业经营状况好坏等造成个人收入的变化，也会导致消费者绝对收入的变化。

但是，应当清楚的是，绝对收入并非都是可以由消费者自由支配的收入，如消费者要依法缴纳个人所得税、依法缴纳社会保险费用等。扣除这些必缴的税费后的收入才是消费者自由支配收入。所以，影响消费者消费水平的是可支配的收入，消费者可支配的收入水平与消费水平成正比。可自由支配的收入的变化影响着消费者的消费品种、数量、档次的变化。

2. 消费者相对收入的变化影响其消费行为

有时消费者自己的绝对收入没有发生任何变化，但由于他人的收入发生了变化，这种相对收入的变化必然会影响消费者的消费行为。例如，自己不可避免地要比别人减少消费或改变消费结构，也可能模仿收入相对提高的他人而提高自己的消费层次，以致出现相对的超前消费。

3. 消费者实际收入的变化影响其消费行为

消费者的实际收入发生变化，也会促使消费者实际购买的数量、品种、结构、方式发生相应的变化。

对于多数产品或服务来说，消费者在收入水平提高时，就会增加消费；相反，消费者在收入水平下降时，就会减少消费。也就是说，消费者对产品或服务的需求量与其收入水平成正方向的变动。但是，对于某些低档产品或服务来说，消费者在收入水平提高时，会减少对该产品或服务的需求量；反之，消费者在收入水平下降时，会增加对该产品或服务的需求量。也就是说，消费者对其需求与收入成反方向的变动。不过，以上两种情况不是绝对的，会因人、因时而异。

延伸阅读

需求的收入弹性

需求的收入弹性是指因收入变动而引起相应需求量的变动比率。

一般来说，需求与收入呈正方向变动关系。当收入相对较少时，人们往往只能控制自己的消费欲望与减弱消费需求。相反，收入高时，人们的消费需求也会增加。

一般来说，高档食品、耐用消费品、娱乐产品等需求收入弹性大，表示消费者货币收入的增加（减少）导致该类产品的需求量有更大幅度的增加（减少）；而生活必需品的需求收入弹性较小，表示着消费者货币收入的增加（减少）导致对该类产品的需求量的增加（减少）幅度较小。

二、财产

财产既包括住房、土地等不动产，也包括股票、债券、银行存款、汽车、古董及其他收藏品。财产是反映一个人富裕程度的重要指标。从长期来看，它与收入存在高度的相关性。然而，两者绝不能画等号。具体到个体，高收入并不意味着一定拥有大量的财产。同样，拥有大量财产的人，也可能是通过继承或投资获得，其现在的收入不一定很高。即使其他条件不变，完全处于同一收入水平的两个人或两个家庭，所拥有的财产也可能存在非常大的差别，原因是各自在消费和储蓄的模式上采取完全不同的做法。

财产对消费者行为的影响：拥有较多财产的富裕家庭相对于拥有较少或很少财产的家庭，将会把更多的钱用在接受服务、旅游和投资上；富裕家庭一般处于家庭生命周期的较后阶段，由于特别珍惜时间，他们对产品的可获性、购买的方便性、产品的无故障性和售后服务等有很高的要求，并且愿意为此付费；富裕家庭的成员对仪表和健康十分关注，因此，他们是高档化妆品、护理产品、健康食品、维生素、美容美发服务、健身器材、减肥书籍和减肥服务项目的主要购买者；富裕家庭为了保证身体和财产安全，他们还大量购买家庭保护系统、各种保险、防火与防盗器材、空气净化器等产品。

三、支出

支出包括衣、食、住、行等日常开支，以及医疗保健、子女求学、意外事故等开支。显然，支出大、负担重，就可能影响到消费的数量、频率和档次。

当消费者未来支出的不确定性上升时，消费者会紧捂自己的“钱袋子”。即使当前的收入并未减少甚至还在增长，但只要消费者认为未来住房、医疗、教育、养老等存在种种不确定的巨额消费支出，就会消费信心不足，于是就会压缩不必要的消费而增加储蓄，而这一过程往往最先抑制的就是对奢侈品和服务的消费。在一定时期内货币收入水平不变的情况下，如果储蓄增加，购买力和消费支出便减少；如果储蓄减少，购买力和消费支出便增加。

知识扩展

恩格尔系数与恩格尔定律

恩格尔系数是衡量消费水平高低的重要因素，是食品支出总额占个人消费支出总额的比重，公式：[食品支出 / 个人（家庭或国家）总消费支出]×100%。恩格尔系数越高，表示其越贫穷；恩格尔系数越低，表示其越富裕。恩格尔系数在59%以上为贫困，50%~59%为温饱，40%~50%为小康，30%~40%为富裕，低于30%为最富裕。

恩格尔定律是指一个家庭或一个国家越穷，其消费支出总额中，用于购买食品的费用所占比例越大；反之，一个家庭或一个国家越富有，其消费支出总额中，用于购买食品的费用所占比例越小。恩格尔定律揭示，随着家庭经济收入的增加，食品部分的消费支出在家庭总消费支出中会随之逐步减少，即可以通过总消费支出中食品支出的比重情况来评估一个家庭的收入水平。通常情况下，当人们对于食品的需求得到基本满足后，他们会将消费的重心向其他类消费进行转移，进而会影响到整个消费结构的支出情况。

第三节 » 时间、知识、能力

消费者拥有的消费时间、消费知识、消费能力同样会影响消费者行为，不同的消费者拥有的消费时间、消费知识、消费能力不同，其消费行为往往也不同。

一、时间

（一）时间是消费的必要条件

消费需要时间，时间像收入和财富一样制约着消费者对产品或服务的购买。

很多消费，如看电影、溜冰、钓鱼、打网球、健身、旅游等均需要时间。消费者是否购买这些产品或服务，在很大程度上取决于他们是否拥有可自由支配的时间。

由于现在的生活节奏快，消费者事务繁重，能支配的自由时间少。如果企业能将服务时间上设置得更有弹性、更方便消费者，如提供 24 小时服务、预约服务、弹性服务时间等，肯定能够吸引消费者。例如，酒店业内一贯规定消费者需在住房到期的当天中午十二点之前退房，超过十二点便需再缴纳一天的房费，而如家酒店实行消费者可以在完全享受 24 小时服务的基础上再延迟 1 小时退房，即付一天钱让客人实际享受 25 小时的服务。

（二）节省时间的产品或服务成为消费对象

随着生活和工作节奏的加快，人们的时间压力越来越大，因此，众多以节省时间为目的的产品相继问世，最为典型的是微波炉和洗碗机。这两种产品投放市场后，受到了广泛的欢迎。在西方国家，需要加热的食品如果不适宜放在微波炉里，是很难销售出去的，此举不仅影响食品行业，而且也对包装业产生了深远的影响。

一般来说，越紧张、忙碌的消费者对节约时间的产品或服务越感兴趣，越愿意为此付费，即乐于花钱买时间，以获得自由享乐。例如，雇人照看小孩、清扫与整理房间、修剪草坪等均有助于消费者从繁忙的家务活动中解脱出来，从而腾出更多的时间来工作或休闲。基于此，很多企业在广告中特别强调其产品、服务节省时间的属性，如强调安装的快捷、维修的方便等。一些零售商店和购物中心在方便消费者出入、停车和减少排队等候等方面采取了不少措施，以此来吸引消费者。例如，麦当劳为了突出“快”字，站柜台的服务员要身兼三职——照管收银机、开票和供应食品，消费者只需排一次队，就能取到他所需要的食物和相应票据。

对工作压力大、生活节奏快、闲暇时间少的消费者来说，如何在越来越少的闲暇时间里获得最大程度的休息和放松，成为他们思考的主要问题之一。例如，传统的购物过程短则几分钟，长则几小时，再加上路途往返的时间，消耗了消费者大量的时间、精力，而网上购物弥补了这个缺陷。网上购物不仅为人们提供了便利，也在很大程度上满足了人们足不出户便能进行购物的需求。同时，网上购物也在很大程度上满足了人们对购物速度的要求，为人们节省了很多时间以及不必要的麻烦。

二、知识

知识是指储存在头脑中的信息。消费知识则是指与履行消费者功能相关的那些信息，包括：产品知识，即知晓产品类别以及类别中的品牌，不同产品所具有的属性或特色，关于整个产品类别特定品牌的信念，对产品品牌衍生的属性、利益和联想；购买知识，即何处及何时购买的资讯；使用知识，产品能做什么及实际上如何使用的知识，即产品使用属性。消费者拥有产品知识、购买知识、使用知识的程度高低会对消费者的购买相关行为产生相应的影响。消费者只有对某种新产品的性能、用途、特点有了基本了解之后，才能进行分析判断。当消费者确信购买产品能够为自己带来新的利益时，就会激发购买欲望，进而实施购买行为。

但是，消费知识并不必然与消费者所受的教育成正比。一个受教育程度很高的人，在某些产品的购买、使用与消费上的知识可能远不及一个受教育程度低的人。研究表明，消费知识程度的高低会对消费者决策的每个环节都产生影响，也会对消费者的使用意愿产生影响。

一般而言，学历越高，收入水平越高，其所拥有的购买力相应的就越强。学历或受教育程度的高低不仅影响着劳动者的收入水平，而且也影响着消费者对产品的鉴赏力、消费心理、购买的理性程度以及消费结构、消费习惯和行为。也就是说，学历影响着人们是否会消费、消费什么、怎样消费等问题。此外，一般来说，学历越高，其获取消费信息的途径就越多，也越容易接受新事物，因而消费态度往往越超前。

因此，企业加强对消费者知识的调查，对消费者进行教育和正确引导，可有利于企业更好地拓展新的市场。例如，可口可乐公司印刷了一本叫《如何与公司对话和获得反应》

的小册子，向消费者宣传在遇到产品质量或服务问题时如何向公司投诉并使问题得到解决。它的推出使消费者增长了知识，因此受到人们的欢迎。读了这本小册子的消费者有一半对可口可乐更具信心，15% 的人表示要买更多的可口可乐。

三、能力

消费能力包括消费者从事各种消费活动所需要的基本能力、从事特殊消费活动所需要的特殊能力、消费者对自身权益的保护能力等。这三个方面都会对消费者行为产生影响。

（一）从事各种消费活动所需要的基本能力

消费者无论购买何种产品或从事何种消费活动，都必须具备某些基本能力，这是消费者进行消费活动的必备条件，也是导致消费者行为存在差异的重要原因。消费者的基本能力主要包括以下三个方面。

1. 感知能力

感知能力指消费者对产品的外部特征和外部联系加以感受认识的能力。通过感知，消费者可以了解到产品的外观、造型以及所呈现的整体风格，从而形成对产品的初步印象，并为进一步分析判断提供依据。感知能力的强弱也会直接影响消费者接收产品信息的准确度和敏锐度，导致其购买产品的时间有早晚差异。

2. 分析评价能力

分析评价能力指消费者对接收到的各种产品信息进行加工整理，做出准确分析评价的能力。该能力强弱主要取决于消费者的思维能力和思维方式，并受到个人相关知识经验的直接影响。例如，普通消费者购买电冰箱，仅能根据一般经验对外观、规格等表层信息进行基本分析评价，而掌握制冷知识的消费者，可以通过观察冷凝器、蒸发器、压缩机等的性能指标，综合分析冰箱的质量和技术先进性，进而做出准确客观的评价与判断。

3. 选择决策能力

选择决策能力指消费者在充分选择比较产品的基础上，及时果断地做出购买决定的能力。消费者的决策能力直接受到个人性格和气质的影响，也与对产品的认知、涉入度、使用经验和购买习惯有关。消费者对产品特性越熟悉，涉入参与程度越高，使用经验越丰富，习惯性购买驱动越强，决策过程就越果断、越迅速，决策能力也相应越强；反之，决策能力会相对减弱。

此外，记忆力、想象力也是消费者必须具备和经常运用的基本能力。消费者在进行产品选购时，经常要依据和参照以往的产品知识和购买经验，因此，具备良好的记忆能力对消费者尤为重要。想象力是消费者以原有表象为基础，创造新形象的能力。丰富的想象力可以使消费者从产品本身想象到该产品在一定环境和条件下的使用效果，从而激发其美好的情感和购买欲望。

（二）从事特殊消费活动所需要的特殊能力

特殊能力首先是指消费者购买和使用某些专业性产品所应具有的能力，通常表现为以专业知识为基础的消费技能。例如，对高档照相器材、专用体育器材、古玩字画等产品的购买和使用，就需要相应的专业知识以及分辨力、鉴赏力、检测力等特殊的消费技能。除适用于购买专业性商品的能力外，特殊能力还包括某些一般能力高度发展所形成的优势能力，如创造力、审美能力等。例如，近年来许多 DIY 产品受到消费者的青睐，就是由于消费者可以在显示其独特个性与品位的同时，充分发挥自身的创造能力。

（三）消费者对自身权益的保护能力

保护自身权益是现代消费者必须具备的一项重要能力。为保证消费权益不受损害，除依靠政策法令、社会舆论、消费者组织的约束监督外，客观上还要求消费者树立消费权益意识，明确其合法权益的内容与要求。当自身权益受到损害时，善于运用舆论、行政、法律等多种途径和手段，寻求有效保护，挽回利益损失，有理有力地维护自己的正当权益和尊严。

章后思考题

1. 消费者的身份对消费者行为有什么影响？
2. 消费者所处的家庭对消费者行为有什么影响？
3. 消费者收入对消费者行为有什么影响？
4. 消费者支出的高低对消费者行为有什么影响？
5. 消费者知识对消费者行为有什么影响？

本篇实训

◆ **实训内容：**

分析说明影响自己或他人（某次）消费行为的自身因素。

◆ **实践组织：**

1．全班分为若干个小组，采用组长负责制，组员合理分工、团结协作。

2．小组内部充分讨论，认真研究，形成分析报告。

3．小组需制作一份10分钟左右能够演示完毕的PPT文件在课堂上进行汇报，之后其他小组可提出质询，台上台下进行互动。

4．教师对每组的分析报告和课堂讨论情况即时进行点评和总结。

第三篇

影响消费者行为的环境因素

消费者行为不仅受消费者自身因素的制约，而且也受周围环境因素的影响。影响消费者行为的环境因素复杂多样，包含政策与法律因素、经济与文化因素、自然与技术因素、社会因素等。

第六章 政策与法律因素

章前思考

1. 国家的政策会对消费者行为产生影响吗?
2. 国家的法律会对消费者行为产生影响吗?

引例

节日经济拉动消费

1999 年，在东南亚金融危机的背景下，为了刺激消费，拉动国内经济，促进国内旅游，国务院公布了新的《全国年节及纪念日放假办法》，决定将春节、“五一”“十一”的休息时间与前后的双休日拼接，从而形成 7 天的长假。2000 年出现第一个“十一黄金周”，之后每年春节、“五一”“十一”节假日旅游热潮席卷全国，被视为是拉动内需、促进消费的一大举措。

消费者都生活在一定的政策、法律环境下，因而政策、法律都会对消费者行为产生影响。有些政策、法律有助于刺激某些消费，而有些政策、法律则可能会抑制某些消费。

第一节 » 政策环境

一个国家的政策，如宏观调控政策、财政政策、税收政策、人口政策、社会保障政策、就业政策等都会对消费者行为产生影响。

一、宏观调控政策

宏观调控政策是国家为了促进市场发育，规范市场运行，实现资源的优化配置，为微观经济运行提供良性的宏观环境，而对社会经济总体的调节与控制所推出的一系列政策措施。

国家通过加强宏观调控，稳定物价，减少通货膨胀带来的不利影响，并建立价格调控长效监督机制和预警机制，尤其是与消费者日常生活息息相关的食品价格，打击恶意扰乱市场秩序的不法行为，可以消除因价格上涨带来的消费降低的问题。

例如，2019 年，国家发改委等十部门联合印发《进一步优化供给推动消费平稳增长促进形成强大国内市场的实施方案（2019 年）》，提出了促进汽车消费、带动新品消费、升级信息消费、激发城乡消费等六个方面 24 项具体措施，也对消费者行为产生了明显的影响。

延伸阅读

中共中央　国务院
关于完善促进消费体制机制　进一步激发居民消费潜力的若干意见[①]

一、总体要求

指导思想是以习近平新时代中国特色社会主义思想为指导，全面贯彻党的十九大和十九届二中、三中全会精神……顺应居民消费提质转型升级新趋势，依靠改革创新破除体制机制障碍，实行鼓励和引导居民消费的政策，从供需两端发力，积极培育重点领域消费细分市场，全面营造良好消费环境，不断提升居民消费能力，引导形成合理消费预期，切实增强消费对经济发展的基础性作用，不断满足人民日益增长的美好生活需要。

基本原则——坚持消费引领，倡导消费者优先。顺应居民消费升级趋势，努力增加高品质产品和服务供给，切实满足基本消费，持续提升传统消费，大力培育新兴消费，不断激发潜在消费。增强消费者主体意识，尊重消费者自由选择权，加大消费者合法权益保护力度，实现消费者自由选择、自主消费，提升消费者获得感、幸福感、安全感……

总体目标……消费环境更加安全放心。社会信用环境明显改善，市场监管进一步加强，消费者维权机制不断健全，重要消费产品和服务标准体系全面建立，消费产品和服务质量不断提升，消费者满意度显著提高。

二、构建更加成熟的消费细分市场，壮大消费新增长点

围绕居民吃穿用住行和服务消费升级方向，突破深层次体制机制障碍，适应居民分层次多样性消费需求，保证基本消费经济、实惠、安全，培育中高端消费市场，形成若干发展势头良好、带动力强的消费新增长点……促进实物消费不断提档升级、推进服务消费持续提质扩容、引导消费新模式加快孕育成长、推动农村居民消费梯次升级。

三、健全质量标准和信用体系，营造安全放心消费环境

加快建立健全高层次、广覆盖、强约束的质量标准和消费后评价体系，强化消费

① 选取自中华人民共和国中央人民政府官网。

领域企业和个人信用体系建设，提高消费者主体意识和维权能力，创建安全放心的消费环境。

强化产品和服务标准体系建设——产品标准。大力实施标准化战略，建立政府主导制定标准与市场主体自主制定标准协同发展、协调配套的新型标准体系。在移动通信、互联网等领域建立符合我国发展需要的标准。鼓励企业制定实施高于国家标准或行业标准的企业标准，全面实施企业标准自我声明公开和监督制度，实施企业标准领跑者制度。大力开展高端品质认证，推动品牌建设，培育一批能够展示中国产品优质形象的品牌和企业。推动国内优势、特色技术标准成为国际标准。

优化质量标准满足消费结构升级需求。围绕消费需求旺盛、与群众日常生活息息相关的新型消费品领域，充分发挥市场机制与企业主体作用，构建新型消费品标准体系，以标准实施促进质量提升。结合消费细分市场发展趋势，开展个性定制消费品标准化工作。引领智能家居、智慧家庭等领域消费品标准制定，加大新技术新产品等创新成果的标准转化力度。完善绿色产品标准体系，创新领跑者指标和相关技术标准的衔接机制，加大绿色产品标识认证制度实施和采信力度。

服务标准。推动服务业标准制定修订，加快制定基础和通用标准，带动行业提升标准水平。鼓励行业协会商会等组织制定并公布本行业相关产品和服务标准清单，指导企业完善服务标准，鼓励行业内企业开展企业服务标准自我声明公开。推动建立优质服务标识管理制度，在重点服务业制定优质服务规范，推动建立服务质量自我评估和公开承诺制度。在旅游、中医药、养老、家政、餐饮等重点领域遴选一批服务质量标杆单位，推动建设相关行业服务标准。选择部分服务业探索开展服务标准准入制试点。

…………

健全消费者维权机制。健全消费者权益保护工作部门协作机制。进一步完善全国12315互联网平台功能，畅通消费者诉求渠道，强化对消费者权益的行政保护，建立常态化的消费者满意度调查评估机制。建立健全消费者信息保护、数据交易和共享相关制度。打击假冒伪劣和虚假广告宣传，充分发挥消费者协会等组织维护消费者权益的积极作用。强化消费者权益损害法律责任，坚持依法解决服务纠纷，扩大适用举证责任倒置服务范围。健全公益诉讼制度，适当扩大公益诉讼主体范围。探索建立纠纷多元化解决机制，完善诉讼、仲裁与调解对接机制。适应互联网时代发展要求，加大网络消费者权益司法保护力度，加强网上跨境消费者争议解决机制建设。提高消费者主体意识和维权能力。聚焦信息消费、预付式消费、网络购物、群体消费等领域出现的问题，传播科学文明的商品和服务知识等信息，通过各种平台的宣传及消费维权知识的普及，提高消费者的主体意识和依法维权能力，营造重视消费者权益保护的良好氛围。加快个人信息安全立法，进一步加大消费者个人信息保护力度。

四、强化政策配套和宣传引导，改善居民消费能力和预期

深化收入分配制度改革。完善有利于提高居民消费能力的收入分配制度，增加低收入群体收入，扩大中等收入群体。完善企业工资分配的宏观指导制度，依法推进工资集体协商，建立反映人力资源市场供求关系和企业经济效益的工资决定机制和正常增长机制。完善机关事业单位工资和津补贴制度，落实以增加知识价值为导向的分配政策，扩大高校和科研院所收入分配自主权，建立公务员和企业相当人员工资水平调查比较制度，推进实施重点群体增收激励计划，拓宽居民劳动收入和财产性收入渠道。推进实施企业职工基本养老保险基金中央调剂制度。建立健全覆盖城乡居民的基本医疗卫生制度。鼓励有条件的地方探索建立低收入群体基本生活现金救助、实物救助和救助服务相结合的社会救助方式，按照满足基本生活需求的标准核定救助标准，并根据价格水平动态调整。

……

优化消费领域基础设施建设投入机制。积极发挥财政资金引导作用，进一步吸引社会投资，加快推进中西部地区、农村地区现代流通、信息网络、服务消费等短板领域基础设施建设，提高投资质量和效益。通过政府和社会资本合作（pubic-private-partnership，PPP）模式、社会领域产业企业专项债券等方式，鼓励支持社会力量参与文化、旅游、体育、健康、养老、家政、教育等领域基础设施建设。

……

二、财政政策

财政政策是指为促进就业水平提高，减轻经济波动，防止通货膨胀，实现稳定增长而对政府财政收入和支出水平所做的决策，或者说，财政政策是指政府变动税收和支出以便影响总需求进而影响就业和国民收入的政策。

财政政策对刺激消费有重要的作用。例如，政府扩大公共财政在医疗、教育等方面支出的政策，可以弱化消费者谨慎消费的心理，此外，提高“最低工资”标准、完善补贴的政策，也会帮助低收入城乡消费者提高消费信心。钱袋子鼓起来，消费才能“活起来”。又如，加大对与普通居民生活关系密切的中低端消费品补贴力度，可以让消费者享受到更多质优价廉的好产品。

三、税收政策

税收政策是政府为了实现一定时期的社会或经济目标，通过一定的税收政策在一定程度上干预市场机制运行的一种经济活动及其准则。

税收政策对刺激消费或抑制消费有重要的影响。例如，通过减税、降低税率等方式直

接降低消费者的纳税成本，或提高工薪收入所得税最低标准，可使消费者可支配收入增加，刺激消费；还可以通过退税方式刺激消费，如当消费者对某些产品或服务进行消费时，可以按照消费的一定比例退部分纳税款，从而起到刺激消费的目的；此外，还可以通过加征进口商品消费税，以促使消费者消费、购买更多本国产品；或者加征环保税，可以控制高排量汽车的消费。

延伸阅读

稳定消费预期的20条[①]

2019年8月27日国务院发布了《关于加快发展流通　促进商业消费的意见》，提出了20条稳定消费预期、提振消费信心的政策措施。主要内容包括：

一是创新流通发展。实施包容审慎监管，促进流通新业态新模式发展。推动传统流通企业创新转型升级，在城市规划、基建配套、用地保障等方面给予支持。改造提升商业步行街，对步行街基础设施、信息平台建设等予以支持。将社区便民服务设施建设纳入城镇老旧小区改造范围，促进形成以乡镇为中心的农村流通服务网络。加快发展农产品冷链物流，完善农产品流通体系。落实允许综合保税区内加工制造企业承接境内区外委托加工业务的政策。抓紧调整扩大跨境电商零售进口商品清单。

二是培育消费热点。释放汽车消费潜力，探索推行逐步放宽或取消限购的具体措施，支持购置新能源汽车，促进二手车流通。支持绿色智能商品以旧换新。活跃夜间商业和假日消费市场，完善交通、安全、场地设施等配套措施。搭建品牌商品营销平台，保护和发展中华老字号品牌。

三是深化“放管服”改革。加快连锁便利店发展，探索优化食品经营许可条件，放宽发行书报刊的审批要求，支持地方探索“一照多址”登记，开展简化烟草、乙类非处方药经营审批手续试点。取消石油成品油批发仓储经营资格审批，下放成品油零售经营资格审批。

四是强化财税金融支持。降低流通企业成本费用，推动工商用电同价、总分机构汇总纳税政策进一步落实。研究扩大研发费用税前加计扣除政策适用范围，加大对高性能物流设备进口的支持力度。发挥财政资金引导作用，加大金融支持力度。

五是优化市场流通环境。强化消费信用体系建设，严厉打击线上线下销售侵权假冒商品、发布虚假广告等违法行为，积极倡导企业实行无理由退货制度。

四、人口政策

人口政策是一个国家根据本国人口增长过快或人口停止增长乃至出现负增长而采取的

① 选取自中华人民共和国中央人民政府官网。

相应的政策措施。不同的国家，因本国人口发展的情况不同会采取不同的人口政策。人口政策也会对消费者行为产生影响。

例如，大多数“90后”都是独生子女，受到的家庭关爱多，没有“60后”“70后”由于经历物质匮乏年代而产生的焦虑感和不安全感，因此他们的储蓄和储备观念较弱，对提前消费的偏好强，类似“花呗”“京东白条”这样的信贷服务受到他们的青睐。

又如，“二孩政策”的推行也必将带来我国婴幼儿市场的进一步火爆，将会推动人口红利的释放，在一定程度上刺激消费。

五、社会保障政策

社会保障政策是指政府制定的关于社会保险、社会救济、社会福利、社会优抚安置等方面的一系列政策、办法、条例的总和，旨在对个人与群体生命周期内的生活风险进行干预，并提供社会安全支持。

社会保障制度是国家通过立法而制定的社会保险、救助、补贴等一系列制度的总称，目的在于保障全社会成员基本生存与生活需要，特别是保障公民在年老、疾病、伤残、失业、生育、死亡、遭遇灾害、面临生活困难时的特殊需要。由社会福利、社会保险、社会救助、社会优抚和安置等各项不同性质、作用和形式的社会保障制度构成整个社会保障体系。

社会保障作为一种预期性收入和资产，消费者在得到保障后一般会增加当期消费，而减少当期储蓄。因此，完善社会保障的政策，保障劳动者在年老、失业、患病、工伤、生育时的基本生活不受到影响，会使消费者解除或缓解后顾之忧而提高消费水平。此外，提高养老保险水平，保证无收入、低收入以及遭受各种意外灾害公民能够体面生存等政策也会推动消费。

六、就业政策

就业政策是指政府为了解决现实社会中劳动者就业问题制定和推行的一系列政策及措施。政府积极创造就业条件与岗位，提高就业机会，关注就业质量，提供职业培训机会，提高消费者工作岗位能力，帮助消费者对未来确定收入来源有一个乐观、积极的预期，这些都可以提高消费者的消费信心，有效促进消费。

延伸阅读

《关于改善节假日旅游出行环境　促进旅游消费的实施意见》①

2019年，为贯彻落实《国务院办公厅关于进一步激发文化和旅游消费潜力的意

① 选取自中华人民共和国中央人民政府官网。

见》，进一步缓解节假日集中出行导致的交通拥堵问题，优化节假日旅游出行环境，促进旅游消费，持续推动我国旅游高质量发展，更好满足人民群众日益增长的美好生活需要，国家发改委等9部门联合下发《关于改善节假日旅游出行环境促进旅游消费的实施意见》。

一、完善交通基础设施，优化节假日出行环境

（一）提升高等级公路网通行效率。完善高等级公路网建设，加快推进高速公路待贯通路段建设以及交通拥堵路段扩容改造，优化干线公路与城市道路衔接，在现有基础上合理提升路网运行能力。加快推广高速公路电子不停车快捷收费系统（ETC），提高收费站通行效率，强化ETC的应用与服务，便捷群众出行。

（二）提升高速公路配套服务功能。合理优化高速公路服务区和停车区布局，完善服务设施，在有条件的服务区拓展信息查询、票务服务、特色产品售卖等功能，因地制宜提供多元化服务。加强高速公路应急设施的保障建设，提升高峰时段和恶劣天气时突发事件的应急处理能力。探索在高速公路服务区建设警务站，建立健全警务工作机制，维护公共秩序，保障群众出行安全。

（三）完善高速公路与景区连接路建设。在高速公路规划、建设中充分考虑与重点景区连接道路的衔接，完善交通引导标识设置，在临近景区的高速公路互通式立交、服务设施以及国省干线公路的重要路口合理设置旅游交通引导标识。

（四）健全公共交通配套服务。节假日期间在机场码头、旅游集散中心、景区换乘站等重点地区加开临时接驳交通，有效提升主要旅游交通枢纽集散能力。提高热门景区公共交通的可达性和便捷性，节假日期间优化公共交通运力供给，探索建设旅游交通公共平台，推动景区门票与城市公共交通一体化服务，引导游客乘坐公共交通工具。加快景区道路设施建设，根据需要增加4A级及以上景区出入口开放数量。增强热门景区旅游出行保障能力，节假日期间增加景区与城市对外交通枢纽（高铁站、汽车客运站）间、景区与景区之间的城市公交线路或客运班线运力投放。

二、加大投入力度，着力增加旅游产品供给

（五）加强旅游产品和旅游景区规划布局。加强旅游资源开发和产品建设的规划指导，科学调整区域旅游产品空间分布格局，加强旅游基础设施和公共服务设施建设，集中力量打造一批新的精品景区、重点线路和特色旅游目的地，给民众提供更多出游选择。

（六）丰富节假日旅游产品供给。加快旅游产品升级改造，注重提升旅游产品的文化内涵、科技含量、绿色元素。依托革命历史文化和历史文物遗迹，着力开发文化体验游、研学旅行游、乡村民宿游、休闲度假游、红色教育游等。注重旅游消费引领，及时推出新线路新产品，发布旅游消费指南，拓宽旅游活动空间，避免旅游消费冷热

不均、结构失衡。

（七）优化热门景区配套设施建设。结合景区出入口，分散布局静态停车设施，提升既有停车设施资源保障能力。增加景区停车位数量，综合采取扩建停车场、建设立体停车设施、增加临时停车位等措施，增加景区停车泊位数，强化ETC在停车场等车辆集中场所的应用，缓解因停车难导致的严重道路拥堵。倡导社区、社会单位停车场对外开放，增加临时性停车位供给。推广景区警务室建设，增设报警点和求助电话，使用人脸识别技术，完善警务运行模式。

三、提升旅游景区管理水平，优化民众出游体验

（八）实施景区流量控制和门票预约制度。统筹考虑景区文化自然资源保护要求和游客游览安全，推动逐步建立实施景区门票预约制度，合理确定并严格执行最高日接待游客人数规模。在符合安全保障等相关条件的基础上，适当延长游览开放时间，鼓励开发夜间游览项目。

（九）大力发展"智慧景区"。提升智慧产品开发水平，鼓励智慧景区建设，充分运用虚拟现实（VR）、4D、5D等人工智能技术打造立体、动态展示平台，为游客提供线上体验和游览线路选择。鼓励各地积极提升智慧旅游服务水平，重点推进门票线上销售、自助游览服务，推进全国4A级以上旅游景区实现手机应用程序（App）智慧导游、电子讲解等智慧服务。

（十）探索节假日景区车辆进入预约管理。通过预约通行管理措施，引导游客出行向公共交通转移。通过提示标牌、诱导屏及媒体全方位宣传，告知自驾车进入景区需要预约通行。在旅游不受较大影响的前提下，结合往年景区统计分析，合理确定预约配额。综合采用微信、手机App、景区官网等多渠道提供预约服务。

四、加大力度落实职工带薪休假制度，推动错峰出行

（十一）加快推动落实带薪休假。用人单位对履行落实带薪年休假制度负主体责任。工会组织对维护本单位职工带薪休假权益负主要责任，将带薪年休假落实情况纳入职工大会、职工代表大会审议事项，定期向本单位职工进行报告和说明。组织部门、人力资源和社会保障部门按照职责分工对用人单位落实职工带薪年休假情况进行监督检查。

（十二）完善带薪休假相关制度建设。鼓励进行错峰旅游，引导、鼓励职工和其所在单位更加灵活地安排带薪休假。鼓励用人单位在年初结合工作需要和职工休假意愿统筹安排当年休假，优先考虑子女上学的职工在寒暑假的休假安排。严格落实《义务教育课程设置实施方案》，在保证开齐开足国家课程，完成好正常教育教学任务的前提下，各地可以结合气候环境等情况统筹寒暑假时间，制定出台中小学放春假或秋假的办法，引导职工家庭在适宜出行季节带薪休假。加强用人单位休假

配套制度建设，积极推行岗位AB角制度，不断完善职工休假保障制度，做到工作不断、秩序不乱。

五、加强部门沟通协作，健全节假日旅游出行监测和拥堵防范化解工作机制

（十三）健全工作机制。国家层面要建立健全节假日及高峰期旅游交通工作协调机制，强化部门间协同配合，推动节假日问题常态化解决。相关职能部门按照职责分工加强对节假日景点及其周边道路拥堵情况的监测会商，督促各地做好高速公路、景区道路交通综合管理工作。各省（区、市）要成立相应的跨部门协调机制，景区交通压力较大的市、县要建立相应的领导机构和工作推进机制。

（十四）注重统筹协调。各地区要结合近年来节假日旅游交通特点，注重统筹部门资源，有效整合公安、交通、文旅、气象等相关部门力量，运用大数据等手段对通行压力大、易拥堵的路段和收费站进行分析研判，科学实施治理。对节假日客流量集中易拥堵的路段，要提前制定分流引导预案，加强交通疏导管控，维护车辆通行秩序；对日常易拥堵路段，要加快推进扩容改造等工作。

（十五）加强出行预警。充分利用大数据加强预警分析和信息发布，引导游客在节假日期间理性出行。密切对接线上线下旅游企业、主要客源地，开展游客流量分析预测，提前制定调控预案。推进交通与旅游数据资源的互联互通。结合景区入园人数、道路运行状况等建立拥堵预警机制，通过导航提示、信息提示牌、诱导屏及媒体等平台及时发布高速公路、服务区及景区的拥堵预警信息。

（十六）强化应急管理。各地区要加强景区周边路网监测，对有拥堵苗头的路段要早发现、早处置；广泛运用多种渠道及时发布出行信息，引导车辆合理安排路线。细化完善恶劣天气、客流激增等应急预案，建立景区应急处理机制，最大限度地减少游客滞留。

第二节 » 法律环境

消费者作为社会的一员，拥有自由选择产品与服务，获得安全的产品、获得正确的信息等一系列诉求。但伴随着经济的发展，各种损害消费者权益的商业行为渐渐增多，保护消费者权益正成为全社会关注的焦点。法律的健全和完善有利于禁止欺诈、垄断、不守信用等损害消费者权益的行为发生，保障消费者权益，从而使消费者放心消费。

1962 年 3 月 15 日，美国前总统约翰·肯尼迪向国会提交的《关于保护消费者利益的总统特别咨文》，首次提出消费者应享有四项权利：有权获得安全保障；有权获得正确资料；有权自由决定选择；有权提出消费意见。1969 年美国总统尼克松又提出，消费者在其人身或财产遭受损害时有要求获得适当补偿的权利，即消费者的索赔权利。

1985年4月9日，联合国通过了《保护消费者准则》，国际消费者联盟组织提出了消费者的八项权利：（1）有权得到必要的物品和服务得以生存；（2）有权得到公平的价格和选择；（3）有得到安全的权利；（4）有获得充足的资料的权利；（5）有权寻求咨询；（6）有得到公平的赔偿和法律援助的权利；（7）有权得到消费者教育；（8）有权享受一个健康的环境。

在我国，保护消费者权利的法律法规主要有：（1）《中华人民共和国宪法》，宪法保护公民的人身自由不受限制，人格尊严不受侵犯；（2）《中华人民共和国消费者权益保护法》，保护消费者权益不受侵犯；（3）商品和服务质量方面的法律，主要包括《中华人民共和国产品质量法》《中华人民共和国标准化法》《中华人民共和国进出口商品检验法》以及国务院发布的国家标准管理办法、行业标准管理办法、企业标准管理办法和产品质量认证管理条例等；（4）消费者安全保障方面的法律，主要包括《中华人民共和国食品卫生法》《中华人民共和国药品管理法》和化妆品卫生监督条例等；（5）消费者公平交易方面的法律，主要包括《中华人民共和国反不正当竞争法》《中华人民共和国价格管理条例》《中华人民共和国计量法》《中华人民共和国民法通则》《中华人民共和国经济合同法》，以及《制止牟取暴利的暂行规定》《餐饮、修理业价格行为规则》《进口计量器具监督管理办法》等；（6）商品服务标识管理方面的法律，主要包括《中华人民共和国商标法》和《中华人民共和国广告法》；（7）《中华人民共和国个人所得税法》；等等。

例如，《中华人民共和国个人所得税法》是我国全国人民代表大会常务委员会批准的国家法律文件。现行的《中华人民共和国个人所得税法》于2011年6月30日公布，自2011年9月1日起施行。个人所得税法、个人所得税法实施条例（1994年1月28日颁布）、税收征管法（2001年4月28日颁布）以及由我国各级税务机关发布的有关个人所得税征管的规定，构成了现行我国个人所得税法的主体法律基础。2018年8月31日，关于修改个人所得税法的决定通过，再次提高了个人所得税免征额，由原来的每月3500元提高至每月5000元。此外，其首次增加子女教育支出、继续教育支出、大病医疗支出、住房贷款利息和住房租金等专项附加扣除，将工资薪金、劳务报酬、稿酬和特许权使用费等四项劳动性所得综合征税，为广大消费者带来实实在在的获得感。相比单纯提高“起征点”，专项附加扣除能够有效推动实现幼有所育、学有所教、病有所医、住有所居、老有所养等民生目标，兼顾普惠性和特殊性，充分考虑了不同纳税人实际负担状况，让减税红包精准落袋，也让中低收入群体生活负担有效减轻。消费能力普遍增强。

又如，1994年1月1日起生效的《中华人民共和国消费者权益保护法》，是我国第一次以立法的形式全面确认消费者的权利，对保护消费者的权益，规范经营者的行为，刺激消费，维护社会经济秩序，都具有十分重要的意义。

 延伸阅读

《中华人民共和国消费者权益保护法》[①]

第一章　总　则

第一条　为保护消费者的合法权益，维护社会经济秩序，促进社会主义市场经济健康发展，制定本法。

第二条　消费者为生活消费需要购买、使用商品或者接受服务，其权益受本法保护；本法未作规定的，受其他有关法律、法规保护。

第三条　经营者为消费者提供其生产、销售的商品或者提供服务，应当遵守本法；本法未作规定的，应当遵守其他有关法律、法规。

第四条　经营者与消费者进行交易，应当遵循自愿、平等、公平、诚实信用的原则。

第五条　国家保护消费者的合法权益不受侵害。国家采取措施，保障消费者依法行使权利，维护消费者的合法权益。国家倡导文明、健康、节约资源和保护环境的消费方式，反对浪费。

第六条　保护消费者的合法权益是全社会的共同责任。国家鼓励、支持一切组织和个人对损害消费者合法权益的行为进行社会监督。大众传播媒介应当做好维护消费者合法权益的宣传，对损害消费者合法权益的行为进行舆论监督。

第二章　消费者的权利

第七条　消费者在购买、使用产品和接受服务时享有人身、财产安全不受损害的权利。消费者有权要求经营者提供的产品和服务，符合保障人身、财产安全的要求。

第八条　消费者享有知悉其购买、使用的商品或者接受的服务的真实情况的权利。消费者有权根据商品或者服务的不同情况，要求经营者提供商品的价格、产地、生产者、用途、性能、规格、等级、主要成分、生产日期、有效期限、检验合格证明、使用方法说明书、售后服务，或者服务的内容、规格、费用等有关情况。

第九条　消费者享有自主选择商品或者服务的权利。消费者有权自主选择提供商品或者服务的经营者，自主选择商品品种或者服务方式，自主决定购买或者不购买任何一种商品、接受或者不接受任何一项服务。消费者在自主选择商品或者服务时，有权进行比较、鉴别和挑选。

第十条　消费者享有公平交易的权利。消费者在购买商品或者接受服务时，有权获得质量保障、价格合理、计量正确等公平交易条件，有权拒绝经营者的强制交易行为。

第十一条　消费者因购买、使用商品或者接受服务受到人身、财产损害的，享有

① 选取自中国人大网。

依法获得赔偿的权利。

第十二条　消费者享有依法成立维护自身合法权益的社会组织的权利。

第十三条　消费者享有获得有关消费和消费者权益保护方面的知识的权利。消费者应当努力掌握所需商品或者服务的知识和使用技能，正确使用商品，提高自我保护意识。

第十四条　消费者在购买、使用产品和接受服务时，享有人格尊严、民族风俗习惯得到尊重的权利，享有个人信息依法得到保护的权利。

第十五条　消费者享有对商品和服务以及保护消费者权益工作进行监督的权利。消费者有权检举、控告侵害消费者权益的行为和国家机关及其工作人员在保护消费者权益工作中的违法失职行为，有权对保护消费者权益工作提出批评、建议。

第三章　经营者的义务

第十六条　经营者向消费者提供商品或者服务，应当依照本法和其他有关法律、法规的规定履行义务。经营者和消费者有约定的，应当按照约定履行义务，但双方的约定不得违背法律、法规的规定。经营者向消费者提供商品或者服务，应当恪守社会公德，诚信经营，保障消费者的合法权益；不得设定不公平、不合理的交易条件，不得强制交易。

第十七条　经营者应当听取消费者对其提供的商品或者服务的意见，接受消费者的监督。

第十八条　经营者应当保证其提供的产品或者服务符合保障人身、财产安全的要求。对可能危及人身、财产安全的商品和服务，应当向消费者作出真实的说明和明确的警示，并说明和标明正确使用商品或者接受服务的方法以及防止危害发生的方法。宾馆、商场、餐馆、银行、机场、车站、港口、影剧院等经营场所的经营者，应当对消费者尽到安全保障义务。

第十九条　经营者发现其提供的商品或者服务存在缺陷，有危及人身、财产安全危险的，应当立即向有关行政部门报告和告知消费者，并采取停止销售、警示、召回、无害化处理、销毁、停止生产或者服务等措施。采取召回措施的，经营者应当承担消费者因产品被召回支出的必要费用。

第二十条　经营者向消费者提供有关商品或者服务的质量、性能、用途、有效期限等信息，应当真实、全面，不得作虚假或引人误解的宣传。经营者对消费者就其提供的商品或者服务的质量和使用方法等问题提出的询问，应当作出真实、明确的答复。经营者提供产品或者服务应当明码标价。

第二十一条　经营者应当标明其真实名称和标记。租赁他人柜台或者场地的经营者，应当标明其真实名称和标记。

第二十二条　经营者提供商品或者服务，应当按照国家有关规定或者商业惯例向消费者出具发票等购货凭证或者服务单据；消费者索要发票等购货凭证或者服务单据的，经营者必须出具。

第二十三条　经营者应当保证在正常使用商品或者接受服务的情况下其提供的商品或者服务应当具有的质量、性能、用途和有效期限；但消费者在购买该商品或者接受该服务前已经知道其存在瑕疵，且存在该瑕疵不违反法律强制性规定的除外。经营者以广告、产品说明、实物样品或其他方式表明商品或者服务的质量状况的，应当保证其提供的商品或者服务的实际质量与表明的质量状况相符。经营者提供的机动车、计算机、电视机、电冰箱、空调器、洗衣机等耐用商品或者装饰装修等服务，消费者自接受商品或者服务之日起六个月内发现瑕疵，发生争议的，由经营者承担有关瑕疵的举证责任。

第二十四条　经营者提供的商品或者服务不符合质量要求的，消费者可以依照国家规定、当事人约定退货，或者要求经营者履行更换、修理等义务。没有国家规定和当事人约定的，消费者可以自收到产品之日起七日内退货；七日后符合法定解除合同条件的，消费者可以及时退货，不符合法定解除合同条件的，可以要求经营者履行更换、修理等义务。依照前款规定进行退货、更换、修理的，经营者应当承担运输等必要费用。

第二十五条　经营者采用网络、电视、电话、邮购等方式销售产品，消费者有权自收到商品之日起七日内退货，且无需说明理由，但下列商品除外：（一）消费者定作的；（二）鲜活易腐的；（三）在线下载或消费者拆封的音像制品、计算机软件等数字化产品；（四）交付的报纸、期刊。除前款所列商品外，其他根据商品性质并经消费者在购买时确认不宜退货的商品，不适用无理由退货。消费者退货的商品应当完好。经营者应当自收到退回商品之日起七日内返还消费者支付的商品价款。退回商品的运费由消费者承担；经营者和消费者另有约定的，按照约定。

第二十六条　经营者在经营活动中使用格式条款的，应当以显著方式提请消费者注意商品或者服务的数量和质量、价款或者费用、履行期限和方式、安全注意事项和风险警示、售后服务、民事责任等与消费者有重大利害关系的内容，并按照消费者的要求予以说明。经营者不得以格式条款、通知、声明、店堂告示等方式，作出排除或限制消费者权利、减轻或者免除经营者责任、加重消费者责任等对消费者不公平、不合理的规定，不得利用格式条款并借助技术手段强制交易。格式条款、通知、声明、店堂告示等含有前款所列内容的，其内容无效。

第二十七条　经营者不得对消费者进行侮辱、诽谤，不得搜查消费者的身体及其携带的物品，不得侵犯消费者的人身自由。

第二十八条　采用网络、电视、电话、邮购等方式提供商品或者服务的经营者，以及提供证券、保险、银行等金融服务的经营者，应当向消费者提供经营地址、联系方式、商品或者服务的数量和质量、价款或费用、履行期限和方式、安全注意事项和风险警示、售后服务、民事责任等信息。

第二十九条　经营者收集、使用消费者个人信息，应当遵循合法、正当、必要的原则，明示收集、使用信息的目的、方式和范围，并经消费者同意。经营者收集、使用消费者个人信息，应当公开其收集、使用规则，不得违反法律、法规的规定和双方的约定收集、使用信息。经营者及其工作人员对收集的消费者个人信息必须严格保密，不得泄露、出售或者非法向他人提供。经营者应当采取技术措施和其他必要措施，确保信息安全，防止消费者个人信息泄露、丢失。在发生或者可能发生信息泄露、丢失的情况时，应当立即采取补救措施。经营者未经消费者同意或者请求，或者消费者明确表示拒绝的，不得向其发送商业性信息。

第四章　国家对消费者合法权益的保护

第三十条　国家制定有关消费者权益的法律、法规、规章和强制性标准，应当听取消费者和消费者协会等组织的意见。

第三十一条　各级人民政府应当加强领导，组织、协调、督促有关行政部门做好保护消费者合法权益的工作，落实保护消费者合法权益的职责。

各级人民政府应当加强监督，预防危害消费者人身、财产安全行为的发生，及时制止危害消费者人身、财产安全的行为。

第三十二条　各级人民政府工商行政管理部门和其他有关行政部门应当依照法律、法规的规定，在各自的职责范围内，采取措施，保护消费者的合法权益。

有关行政部门应当听取消费者和消费者协会等组织对经营者交易行为、商品和服务质量问题的意见，及时调查处理。

第三十三条　有关行政部门在各自的职责范围内，应当定期或者不定期对经营者提供的商品和服务进行抽查检验，并及时向社会公布抽查检验结果。

有关行政部门发现并认定经营者提供的商品或者服务存在缺陷，有危及人身、财产安全危险的，应当立即责令经营者采取停止销售、警示、召回、无害化处理、销毁、停止生产或者服务等措施。

第三十四条　有关国家机关应当依照法律、法规的规定，惩处经营者在提供商品和服务中侵害消费者合法权益的违法犯罪行为。

第三十五条　人民法院应当采取措施，方便消费者提起诉讼。对符合《中华人民共和国民事诉讼法》起诉条件的消费者权益争议，必须受理，及时审理。

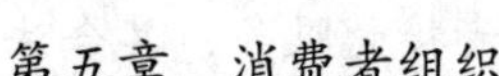

第五章　消费者组织

第三十六条　消费者协会和其他消费者组织是依法成立的对商品和服务进行社会监督的保护消费者合法权益的社会组织。

第三十七条　消费者协会履行下列公益性职责：（一）向消费者提供消费信息和咨询服务，提高消费者维护自身合法权益的能力，引导文明、健康、节约资源和保护环境的消费方式；（二）参与制定有关消费者权益的法律、法规、规章和强制性标准；（三）参与有关行政部门对商品和服务的监督、检查；（四）就有关消费者合法权益的问题，向有关部门反映、查询，提出建议；（五）受理消费者的投诉，并对投诉事项进行调查、调解；（六）投诉事项涉及商品和服务质量问题的，可以委托具备资格的鉴定人鉴定，鉴定人应当告知鉴定意见；（七）就损害消费者合法权益的行为，支持受损害的消费者提起诉讼或者依照本法提起诉讼；（八）对损害消费者合法权益的行为，通过大众传播媒介予以揭露、批评。各级人民政府对消费者协会履行职责应当予以必要的经费等支持。消费者协会应当认真履行保护消费者合法权益的职责，听取消费者的意见和建议，接受社会监督。依法成立的其他消费者组织依照法律、法规及其章程的规定，开展保护消费者合法权益的活动。

第三十八条　消费者组织不得从事商品经营和营利性服务，不得以收取费用或者其他牟取利益的方式向消费者推荐商品和服务。

第六章　争议的解决

第三十九条　消费者和经营者发生消费者权益争议的，可以通过下列途径解决：（一）与经营者协商和解；（二）请求消费者协会或者依法成立的其他调解组织调解；（三）向有关行政部门投诉；（四）根据与经营者达成的仲裁协议提请仲裁机构仲裁；（五）向人民法院提起诉讼。

第四十条　消费者在购买、使用商品时，其合法权益受到损害的，可以向销售者要求赔偿。销售者赔偿后，属于生产者的责任或者属于向销售者提供商品的其他销售者的责任的，销售者有权向生产者或者其他销售者追偿。消费者或者其他受害人因商品缺陷造成人身、财产损害的，可以向销售者要求赔偿，也可以向生产者要求赔偿。属于生产者责任的，销售者赔偿后，有权向生产者追偿。属于销售者责任的，生产者赔偿后，有权向销售者追偿。消费者在接受服务时，其合法权益受到损害的，可以向服务者要求赔偿。

第四十一条　消费者在购买、使用商品或者接受服务时，其合法权益受到损害，因原企业分立、合并的，可以向变更后承受其权利义务的企业要求赔偿。

第四十二条　使用他人营业执照的违法经营者提供商品或者服务，损害消费者合法权益的，消费者可以向其要求赔偿，也可以向营业执照的持有人要求赔偿。

第四十三条　消费者在展销会、租赁柜台购买商品或者接受服务，其合法权益受到损害的，可以向销售者或者服务者要求赔偿。展销会结束或者柜台租赁期满后，也可以向展销会的举办者、柜台的出租者要求赔偿。展销会的举办者、柜台的出租者赔偿后，有权向销售者或者服务者追偿。

第四十四条　消费者通过网络交易平台购买商品或者接受服务，其合法权益受到损害的，可以向销售者或者服务者要求赔偿。网络交易平台提供者不能提供销售者或者服务者的真实名称、地址和有效联系方式的，消费者也可以向网络交易平台提供者要求赔偿；网络交易平台提供者作出更有利于消费者的承诺的，应当履行承诺。网络交易平台提供者赔偿后，有权向销售者或者服务者追偿。网络交易平台提供者明知或者应知销售者或者服务者利用其平台侵害消费者合法权益，未采取必要措施的，依法与该销售者或者服务者承担连带责任。

第四十五条　消费者因经营者利用虚假广告或者其他虚假宣传方式提供商品或者服务，其合法权益受到损害的，可以向经营者要求赔偿。广告经营者、发布者发布虚假广告的，消费者可以请求行政主管部门予以惩处。广告经营者、发布者不能提供经营者的真实名称、地址和有效联系方式的，应当承担赔偿责任。广告经营者、发布者设计、制作、发布关系消费者生命健康商品或者服务的虚假广告，造成消费者损害的，应当与提供该商品或者服务的经营者承担连带责任。社会团体或者其他组织、个人在关系消费者生命健康商品或者服务的虚假广告或者其他虚假宣传中向消费者推荐商品或者服务，造成消费者损害的，应当与提供该产品或者服务的经营者承担连带责任。

第四十六条　消费者向有关行政部门投诉的，该部门应当自收到投诉之日起七个工作日内，予以处理并告知消费者。

第四十七条　对侵害众多消费者合法权益的行为，中国消费者协会以及在省、自治区、直辖市设立的消费者协会，可以向人民法院提起诉讼。

第七章　法律责任

第四十八条　经营者提供商品或者服务有下列情形之一的，除本法另有规定外，应当依照其他有关法律、法规的规定，承担民事责任：（一）商品或者服务存在缺陷的；（二）不具备商品应当具备的使用性能而出售时未作说明的；（三）不符合在商品或者其包装上注明采用的商品标准的；（四）不符合商品说明、实物样品等方式表明的质量状况的；（五）生产国家明令淘汰的商品或者销售失效、变质的商品的；（六）销售的商品数量不足的；（七）服务的内容和费用违反约定的；（八）对消费者提出的修理、重作、更换、退货、补足商品数量、退还货款和服务费用或者赔偿损失的要求，故意拖延或者无理拒绝的；（九）法律、法规规定的其他损害消费者权益的情形。经营者对消费者未尽到安全保障义务，造成消费者损害的，应当承担侵权责任。

第四十九条　经营者提供商品或者服务，造成消费者或者其他受害人人身伤害的，应当赔偿医疗费、护理费、交通费等为治疗和康复支出的合理费用，以及因误工减少的收入。造成残疾的，还应当赔偿残疾生活辅助具费和残疾赔偿金。造成死亡的，还应当赔偿丧葬费和死亡赔偿金。

第五十条　经营者侵害消费者的人格尊严、侵犯消费者人身自由或者侵害消费者个人信息依法得到保护的权利的，应当停止侵害、恢复名誉、消除影响、赔礼道歉，并赔偿损失。

第五十一条　经营者有侮辱诽谤、搜查身体、侵犯人身自由等侵害消费者或者其他受害人人身权益的行为，造成严重精神损害的，受害人可以要求精神损害赔偿。

第五十二条　经营者提供商品或者服务，造成消费者财产损害的，应当依照法律规定或者当事人约定承担修理、重作、更换、退货、补足商品数量、退还货款和服务费用或者赔偿损失等民事责任。

第五十三条　经营者以预收款方式提供商品或者服务的，应当按照约定提供。未按照约定提供的，应当按照消费者的要求履行约定或者退回预付款；并应当承担预付款的利息、消费者必须支付的合理费用。

第五十四条　依法经有关行政部门认定为不合格的商品，消费者要求退货的，经营者应当负责退货。

第五十五条　经营者提供商品或者服务有欺诈行为的，应当按照消费者的要求增加赔偿其受到的损失，增加赔偿的金额为消费者购买商品的价款或接受服务的费用的三倍；增加赔偿的金额不足五百元的，为五百元。法律另有规定的，依照其规定。经营者明知商品或者服务存在缺陷，仍然向消费者提供，造成消费者或者其他受害人死亡或者健康严重损害的，受害人有权要求经营者依照本法第四十九条、第五十一条等法律规定赔偿损失，并有权要求所受损失二倍以下的惩罚性赔偿。

第五十六条　经营者有下列情形之一，除承担相应的民事责任外，其他有关法律、法规对处罚机关和处罚方式有规定的，依照法律、法规的规定执行；法律、法规未作规定的，由工商行政管理部门或其他有关行政部门责令改正，可以根据情节单处或并处警告、没收违法所得、处以违法所得一倍以上十倍以下的罚款，没有违法所得的，处以五十万元以下的罚款；情节严重的，责令停业整顿、吊销营业执照：（一）提供的商品或者服务不符合保障人身、财产安全要求的；（二）在商品中掺杂、掺假，以假充真，以次充好，或者以不合格商品冒充合格商品的；（三）生产国家明令淘汰的商品或者销售失效、变质的商品的；（四）伪造商品的产地，伪造或者冒用他人的厂名、厂址，篡改生产日期，伪造或者冒用认证标志等质量标志的；（五）销售的商品应当检验、检疫而未检验、检疫或伪造检验、检疫结果的；（六）对商品或者服务作虚假或引人误解的宣传的；（七）拒绝或者拖延有关行政部门责令对缺陷商品或者服务采取停止销售、警示、召回、无害化处理、销毁、停止生产或者服务等措施的；（八）对消费者提出的修理、重作、更换、退货、补足商品数量、退还货款和服务费用或者赔偿损失的要求，故意拖延或者无理拒绝的；（九）侵害消费者人格尊严、侵犯消费者人身自由或者侵害消费者个人信息依法得到保护的权利的；（十）法律、法规规定的对损害消费者权益应当予以处罚的其他情形。经营者有前款规定情形的，除依照法律、法规规定予以处罚外，处罚机关应当记入信用档案，向社会公布。

第五十七条　经营者违反本法规定提供商品或者服务，侵害消费者合法权益，构成犯罪的，依法追究刑事责任。

第五十八条　经营者违反本法规定，应当承担民事赔偿责任和缴纳罚款、罚金，其财产不足以同时支付的，先承担民事赔偿责任。

第五十九条　经营者对行政处罚决定不服的，可以依法申请行政复议或提起行政诉讼。

第六十条　以暴力、威胁等方法阻碍有关行政部门工作人员依法执行职务的，依法追究刑事责任；拒绝、阻碍有关行政部门工作人员依法执行职务，未使用暴力、威胁方法的，由公安机关依照《中华人民共和国治安管理处罚法》的规定处罚。

第六十一条　国家机关工作人员玩忽职守或者包庇经营者侵害消费者合法权益的行为的，由其所在单位或者上级机关给予行政处分；情节严重，构成犯罪的，依法追究刑事责任。

第八章　附则

第六十二条　农民购买、使用直接用于农业生产的生产资料，参照本法执行。

第六十三条　本法自1994年1月1日起施行。

章后思考题

1. 财政政策对消费者行为会产生什么样的影响？
2. 税收政策对消费者行为会产生什么样的影响？
3. 社会保障政策对消费者行为会产生什么样的影响？
4. 《中华人民共和国消费者权益保护法》规定消费者的权利主要有哪些？
5. 《中华人民共和国消费者权益保护法》规定经营者的义务主要有哪些？

第七章　经济与文化因素

1. 经济环境会对消费者行为产生影响吗?
2. 文化环境会对消费者行为产生影响吗?

关东文化

"关东文化"是指山海关以东，基本上包括辽宁、吉林、黑龙江三省区在内的地域文化圈，它是与关东地域文化相联系的。"关东文化"对当地居民反游客的消费行为都产生了影响。

由于关东地区具有较为发达的饮食文化，既有东北菜这样的大菜系，也有地方著名的各种小菜，如关东煮等。具体而言，东北菜是指辽宁、黑龙江与吉林三省的菜肴，主要以炖、酱、烤为特点，虽然外形缺乏精致，但口味佳而浓，如酱大骨、酱猪蹄、锅包肉、猪肉炖粉条以及大锅菜等。另外，关东煮是典型的特色小吃，其中有鱼豆腐、香肠、丸子等。除此之外，冷冻食品也属于东北地区人民的典型食俗，由于天气的寒冷，所以当地生产各种冻豆腐、冻干粮、冻水果等，不但储存期长，而且口味极佳。

关东地区具有许多吸引人的民俗，其中有扭秧歌、二人转以及东北的小品等，深刻影响着旅游者的娱乐需求。具体而言，可从东北二人转说起，它属于东北土生土长的民间艺术，其形式主要是走唱类曲艺，语言通俗易懂、搞笑诙谐、富有生活韵味，反映了东北民歌、民间舞蹈与口头文学的精华，如《王二姐思夫》《猪八戒背媳妇》、二人转小帽等，令许多旅游者都对关东的民俗文化存有非常强烈的喜爱之情。另外，就东北小品来说，主要是指以赵本山为代表人物的小品，幽默诙谐、以小见大，富有生活哲理，可谓是生活的升华，如《不差钱》《有钱了》《面子》《策划》《火炬手》等。由此可见，东北的特色民俗文化有利于满足旅客们的旅游娱乐需求。

消费者都是处在一定的经济环境与文化环境中的，其消费行为自然会受到所处的经济环境、文化环境的影响。

第一节 » 经济环境

经济环境是制约消费者行为的一个基本因素，它包括宏观经济环境和微观经济环境两个方面。

一、宏观经济环境

宏观经济环境是指整体的经济环境，如宏观经济运行态势、国民生产总值、经济增长率、产业结构及其调整、市场总需求与总供给、货币流通与物价总水平、通货膨胀率、利率等。

一般来说，宏观经济环境好，消费者就业有保障，收入稳定甚至不断提高，就有利于促进消费。相反，则会抑制消费。

通货膨胀会造成货币的购买力下降，当消费者预感到通货膨胀即将来临时，一般会减少非必需品的支出，增加生活必需品的支出。另外，通货膨胀使消费者的消费观念趋于保守，且将在未来相当长的时间内对其消费行为产生深刻影响。通货膨胀率越高，其带来的影响就越大。

二、微观经济环境

微观经济环境主要涉及消费者以往的经济状况、一定时期内消费者收入的多少、储蓄所占的比重、市场物价水平及其变动状况，以及能否取得消费信贷等，这一切都制约着消费者的行为。

由于消费者的消费欲望和购买能力是受到收入水平和物价水平决定或制约的，所以，一定时期的消费需求主要取决于一定时期的收入水平和物价水平。

当经济繁荣时，消费者的收入增加，可支配收入增多，消费水平相对较高；当经济衰退时，随着收入减少，消费者会节约开支，消费水平自然也就相应降低。例如，在20世纪六七十年代，由于经济发展缓慢，总体社会生活水平不高，消费需求大幅度降低。改革开放后，随着经济的飞速发展，消费者收入逐渐提高，消费欲望与需求随着社会经济的发展不断表现出来，消费观念也随之转变，求新求美、追求时尚、美化生活等新观念不断出现，甚至从基本的生存性消费转向享受型消费。

物价水平是影响消费水平的重要因素和直接因素。我们知道，消费者的消费水平与货币的购买能力成正比，货币的购买能力与物价水平成反比。当其他因素（主要是收入水平）不变的情况下，一定时期的物价总水平越高，货币的购买能力越低，导致消费水平越低；反之，物价总水平越低，货币的购买能力越高，导致消费水平越高。

此外，消费信贷也对消费者行为有着重要的影响。信贷是对未来收入的提前支取，也是影响消费者购买力和支出的一个重要因素。消费者信贷是指消费者凭信用先取得产品使用权，然后按期归还贷款以购买产品，即消费者提前支取未来的收入提前消费。一般来说，信贷增加，购买力会增大；信贷减少，购买力便减小。此外，消费信贷的期限与规模也会影响现实购买能力的大小，会影响到消费者的购买决策。

知识扩展

口红效应

所谓“口红效应”是指一种有趣的经济现象。在美国，每当经济不景气时，口红的销量反而会直线上升。因为在美国，人们认为口红是一种比较廉价的消费品，在经济不景气的情况下，人们的消费欲望会转向购买比较廉价的产品。口红作为一种“廉价的非必要之物”，可以对消费者起到一种“安慰”的作用，尤其是当柔软润泽的口红接触嘴唇的那一刻。

经济的衰退会让一些人的收入降低，这样他们很难攒钱去做一些“大事”，如买房、买车、出国旅游等，一般来说，像古驰、普拉达、巴宝莉这样的奢侈品在经济萧条时销售是很惨淡的，这样消费者手中反而会出现一些“小闲钱”，正好去买一些“廉价的非必要之物”。

第二节 » 文化环境

文化是一个复合体，包括为某一社会或某一群体所共同拥有并代代相传的价值观、信念、道德、规范、习俗等。文化主要由人们对事物的态度、看法、信仰、价值观念、道德规范、审美观念、教育程度、行为方式、生活方式、文化传统、社会风俗和习惯等所构成。

文化渗透于社会群体每个成员的意识之中，左右着人们对事物和活动的态度，从不同方面影响着人们对事物的认识与判断，影响社会成员的行为模式，使生活在同一文化圈内的社会成员的消费行为具有相同的倾向。

文化环境对消费者的影响一旦产生就是根深蒂固的，它会影响人们的消费观念、消费内容和消费方式。消费者因民族、宗教信仰、风俗习惯、价值观、审美观等的不同而具有不同的生活习惯、生活方式、价值取向和禁忌，这些因素都会对他们的消费行为产生影响。

一、民族文化

世界上各民族都有自己的文化传统，同一民族的人拥有相似的思想、认知和消费行为，而在不同的民族间则会有较大的差异。

譬如，有的民族对于某些动物、植物、图案敬若神明，视其为高贵，而有的民族则可能相反，视其为丧气或禁忌。

又如，东方国家习惯把红色作为吉祥的象征，而法国和瑞典则视红色为不祥之兆。因此，中国的红色爆竹在法国和瑞典的销路不畅，改用灰色后，销路才打开。

中国由 56 个民族构成，每一个民族各自具有自身的民族亚文化特征，形成了独特的语言文字、风俗习惯和爱好禁忌，在饮食、服装、礼仪等方面各有特点。例如，在服饰方面，朝鲜族男人穿肥腿裤等。农耕文明下的中国，以自然经济为基础，要求天人合一，人类作为自然的一部分，应该顺应自然，与自然和谐相处。典型的以农业生产为主的经济，生产和发展受自然条件影响较大，决定了我们在生活上必须要节衣缩食、勤俭持家，才能避免恶劣的自然条件带来的生存需求不足的影响。农耕文明是稳定而保守的，长此以往，人们在观念上形成了以节俭为核心的消费观，这种消费观虽然有美德的成分，但长此以往也可能导致消费倾向的固化，如重勤俭、轻生活，重储蓄、轻消费，满足于简单的物质供给。再者，儒家思想提倡人性本善，一切都应该从善出发，维持初心。而且，宗法制度强调血缘关系和家族等级，要求长幼尊卑有序，作为家族的一分子，应以家族荣辱为标准。因此，在传统文化熏陶下的消费者，消费观念相对保守，倾向于“量入为出”“理性消费”，反对“奢侈浪费”“及时行乐”，他们消费时往往多考虑家庭需求而非个人需求。

二、宗教文化

世界上还存在着许多不同的宗教，不同的宗教信仰有不同的文化倾向和戒律，从而形成对产品不同的偏好和禁忌，使分属不同宗教群体的消费者在购买行为和消费习惯上表现出各自的特征。

三、风俗习惯

风俗习惯是社会文化区域内在一定的物质生产条件下长期形成、世代相传，而为人们所共同遵守的行为模式或规范，对社会成员具有很强的行为制约作用，对人们的购买行为会产生直接或间接的影响。

不同的国家、民族和地区都有其独特的风俗习惯，这些风俗习惯有的是因历史、宗教而形成的，有的是由自然环境、经济条件所决定的。在饮食、服饰、居住、婚丧、信仰、节日、人际交往各个方面，都表现出独特的消费行为，这在节日消费习俗中体现得尤为明显。

例如，中国人在元宵节吃元宵逛灯会，在端午节吃粽子、赛龙舟，在中秋节吃月饼，等等。在传统节日里，人们一般都会尽量放松，如亲朋好友会聚在一起吃吃饭、喝喝酒，或一起去旅游购物、休闲娱乐等，人们的消费情绪也都比较高涨，消费需求也会加大。

又如，同样是过年和吃团年饭，北方不能没有饺子。饺子，形如元宝，音同“交子”，除夕进食有“招财进宝”和“年岁交子”双重吉祥含义。南方守岁，通常会备有年糕和鱼，年糕有“年年高”的吉祥寓意，鱼则含有“年年有余”的含义。

四、语言文化

语言是文化的基本要素和主要载体，也是跨文化传播的必备要件。在跨文化传播中，由于文化差异的存在，语言会造成人们新的焦虑和不确定性，许多营销失误就是由于缺乏对语言跨文化差异的了解。

例如，我国曾出口一种名为“芳芳”的口红到北美，其中文拼音为 Fangfang，但在英语中，fang 意为蛇的毒牙，可想而知，当地消费者当然不愿意购买“毒牙牌”口红了。

五、价值观

价值观是关于价值的观念，是人们基本的信念、信仰和理想系统，是指生活在某一种社会环境下的多数人对某种行为或行为结果的普遍态度和看法，是人们在处理事务时表现的态度，也是人们对事物的是非与优劣的评判原则和评判标准。

世界上各个国家都有与其特定文化相对应的价值观。在价值观的影响下，各国的消费者会形成不同的消费观念和倾向。

当速溶咖啡首次引入美国市场时，美国的家庭主妇大多抱怨其味道不像真正的咖啡。但当这些家庭主妇被蒙住眼睛试饮时，她们中大多数人都辨别不出哪一种是速溶咖啡，哪一种是传统咖啡。这说明她们对速溶咖啡的抵制只是由于心理的原因。进一步的研究证明，美国的主妇们拒绝速溶咖啡的真正原因是她们认为购买速溶咖啡的人都是一些懒惰、浪费、不称职的妻子，并且是安排不好家庭计划的人。然而，现在美国家庭主妇们的观念已发生了巨大变化，在她们的心目中，速溶咖啡的购买者已不再是首次引入美国市场时的形象了。显然，速溶咖啡现在在美国市场所遭受的抵制要比首次引入美国市场时少得多。

中华民族一向有勤劳、节俭的传统，在消费上表现为重积累、重计划等，在选择产品时追求实惠和耐用，而不太注重外观包装。改革开放前，大多数消费者认为富裕并非是光荣之事，标新立异是不合群之举。以“新三年、旧三年、缝缝补补又三年”为荣的传统观念，反映到消费上，便是追求朴素、大众化的格调，消费者尽量克制消费欲望，使自身的消费需求减少到最低限度，而且崇尚低档实惠型消费，反对追求高档享受型消费，习惯于先储蓄后消费，甚至于多储蓄少消费，坚决反对信用消费。改革开放后，人们的消费观念发生了重大变化，如在购买服装时更多地倾向于式样、面料、色彩的新颖，注重服装与个性的协调，追求个性化。消费意识得以加强，求新求美、追求时尚、美化生活等新观念不断涌现，对于健身、快餐、旅游等方面的消费也逐步得到提高。

六、时尚

所谓时尚就是指时下流行的事物，是现代社会最为常见的社会现象之一，也是流行文化或说是大众文化的一部分。

在时尚消费中，消费品已经不是作为一种有使用价值的物品而存在，而是作为一种代表着一定社会意义的符号存在。人们的时尚消费，主要不是消费产品的使用价值，而是消费产品的符号价值，即消费它的社会意义。

知识扩展

休闲消费

休闲消费是一种能够体现人们个性、身份、地位、文化品位与生活态度的消费时尚。从人们的发型、穿戴，从人们消费的各种生活用品到居室中的家具摆设，甚至是人们日常消费的食品，都存在着休闲消费方式。

休闲消费不仅限于节假日的集中消费和高消费，如打高尔夫球，作为会员去乡村俱乐部度假，出国观光，吃高级料理，付费参加各种体育俱乐部活动，同时也有在日常工作之余，看场体育比赛，看一部电影，茶馆小聚，与朋友去喝咖啡，去网吧、酒吧、舞厅、卡拉OK厅放松精神的日常休闲消费。

此外，人们逛商场购物，甚至逛逛夜市，吃点小吃也是一类休闲消费。在日常工作与生活的非正式场合，穿上一套高品质、款式随意的休闲服，配以与之相协调的休闲鞋、背包、帽子及手表等各种饰物，同样也可以体现人们轻松、潇洒的生活态度。

七、审美观

审美观通常指人们对事物的好坏、美丑、善恶的评价，受社会舆论、思想观念等影响，并制约消费欲望和需求取向。

每个国家或民族都会形成各自的审美观，不同国家或民族的审美观有相当大的差异。例如，日本人钟爱樱花，视其为国花；俄罗斯人则把向日葵作为国花；荷兰人钟情于郁金香。

章后思考题

1. 宏观经济环境对消费者行为有哪些影响？
2. 微观经济环境对消费者行为有哪些影响？
3. 文化环境对消费者行为有哪些影响？

第八章　自然与技术因素

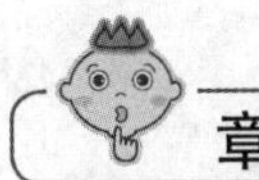

章前思考

1. 自然环境会影响消费者行为吗?
2. 技术环境会影响消费者行为吗?

引例

海底捞的App

2018年，在实体行业寻求线上发展而互联网行业寻求线下业务场景的趋势下，海底捞和阿里云开启了中餐餐饮行业数字化转型的探索。经过近半年的开发与打磨，海底捞推出了App，为消费者提供更加智能的服务。海底捞App的上线，让海底捞的服务更贴心、运营更精准。“排队时间长”是绝大多数消费者对海底捞的第一印象和最大痛点，“排号预定”功能可以让消费者提前预约下单，减少排队等待时间。消费者还可以使用“私人定制”功能定制火锅口味，在社交网络分享自己原创的火锅口味，好友扫码即可品尝，更可以与网友PK最受欢迎的火锅口味，突破地理限制真正做到“一起嗨”。到2019年11月，海底捞App上线已接近一年，注册会员由一年前的3000万人激增至4500万人。

消费者的生活离不开一定的自然环境，也离不开一定的技术环境。在不同的自然环境、技术环境下，消费者就会有不同的消费行为。

第一节 » 自然环境

消费的自然环境是指和人类紧密联系、影响人们生活的各种自然资源和生态环境的总和，包括地理条件、自然资源、气候等。

自然环境直接构成了消费者的生存空间，在很大程度上促进或抑制某些消费活动的开展与进行。

一、地理条件

不同地理条件会影响消费者的消费习惯、消费内容等。

例如，我国地域辽阔，不同省市、不同地区，在消费行为方面有着不同的方式，以餐饮最为明显——南方多以大米为主，北方多以面食为主。靠山吃山靠水吃水，沿海居民、江南水乡周围的居民消费水产品自然多一些，而内蒙古的消费者消费牛羊肉会更多一些。

二、自然资源

第一，自然资源是人类社会赖以生存的物质基础，为消费者提供了最基本的生活条件，如大气、淡水等，缺乏这些生活条件，人类很难生存，更谈不上什么消费需要了。

第二，自然资源中的原材料、能源、土地，是生产资料的主要来源，其开发、利用程度与消费者的消费活动关系极为密切。例如，煤炭、石油、水电、太阳能、风能乃至核能的广泛应用，为消费者提供了能源。

三、气候

不同气候地区的消费者呈现出消费活动的诸多差异。

例如，湖南、贵州、四川等地常年潮湿，所以当地人在饮食上多吃辛辣以驱寒祛湿。

又如，炎热多雨的热带地区与寒冷干燥的寒带地区相比，消费者在衣食方面的消费明显不同。热带地区的消费者喜欢清爽解热型饮料，寒带地区的消费者则偏爱酒精度高、能御寒的白酒；同样是冬季，热带地区的消费者需要的是毛衣、夹克等轻微御寒的服装，寒带地区的消费者则需要厚重保暖的大衣、皮衣、羽绒服等。

近年来地球表面温度不断升高，以气候变暖为特征的温室效应正在成为21世纪人类面临的最大威胁之一。气候变暖不仅会导致冰川消融、海平面上升，还将给全球的湿地沼泽、沿海低地、珊瑚礁及温带、寒带的大量物种造成毁灭性打击，引发飓风、洪水、干旱、暴雪、热浪、寒潮等极端气候现象频繁发生。由此，人们不得不增加对空调、啤酒、冷饮的消费。可见，气候变暖对消费者的消费活动具有广泛而深刻的负面影响。

另外，环境污染也会严重影响人们的生活及其购买观念、购买行为和消费习惯。研究表明，雾霾污染对京津冀城市居民的出行和生活以及消费行为等方面都会产生较大影响，大多数居民会通过变更消费方式和消费场所等行为以尽量缩短在雾霾环境中的消费时间，如文体活动由户外移至室内、旅游从雾霾高发地区转向无雾霾地区等。

第二节 » 技术环境

技术是生产力中最活跃的因素，它影响着人类的历史进程和社会生活的方方面面，当然也影响着消费者的消费行为。这是因为消费者的消费总是在一定的技术条件下进行的，技术发展到哪个阶段，出现什么产品或服务，消费者才有可能进行相应的购买和消费。

例如，消费者在不同的年代、不同的技术环境下，先后消费过唱片机、录像机、VCD、DVD、传呼机、大哥大等。伴随着技术的进步与换代，如今它们早已退出消费者的视野。

案例

黑莓手机的没落

2001年，美国“9·11”事件爆发。在这场灾难里，纽约的通信系统整个瘫痪，唯独黑莓手机依靠强大的BIS（黑莓网络服务）、BES邮件服务和BBM（类似于微信，可以实现黑莓手机之间的免费信息、图片等交流）大显神通，与往常一样畅通无阻。

然而，2007年，iPhone来了。

黑莓手机创始人拉扎里迪斯第一时间拿到新机，使用感是在玻璃上写字很困难。他的态度基本反映了整个黑莓手机高层对iPhone的集体忽视。的确，iPhone一开始并未威胁到黑莓手机盘踞的高端市场，黑莓手机仍是美国消费者的头号选择。

事实上，2008年的时候，拉扎里迪斯也推出了触屏版黑莓手机。但这款赶时间粗制滥造的产品，也成为黑莓手机由盛转衰的分界线。100万台触屏版黑莓手机，触屏不灵，浏览器故障，全部需要回厂维修。一系列的事故彻底透支了消费者对黑莓手机的耐心，最后连美国政府，也宣布停止采购黑莓手机，这使黑莓手机摔下了神坛。

黑莓手机，这个名字曾经在手机行业举足轻重，是高端大气上档次的代名词，是欧美精英人手必备的硬件，更是美国总统的御用手机……可从iPhone铃声响起的那一刻，到全球手机市场被苹果手机和安卓手机瓜分，消费者的兴奋点不再是黑莓手机什么时候崛起，而是黑莓手机什么时候破产、被收购。美人迟暮，英雄末路，黑莓手机最终同诺基亚、摩托罗拉手机一样走下了神坛。

技术创新对消费需求的推动作用体现在，技术创新提供了新产品新服务，从而创造消费动力，不断开创消费新领域。如今，互联网、虚拟现实、人工智能、App、移动支付等技术又给消费者带来了更多、更好的消费体验。

一、互联网促进了消费升级

互联网的发展令世界上每一个消费者都能够借助这个渠道进行信息的传输和接收，消费者可以足不出户而随时获取信息，并且获取信息的速度更快、时效性更强、信息量更大。

互联网技术在消费中的运用带来了服务便利化，使消费对象有了更广阔的空间：网上教育、培训等方面的需求快速提高，成为大众日常消费必不可少的组成部分。旅游、休

闲、金融等服务性消费也得到了巨大发展，大大丰富了消费活动的内容，推进了现代服务业的大发展，促成了消费结构的优化升级。

互联网特别是移动互联网的普及，为人们的生活方式以及消费行为注入了许多新的元素，进一步改变了人们的消费模式。

延伸阅读

网络购物消费的特点

（一）消费行为受时空限制较少

与实体经济消费相比，互联网尤其是移动互联网时代，消费者的消费行为具有更加随意性的特征。这是由于手机、平板电脑等移动设备的使用往往不需要较为集中的时间，也不像实体经济一样需要有固定的消费店面和地点。因此，消费行为在时间、空间上受到的限制较少。只要消费者愿意，随时随地都可以进行网络消费，不用再去商场进行挑选。

（二）购物消费便捷

在传统实体经济占主流地位的环境下，消费者要想进行消费，并挑选到质优价廉的产品，只能跑一家又一家的商场、店铺，如果要对不同产品进行比较和衡量，还需要在不同的店铺之间进行浏览，因此耽误了太多的时间。而在移动设备上通过各种移动购物平台可以很好地解决这一问题——消费者足不出户就可以在很大的范围内选择产品，“货比多家”，通过比较对不同的产品进行“精心挑选”，最终做出购物决策，程序精简且耗时较短。

（三）可避开消费环境的干扰

线下实体店的消费环境往往会在一定程度上干扰消费者的购买心理和行为，例如，消费环境的整洁程度、导购的态度以及对于一些较为私密的物品的购买等，都会直接影响消费者的消费心理和行为。而网络购物则还消费者一个安宁的消费环境，消费者可以在不受周围环境干扰的情况下独立自由地选购。

（四）冲动式消费增多

冲动式消费是指在偶然或突发因素的诱使下产生的无计划、无意识的消费行为。在传统购物消费模式中，由于消费者在购物过程中会考虑到时间成本因素，从而购买消费会有选择性、计划性。而在电子商务和网络购物环境下，消费者购物的时间成本被显著降低，电商平台上琳琅满目的产品不再相隔千里，只存在一个鼠标的距离，再加上网络上产品的式样繁多、琳琅满目，会对消费者产生强烈的吸引力和刺激性，因而使冲动式消费量显著增多。

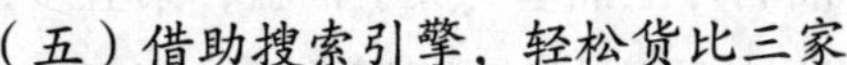

（五）借助搜索引擎，轻松货比三家

在网络环境下，消费者按下鼠标几秒之内就可以搜索到所需产品的品牌、价格、形状、功能、特征等信息，借助各类搜索引擎可以让消费者无须走出家门就可做到“货比三家”，进行大范围的比较和选择。例如，百度、搜狗、360 等搜索引擎给消费者提供了应有尽有的产品信息，淘宝、京东、苏宁购物等网络销售平台也提供了产品搜索业务，便于消费者挑选产品。

二、虚拟现实技术、人工智能带来全新的消费体验

传统的传播媒介，如电视、广播、杂志等由于其硬植入性，很容易被消费者直接忽略或招致消费者反感。而虚拟现实技术则是让消费者沉浸到商家设定的环境中，帮助消费者去触碰真实场景，并与消费者产生互动行为，从而最大限度地展现出产品的魅力，引发消费者的购买行为。

例如，不少汽车公司推出展厅式 VR 体验，消费者能在虚拟空间内行走，观看各款汽车，甚至能够进行试驾。在电影和游戏界，索尼影业在产品预售阶段，厂商经常推出虚拟现实的应用来让消费者提前感受到产品的震撼效果，如为了配合电影《云端行走》的宣传，其推出了 VR 应用，带消费者体验在两栋世贸大厦中间走钢丝的感觉。

案例

专为异地恋设计的餐厅

大概是认为在圣诞佳节仍要分隔两地的情人太过可怜，日本电信公司 AU 在大坂、东京的 Hotel New Otani 举行名为 Sync Dinner 的未来创意餐厅活动——官方在大坂及东京分别设立两部高清摄像头，让分隔两地的恋人可以透过巨大高清晰屏幕，来跟对方进行即时的互动晚餐。

Sync Dinner 互动性是很高的，不只是即时的视频对话，而餐厅提供的服务也是同步的，如即时送餐与倒酒，或者是音乐演奏，甚至是想干杯时靠近屏幕便会有玻璃杯的碰撞声，并且在圣诞蛋糕上吹个蜡烛也没问题……

虽然现实中的对象在遥远的另一端，但眼前的一切就像是出现在面前一样，聊天、互动、拍照这些都可以做，跟真的约会一样。

又如，马云的“智能加油站”从消费者进场、加油、支付、离场，没有一个服务员和收银员。第一步，汽车进场，自动识别车牌。你开的什么车、淘宝账户是哪个、应该加什么油，全自动读取识别！（事先需要在支付宝或淘宝里绑定车辆）；第二步，完成停车，摄像头精确锁定汽车位置；第三步，搭载红外摄像头的“机器人”（一支机械臂）自动帮

你打开油盖；第四步，自动选择汽油－加油－油满拧上油塞－关上油盖；第五步，直接开走，从支付宝或淘宝账户中自动扣款。这个加油站不用排队、不用动手、不用结账、没有收银员、更没有现金。

案例

京东无人商店

首先，刷脸进店，自动识别消费者身份，关联消费者的京东账户；其次，消费者随便拿，随便逛，没有导购员跟在后面，热情推荐，充分留给消费者一定程度上私密选购的空间；再次，没有收银员，消费者将要买的东西放在结算台上，就能完成支付，自动识别、自动称重、自动算出价格，不用担心遇到情绪不佳的收银员，影响购物心情；最后，出店也是刷脸，识别之后单击“开门”按钮，完成购物。整个过程没有导购员、收银员，从进店到出店自助完成，一气呵成。

延伸阅读

智能技术引领外卖消费新时代

对于所有本地生活服务平台来说，配送调度一直都是行业的一大痛点。行业发展初期，配送主要使用骑手抢单和人工派单两种模式。骑手抢单模式存在较严重的挑单、拆单、乱抢单等问题，既不能保障商户、消费者体验，又不能保障资源合理分配，造成运力浪费和效率低下；人工派单对调度员个人能力要求高，既不利于业务快速扩展，又无法应付高单量，同时人力成本也很高，还极易出现混乱。

在这样的痛点下，就会造成这样的问题：消费者下单之后，卖家接单开始制作，然而久久等不到外卖员接单，或者外卖员接单之后前面还排着好几个要送的餐，这样一来，消费者等待的时间变长，外卖的体验自然就很差。而对于商家来说，做好的食品不能得到及时的配送，口感与品质自然也会大打折扣。

外卖配送调度规模巨大、复杂程度高，而且每一单的生命周期十分有限，加上各种因素导致的订单配送调度的差异化要求高。这些都是传统物流领域积累的相关技术无法直接应用到实时配送调度场景，会造成巨大的浪费和出现不必要的管理成本。

如今，在大量的历史数据基础上，企业可以建立大数据分析和优化平台。针对配送调度精准建模所需要的各类参数，系统将根据骑手未配送订单信息、不同目的地信息、骑手实时位置和运动方向等海量大数据进行智能调度和派单。此外，“聪明”的系统还将自适应和自学习，合理压单、批量处理未派送的订单，还将把许多外卖可能遇到的问题考虑进来，比如订单结构、配送员习惯、区域路况、天气、交通工具、取餐难度、出餐时间、交付难度、配送范围等多类复杂因素并进行精准画像，且同时存在多个优化目标，并将配送“最后一公里”中影响配送效率的路面障碍物加入地图的路网数据，有效规划导航路径。

看似简单的一盒外卖，背后却要经过十分复杂的算法才能送到消费者的手里。其终极目标就是帮助商家和消费者节省时间，提高效率，提升外卖服务各方体验。据悉，目前美团外卖平均配送时长已经缩短到了 28 分钟，将网络协同和数据智能双轮驱动的“黑科技”应用到了外卖领域。

三、App为消费者提供了便捷的消费工具

受互联网等新技术驱动，人们的生活和消费方式与以往有了明显不同，消费者通过手机 App、网站、社交媒体、电子通信设备等可以获得海量产品和服务信息，在网上完成购买。近年来，各种应用软件迅速发展，已经涵盖了网上购物、交通出行、旅游娱乐、教育文化等各个方面，消费者可以通过 App，如淘宝、唯品会等进行产品预览、购物等。

例如，永辉生活 App 是永辉新零售品质商品和全新消费体验的网上服务平台，整合永辉旗下超级物种、永辉生活、Bravo 等业态，为消费者提供安全健康的新鲜食材和品质商品，创造线上线下一体化的惊喜消费体验。永辉生活 App 既能在旗下各业态门店内实现购买、支付等自助化、智能化消费，又能在网上下单并将商品配送到家，且全场满 18 元包邮、最快 30 分钟送达、提供网上会员专享价。目前，永辉生活 App 已开通上海、北京、深圳、福州、成都、南京、杭州、厦门等城市服务。

又如，宜家 App 中应用了虚拟现实技术，让消费者在家就能看到家具摆放到自己家里的效果，或在商场工作人员的帮助下，在计算机上建立住宅的三维模型，并根据自己的喜好将宜家的各类家居商品布置在模型中。其还能够动态展示，甚至直接生成系列图纸和购物清单，让消费者轻松实现了低风险购物。

四、移动支付让支付更加轻松快捷

移动支付俗称手机支付，是指以手机、PDA 等移动终端设备为载体，对所消费的产品或服务通过移动通信网络实现账务支付的一种方式。

目前移动支付已经渗透到生活的各个角落，悄无声息地改变了消费者的生活方式。消费者特别是年轻消费者，更愿意选择去支持移动支付的商家购买商品。例如，在餐厅就餐时，消费者可以通过直接扫桌面上或菜单上的二维码，实现自助点餐、支付买单，也可以在聚会时直接使用移动支付进行 AA 制付款。外出逛街娱乐时，移动支付大大加快了结账速度，也提升了消费者的购物体验。

现代人的生活写照是"出门可以不带钱包，但是千万不能不带手机"，无论是商场、便利店、餐厅、药店还是公共交通售票点，都已实现移动支付，只需要一部智能手机就可以完成购买过程，现金、零钱、银行卡都已经变得多余。移动支付不仅使我国进一步向无现金社会发展，同时由于移动支付不具备现金交易的"充实感"，使人们在移动支付过程中的交易额往往变得很高。这是因为，人们在使用电子支付的过程中，无法感知资金的流出，所以，在一定程度上促进了市场消费。移动支付在给生活带来便利的同时也培养了消费者小额高频移动支付习惯的养成。

移动支付基础功能包括收付款、转账汇款、充值还款等，还包括生活缴费、保险理财等，它不仅提供了消费者日常支付的便利，而且还方便了消费者的金融保险产品消费，使消费者理财业务从线下开始向线上转移。近年来，消费金融产品层出不穷，如"蚂蚁花呗""京东白条"等，它们在支付宝、微信等互联网终端建立了用户连接，这对于工作人群与大学生极具吸引力。但一些金融类 App 使透支消费和借贷消费成为部分年轻人生活的常态，造成大量的跟风消费和非必要消费。

章后思考题

1. 说明地理条件对消费者行为的影响。
2. 说明自然资源对消费者行为的影响。
3. 说明技术环境对消费者行为的影响。
4. 网络购物消费有哪些特点？

第九章　社会因素

章前思考

1. 他人及其他群体会对消费者行为产生影响吗？
2. 流行、口碑传播会对消费者购买行为产生影响吗？

引例

意见领袖与锤子手机

几年前，由罗永浩领头成立的“锤子科技”推出了第一款手机——锤子手机，并举行了新产品发布会，引起了巨大的市场反响。新产品发布的第二天，百度指数显示，“锤子手机发布会”在实时热点中排名第二位；“罗永浩”在名家人物中排名第一位；在全部的关键词中，“锤子手机”排名榜首，并且高居社会民生榜的榜首。

在锤子手机的成功传播中，意见领袖的作用得到了最大化的体现。罗永浩本身是一个“大V”，有千万的微博“粉丝”，其影响力甚广。罗永浩最初以幽默毒辣的新东方教师身份出名，其“老罗语录”流传甚广，还有很多人将他的那一句“彪悍的人生不需要解释”作为至理名言放在QQ和微信签名上。罗永浩因其独特的人格魅力，不但赢得很多粉丝的追捧，更结交不少娱乐圈、科技圈等跨界圈子名人，他们跟罗永浩一起成为引领传播的意见领袖。在此次发布会事件传播过程中，微博上有很多“大V”都力挺罗永浩，并主动传播锤子手机的信息，这对锤子手机的成功传播起到了最重要的作用。

此外，从锤子手机诞生的那一天起，罗永浩就开始为自己的手机营销造势，频频放出惊人理论，还通过微博做各种各样引发猜测的问卷调查，这不但引得媒体不断报道，还让网络上始终存在不同的声音，这些声音相互交织，使锤子手机一直能够得到较高的关注度。特别值得一提的是，在发布会前一周，罗永浩还用新浪微博的粉丝头条功能，通过锤子手机的营销账号每天发一张海报，从而对锤子手机的营销造势起到了推波助澜的作用。

消费者不是孤立生存的，消费者总是生活在社会大家庭当中，因而消费者行为也会受到来自参照群体、社会流行及口碑传播的影响。

第一节 » 参照群体

人们总希望自己富有个性和与众不同，然而群体的影响又无处不在。

作为“社会人”，不管是否愿意承认，每个消费者都有与相关群体保持一致的倾向。消费行为往往会参照其他消费者或相关群体的行为，尤其注重参照名人专家在内的对其有重要影响的参照群体的行为。

参照群体是指那些作为消费者判断事物的标准或仿效模范的群体。

一、参照群体的分类

参照群体包括成员群体和非成员群体。

（一）成员群体

成员群体指消费者是其成员的参照群体。成员群体的成员一般对群体影响持有肯定态度。根据成员群体的互动作用和接触频率可分为主要群体和次要群体。主要群体指与消费者关系密切且经常发生相互作用的群体，如家庭成员、亲朋好友、邻居与同事，这类群体对消费者的影响最强。次要群体指日常接触较少的群体，如宗教组织、专业协会和同业组织等，这类群体对消费者的影响强度仅次于主要群体。

相同群体的消费者往往有着共同的价值观、生活方式、思维方式和生活目标，经济状况、价值取向、生活背景和受教育程度也相近，生活方式、消费水准、消费内容、兴趣和行为也相似，甚至对某些产品、品牌、商店、休闲活动、媒介习惯都有共同的偏好。

而不同群体的消费者往往具有不同的消费行为，这是因为他们各自的生理、心理、背景等方面不同，因而所购买的产品或服务、消费方式、对价格的敏感度、购买数量、选择购物点、接触媒体的习惯、购买偏好和动机等也会不同。

延伸阅读

群体对消费者行为的影响

群体是通过某些社会关系结合起来进行共同活动的社会单位。这类群体（如亲人、朋友、同事等）在某种程度上存在着持续的心理或行为上的关联，有着共同的行为心理目标，具有较强的集体观念，因此，群体对于消费者消费行为势必会有影响，主要表现在以下两个方面。

（1）群体压力。任何群体都会对与之有关或属于该群体的消费者行为产生一定的影响，这种影响是通过集体的信念、价值观和群体规范对消费者形成一种压力，称为群体压力。这种压力有时是来自他人的传播或再三劝说，有时是他人无意而本人却觉得有压力—— 如在穿着十分随便的人群中，某个消费者若穿得过于正式就会自觉有压力。如果消费者的行为脱离群体，就可能受到嘲讽、讥笑或议论等心理压力。例如，某个消费者在超过自己收入水平的情况下选购某高档的奢侈品（如别墅），但其所在的群体（如亲戚或朋友）多数持有反对意见，该消费者往往会迫于压力而放弃选购。因此，消费者行为需要遵守群体的信念，消费行为需要符合群体的价值观和规范。

（2）服从心理。受群体的影响，消费者会顺从群体意志、价值观念、消费行为规范等一系列的心理活动。在多数情况下，消费者的心理活动总是与所属群体的态度倾向是一致的，这是群体压力与消费者对群体的信任共同作用的结果。例如，某消费者原计划选择参加 A 旅行社的线路旅游，但群体中的人大多认为 B 旅行社的线路安排更加合理，虽然他不那么认为，但是为了跟群体保持一致，在这种服从心理的支配下，其可能转而选择 B 旅行社的线路。

（二）非成员群体

非成员群体指消费者不是其成员的参照群体。非成员群体又包括热望群体和回避群体。热望群体是指消费者热切希望加入并追求心理上认同的群体。例如，周杰伦代言的中国移动动感地带品牌，外表冷酷的周杰伦以“我的地盘我做主”打动了那些处于叛逆期、渴望自主的年轻人的心。回避群体是指消费者不愿意与之发生联系、想与之划清界限的非成员群体。例如，可口可乐曾经聘请某位歌星来代言，销量却急剧下降。原来这位歌星只受到一些女性的喜爱，而在可口可乐目标消费群体中占大多数的男性却不喜欢该歌星，甚至抵制该歌星，就不愿意选择购买可口可乐。

二、参照群体对消费者行为的影响

参照群体能够影响一个消费者的价值观念，并影响该消费者对产品或服务的看法及其购买行为。

参照群体对消费者的影响，通常表现为三种形式，即信息选择性影响、行为规范性影响和价值表现性影响。

（一）信息选择性影响

信息选择性影响指参照群体的观念、意见、行为被消费者作为有用的信息予以参考，由此对其行为产生影响。当消费者对所购产品缺乏专业知识，凭产品外观又难以对产品品质做出判断时，就会从各种渠道获取信息，并将参照群体的态度与自己的态度进行比较，试图通过将自己与参照群体联系起来，或通过将自己与参照群体脱离开，来寻求对自己态度和行为的支持。参照群体对消费者的影响程度取决于被影响者与参照群体成员关系的紧密程度，以及施加影响的参照群体的专业特征。例如，某个消费者发现好几位朋友都在使用某品牌的护肤品，于是该消费者也决定试用一下，因为其会觉得有这么多朋友都使用该品牌的护肤品，意味着该品牌的护肤品一定有其优点和特色。

（二）行为规范性影响

行为规范性影响指由于参照群体规范的作用而对消费者的行为产生影响。所谓规范，就是参照群体共同接受的一些行为标准。无论何时，只要有参照群体存在，不需经过任何语言沟通，规范就会发挥作用。规范性影响之所以能起作用，是因为参照群体规范除了具有为消费者提供参照框架的作用外，还具有对消费者行为的评价功能。表现出符合参照群体规范行为的消费者很可能得到参照群体的接纳和欢迎；而违反参照群体规范的消费者将感受到参照群体成员一致性的压力，遭到参照群体的拒绝和排斥，甚至惩罚，从而在心理上产生对偏离参照群体规范的恐惧，不得不按照参照群体规范调节自己的行为。从这一方面来讲，改变参照群体规范，就可以改变消费者的行为。

（三）价值表现性影响

价值表现性影响指消费者自觉遵循或内化参照群体所具有的信念和价值观。价值观是参照群体成员共享的关于什么行为合适、什么行为不合适的信念。这种信念和价值观使消费者与参照群体在行为上保持一致性，以证明自己在社会上的地位或身份。这主要基于两方面力量的驱动：一方面，消费者可能利用参照群体来表现自我，提升自我形象；另一方面，以名人或公众人物作为参照群体，对公众尤其是对崇拜他们的公众具有巨大的影响力和感召力。对很多人来说，名人代表一种理想化的生活模式。研究发现，用名人做支持的广告比不用名人做支持的广告，评价更正面和积极，这一点在青少年群体中体现得更为明显。

知识扩展

从众消费

从众就是消费者的观念与行为由于受群体的引导或压力，而趋向于与大多数人相一致的现象。例如，购买衣服时，喜欢看有关的评论；出门旅行时，经常会咨询身边的朋友，让其推荐酒店；购物时喜欢到人多的商店，吃饭时选择停车位多的饭店；品牌选择时偏向那些市场占有率高的品牌；选择旅游点时偏向热点城市和热点线路。

人们为什么会从众呢？一般认为有三个方面的原因：一是他人的行为或观点，可以作为自己行为或观点的参照，特别在消费者没有把握的情况下，就更需要参照他人的表现；二是消费者对他人的信任和群体对消费者的吸引力，如果一个群体是具有较高凝聚力的，或成员之间是高度信任的，那么这个群体就会保持较高的一致性；三是对偏离群体的恐惧，当消费者的表现与众不同时，其选择只有两个：脱离这个群体或改变自己原有的行为。多数人是不愿意脱离或偏离群体的，总是希望自己在群体中受欢迎，于是消费者总是趋于从众。

从众消费行为是指消费者接收到他人关于产品评价、购买意愿或购买行为的信息后，改变了自己的产品评价、购买意愿或购买行为，并与他人保持一致。从众消费行为的本质是模仿，所谓模仿就是指有意或无意地对某种刺激做出类似反应的行为方式。

三、影响消费者行为的主要参照群体

（一）家庭

家庭是消费者开始社会化过程的第一个社会环境，是家庭成员成为消费者的最重要的参照群体。家庭成员包括消费者的血缘家庭和婚姻家庭的成员，其个性、价值观以及成员之间的相互影响，形成了一个家庭的整体风格、价值观念和生活方式，从而对消费者行为有直接的影响。

（二）亲戚朋友

亲戚朋友也是影响消费者行为的主要参照群体。在某些情况下，由于具有共同的圈子、价值取向，亲戚朋友的看法往往对消费者行为产生重大影响。

（三）邻居、同乡

消费者的左邻右舍、同乡等的消费倾向、消费评价、消费标准等，也往往成为消费者行为的重要参照依据。

（四）同学、同事、同龄人等群体

由于长时间共同学习或在同一个组织机构中合作共事或者是年龄相仿，消费者往往以同学、同事、同龄人等群体的消费行为作为参照对象，因此，他们也会对消费者行为产生影响。

（五）名人专家

专家学者、优秀运动员、著名作家等受人崇拜和爱戴的权威人士，都可能成为消费者的参照对象。

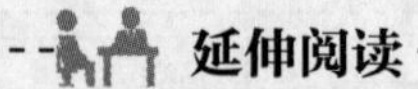

延伸阅读

明星广告

即聘请明星代言，拍摄广告大片，是企业常用的营销手段。

明星知名度高，拥有一大批崇拜者，影响力强，稍加宣传，就可使产品具有难以抵御的魅力。企业借助名人的名气和光环效应，可以迅速拉近与消费者之间的距离，带动喜爱名人的消费者对企业产生兴趣和信任。

例如，耐克公司请著名的职业篮球明星乔丹在亚洲做广告，吸引了无数崇拜乔丹的亚洲球迷购买耐克运动鞋。

又如，联想公司在其世界杯的广告中，选择巴西球星罗纳尔迪尼奥作为形象代言人，提高了联想公司在全球的知名度。

四、参照群体的运用

（一）名人效应

名人或公众人物对受众往往具有巨大的影响力和感召力。例如，某些美容美发产品寻找一些明星来代言，容易让消费者把自己也当作明星一样去消费。

运用名人效应的方式多种多样，如可以用名人作为产品或公司的代言人，即将名人与产品或公司联系起来，使其在媒体上频频亮相；也可以用名人作证词广告，即在广告中引述产品的优点，或介绍其使用该产品的体验；还可以采用将名人的名字使用于产品或包装上等做法。

案例

特斯拉汽车利用名人效应

首先，该汽车以历史上伟大的物理学家、发明天才特斯拉的名字来命名。

其次，特斯拉汽车将自己定位为“奢华产品”，而“奢华”的一个基本原则就是拥有一批高度认可品牌价值的忠实消费者。在特斯拉汽车的消费者名单中，既有好莱坞著名影星布拉德·皮特、乔治·布鲁尼、施瓦辛格，也有商业界领袖人物、谷歌创始人拉里·佩奇和谢尔盖·布林。这些拥有巨额财富的社会名流，符合人们对于豪华跑车使用者的定义，他们对于特斯拉的喜爱，极大地增强了该品牌的知名度和社会关注度，对于品牌形象的建设起到了十分积极的作用。

最后，特斯拉还依托电影《钢铁侠》为其造势。电影中的主人公通过发明新的聚变能源装置，使斯塔克工业集团的科技水平领先20年；现实中，特斯拉的创始人埃隆·马斯克就是“钢铁侠”的原型，其领导的特斯拉电动汽车公司就是代表汽车未来发展方向的高科技公司。《钢铁侠》系列电影在全球的热映，对特斯拉公司起到了很好的宣传效果。

（二）专家效应

专家是指在某一专业领域受过专门训练，具有专门知识、经验和特长的人，如医生、律师、营养学家等均是各自领域的专家。专家所具有的丰富知识和经验，使其在介绍、推荐产品与服务时较一般人更具权威性，从而产生专家所特有的公信力和影响力。引用专家在独立状态下获得的实验数据与结果，就比聘请专家在广告中直接赞扬企业的产品更具有公信力。例如，一些教育、体育培训机构聘请一些专家进行宣传，由于他们特殊的身份，消费者们容易听信他们的讲解，受到他们宣传内容的影响，产生下一步的消费行为。

（三）“普通人”效应

“普通人”效应即运用满意消费者的证词证言来宣传企业的产品，是广告中常用的方法之一。他们是和受众一样的普通消费者，会使受众感到亲近，从而使广告诉求更容易引起共鸣，像宝洁公司、北京大宝化妆品公司都曾运用过“普通人”证词广告。还有一些公司在电视广告中展示普通消费者或普通家庭如何用广告中的产品解决其遇到的问题。由于贴近消费者，反映了普通消费者的现实生活，因此，“普通人”证词广告可能更容易获得认可。

第二节 » 流行与口碑传播

消费者总是生活在一定的社会环境之中，因而社会流行、公众的口碑都会对消费者行为产生影响。

一、流行

流行是指一个时期内社会上流传很广、盛行一时的现象和行为。

流行在一般情况下，体现为在某一特定时期人们选择一种趋同的行为——相当数量的人对特定观点、行为、言语、生活方式等产生了共同的崇尚与追求，并使之在短时间内成为整个社会到处可见的现象。

尽管不同文化背景和经济背景的人群，在产品或服务的消费上会呈现很大的差异性，然而流行可以使不同层次、不同背景的消费者在选择上表现出同一性。

也就是说，流行促进了消费者在购买上的从众行为，在一定程度上促进了消费者在某些产品的消费上与其他消费者有共同偏好。

例如，耐克的成功，不仅仅是因为其产品质地优良，更主要的是因为它大力倡导了一种价值观，那就是 Just do it（想做就做）、I can（我能）。这种价值观已形成了一种潮流，也成了世人皆知的经典广告口号。

二、口碑传播

口碑传播是消费者对厂商、品牌、产品、服务的认知、态度和评价，并在群体间非正式地相互传播，包括正面的和负面的所有内容。

与其他传播方式相比，口碑传播较其他信息来源更具可信度。这是因为，消费者的亲朋好友，周围熟识的人在介绍、推荐、评论产品时，一般是不含利益关系和商业意图的，因而从一定意义上讲，他们的意见与建议比较客观、可靠，值得信赖。

研究表明，口碑传播的有效性是广播广告有效性的 3 倍，是人员推销有效性的 4 倍，是报纸和杂志广告有效性的 7 倍。因此，在天猫、淘宝、京东商城、亚马逊、苏宁易购等开店的商家，都非常重视口碑传播，把它视为对消费者最具影响力的信息源。

口碑传播的特点：第一，口碑传播是消费者自发的，是具有较高可信度的信息来源，而且交流不受限制或拘束；第二，口碑传播信息的流动方式并不像广告一样是单向的，而是双向的、互动的；第三，口碑传播信息更具有活力，更容易进入消费者的记忆系统；第四，相比其他传播方式，口碑传播信息受干扰的程度比较小。

知识扩展

意见领袖

“意见领袖”的概念最早是由拉扎斯菲尔德提出的，是指在人际传播网络中为他人提供信息的同时也对他人产生影响的“活跃分子”，他们在大众传播过程中起着过滤或中介的作用，由他们将信息扩散给受众，形成信息的两级传播。

通俗地说，意见领袖是一些经常能影响他人态度或意见的人。意见领袖积极地从大众媒体和其他来源收集相关的消费信息，并对消费信息进行加工，再把经过加工的信息解释、传达给群体中需要这类信息的消费者，从而对消费者的购买行为产生重要的影响。

意见领袖通常是最早出于纯粹的好奇心而试用新产品或服务的人，他们通常是社区有个性的活跃分子，这让他们更可能以与众不同的方式去尝试那些未知的而又让人感兴趣的产品或服务。

意见领袖最大的也是最明显的特征，就是对某一类产品或服务比群体中的其他人有着更为长期和深入的介入。由于意见领袖对某类产品或服务有更多的知识和经验，因而在其他消费者看来，意见领袖在这方面更有权威。

三、网络口碑传播

随着互联网的发展，口碑传播不再局限于人与人之间面对面的交流，而是将意见、经验与评论等信息通过讨论区、聊天室、留言板等网络空间来发布和传播，形成新形态的网络口碑传播。

网络口碑传播，指互联网用户借助互联网各种同步或异步网络沟通渠道发布、传播关于组织、品牌、产品或服务的信息，其表现为文字、图片、符号、视频等或是它们的组合。

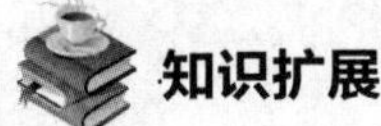

知识扩展

UGC对消费者行为的影响

用户生成内容（user generated content，UGC）泛指以任意形式在互联网上发表的由用户创作的文字、图片、音频、视频等一系列内容，是 Web 2.0 环境下的一种新兴的互联网信息资源创作与组织模式。UGC 的发布平台包括好友社交网络、视频分享与创作网站、照片分享网络、知识分享网络、社区型的论坛、微博等。世界经济合作与发展组织（OECD）曾在报告中具体描述了 UGC 的三个特征：以网络出版和创作为前提；内容具有一定程度的创新性；非专业人员或权威组织创作。

从内容创造模式来说，UGC 的生成者较广泛，内容较浅，但形式丰富。从受众的广泛度来说，UGC 的参与人数众多，且不受年龄、地域等限制，具有用户交互性。从内容的可用性来说，UGC 一般为用户真实感受，其内容具有真实性和有效性，无论对商家还是对买家来说，其信息都具有极高的可用价值。当消费者需要购买某种产品时，UGC 平台提供的各种信息，包括用户使用后的文字评论、产品视频展示等，都可以帮助消费者确定产品特性，丰富消费者体验，给消费者提供真实有效的购买信息。

随着 UGC 的快速崛起，社区中积累了大量的用户原创内容，其评论主要为产品的实际使用价值及使用后的真实感受。同时，在这个信息爆炸的时代，作为社区成员的消费者往往喜欢“抱团”，并且其对产品评论信息收集的主动性越强，对其购买决策的影响力越大。例如，近些年兴起的网红即代表着时尚、前卫、个性，追赶明星的步伐，因此，网红的穿搭通常被普通人奉为穿搭秘籍，会对消费者的消费行为产生一定的导向作用。

网络口碑传播是对传统口碑传播模式的一种颠覆。首先，网络口碑传播突破了信息传播的空间局限；其次，在所传递的信息内容上，网络口碑超越了原先的口头模式，文字、图像、视频、音频和动画等都可以通过网络口碑的途径来传播，与传统的口碑传播相比，网络口碑拥有覆盖率高、精准性强、速度快、范围广、价格低廉、广告内容形式多样、阅读率高等特点；最后，网络口碑产生的平台主要是社会化媒体和自媒体平台，如论坛、微博、微信等，其既是平台，又是社区。而且相对于传统平台而言，社会化媒体平台更强调开放性、交互性和共享性。

显然，消费者对产品的态度会受到网络口碑的影响，当好的网络口碑不断出现时，消费者心里的消费冲动会不断地被强化；当差的网络口碑不断出现时，消费者的消费冲动就会被削弱。

案例

小米开展社群营销

小米的快速崛起，离不开其开展的社群营销。其在社群营销上的做法，主要包括以下几个方面。

（1）聚集粉丝。小米主要通过三个方式聚集粉丝——利用微博获取新用户，利用论坛维护用户活跃度，利用微信做客服。

（2）增强参与感。比如说，开发其操作系统 MIUI 时，让米粉参与其中，提出建议和要求，由工程师改进，这极大地增强了用户的主人翁感。

（3）增加自我认同感。小米通过爆米花论坛、米粉节、同城会等活动，让用户固化“我是主角”的感受。

（4）全民客服。小米从领导到员工都是客服，都与粉丝持续对话，以便及时解决问题。

章后思考题

1. 参照群体对消费者行为有哪些影响？
2. 影响消费者行为的主要参照群体有哪些？
3. 流行对消费者购买行为有哪些影响？
4. 口碑传播对消费者购买行为有哪些影响？

本篇实训

◆ **实训内容：**

分析说明影响自己或他人（某次）消费行为的环境因素。

◆ **实践组织：**

1．全班分为若干个小组，采用组长负责制，组员合理分工、团结协作。

2．小组内部充分讨论，认真研究，形成分析报告。

3．小组需制作一份 10 分钟左右能够演示完毕的 PPT 文件在课堂上进行汇报，之后其他小组可提出质询，台上台下进行互动。

4．教师对每组分析报告和课堂讨论情况即时进行点评和总结。

第四篇

影响消费者行为的营销因素与情境因素

消费者行为不仅受消费者自身因素、环境因素的影响，还会受企业开展的营销活动及消费情境的影响。

第十章　营销因素

章前思考

1. 企业的产品会对消费者行为产生影响吗？
2. 企业的定价会对消费者行为产生影响吗？
3. 企业的分销会对消费者行为产生影响吗？
4. 企业的促销会对消费者行为产生影响吗？

引例

"肮脏牛排店"

在美国得克萨斯州有个"肮脏牛排店"，店堂里不用电灯，点的是煤油灯，天花板上全是脏的灰尘（人造的，不会往下掉）。墙上钉有很多的纸片和布条，还挂着几件破旧的装饰品，如木犁、锄头、印第安人的毡帽和木雕等。桌椅则是木制的，做工粗糙，椅子坐上去还会"咯吱"作响，厨师和侍者穿的是花格子衬衫和牛仔裤，看上去好像从来没洗过似的。侍者端上来的牛排一块足有250克，血淋淋的，但味道很好，而且完全符合食品卫生的要求。

最有趣的是，"肮脏牛排店"有个怪规定：消费者光临不准戴领带，否则"格剪勿论"。如果一位戴领带的消费者进门，就会有两位笑容可掬的服务员小姐迎上前去。她俩一人持剪刀，一人拿铜锣，锣响刀落，消费者的领带已被剪下了约5寸长一段。站在一旁的当班经理马上给消费者一杯美酒，敬酒压惊，以表歉意。这杯酒不收费，其售价足以赔偿消费者领带被剪的损失。那被剪下一段的领带则随即连同消费者签了名的名片，被钉到墙上留念。这一招数，从未惹过消费者的不快，反而使消费者感到颇有情趣。更有不少消费者为了一睹那满墙的领带残骸构成的特殊景致，不远千里来品尝"肮脏牛排"。

企业的营销组合包括了产品、定价、分销、促销，它们都会对消费者行为产生影响。

第一节 » 产品

产品是满足消费者需要的东西，是影响消费者购买决策的最基本因素。许多营销专家通过大量的观察和实践认为，在企业的营销组合中，消费者最关注的是产品，即该产品能够给他带来什么利益。

从市场营销的角度出发，产品是一个整体概念，是创造需求或满足需求的解决方案，包括产品的功能、产品的质量、产品的特色、产品的定制、产品的品牌、产品的包装等，它们都是消费者在做出购买决策时会考虑的因素。另外，消费者也会在意购买产品时获得的服务，以及卖家所给予的保证及承诺等。

一、产品的功能

产品的功能是吸引消费者的最基本的立足点，功能越强、效用越大的产品对消费者的吸引力就越大。例如，海尔集团在做市场调研时，一个消费者随意说到冰箱里的冻肉拿出来不好切，海尔集团立刻意识到这是一个未引起冰箱生产企业重视的共性问题。于是，根据食品在 –7°C 时营养不易被破坏的原理，海尔集团很快研制出新产品“快乐王子 007”。这款冰箱的冷藏冻肉出箱后可即时切，于是很快走俏。

案例

穷游网

穷游网是我国成立最早的旅游网站之一，主要产品有穷游锦囊及行程助手、旅游周边产品和穷游 App。

（1）穷游锦囊及行程助手。穷游锦囊是穷游网的用户们基于自己在旅行中的经历撰写的出境旅行指南，具有极大的参考性。行程助手是一款智能推荐引擎，它能够帮助旅行者查找旅游心得，通过借鉴别人的经验，制订自己的旅行计划，并且可以迅速导入自己的移动设备中以方便随时查看。

（2）旅游周边产品。穷游网创建了“穷游生活实验室”，使产品带上穷游印记。例如，原创旅行服饰因为带有独特旅行文化设计元素和故事而广受欢迎；旅行必备功能产品包括背包、旅行插座、防水系列产品，让出境游更加轻松。除此之外，穷游网还和许多旅游相关产品联名推出跨界产品，如耳机、运动服饰等。

（3）穷游 App 是将穷游网上的内容以最精简的方式呈现在移动平台上的一个旅行类应用软件。穷游 App 里面包含一些由穷游用户撰写的出境旅游指南、海外目的地等信息，并提供签证、保险、机票、酒店预订、租车等服务。

又如，“鸳鸯火锅”是重庆“小天鹅”的创新——“小天鹅”请人在锅的中间焊了一块钢板，将锅一分为二，这样，喜欢辣的就吃红汤，怕辣的就吃清汤。“鸳鸯火锅”的发明，被一位记者评价为“最简单的创意、最赚钱的革命”。

案例

叮咚买菜App

“叮咚买菜”的目标群体是25～45岁的城市白领一族和三口之家，这个客户群体的特点是：时间稀缺，看重便利性；比起他们的父辈，大多数缺少生活经验，不会挑菜，也缺少与小商小贩讨价还价的能力。

在叮咚买菜App上，消费者可购买到蔬菜类200余种、豆制品40余种、水果100余种、肉禽蛋180～220种、海鲜水产近100种，其余均为调味品、零食干货、生活用品等非高频产品。

在价格方面，其与周边菜场超市持平，相对亲民。在不考虑补贴、满减等优惠活动的情况下，叮咚买菜的产品价格整体低于盒马鲜生，高于大润发和永辉生活。此外，0元配送费解决了消费者对配送成本的顾虑。另外，用户既可以下载叮咚买菜App进行下单，也可以通过微信接口绑定账号后在微信小程序平台上进行下单，十分方便。

二、产品的质量

产品的质量在吸引消费者购买上起到了至关重要的作用，质量优异的产品总是会受到消费者的青睐。一个质量有问题的产品即使非常便宜也没有人愿意购买它，人们唯恐避之不及。相反，对于高质量的产品，即使价格高些人们往往也愿意接受。例如，餐饮企业要满足消费者对食品的安全、卫生、健康等最基本要求，在选择原材料时，要选择天然无公害的原材料，尽量减少防腐剂、添加剂的成分，并遵守国家相关的法律法规，让消费者吃得安心、吃得放心。

案例

特斯拉

人们既渴望奢侈品，同时也希望更加环保，特斯拉Model S作为一种全新的产品完美地满足了人们的这两种需求。特斯拉汽车从品牌设计之初就定位于高端跑车，卓越的产品性能使特斯拉Model S显著区别于其他竞争者。

特斯拉汽车颠覆了人们对电动汽车的传统认知，用超级跑车的标准定位电动车，给用户带来前所未有的体验。以特斯拉Model S为例，其最大的特色在于“绿色”，作为纯电动汽车，它能有效降低全球的碳排放而且更像是酷炫的高科技产品——车主甚至可以通过手机应用软件来检查车的情况。特斯拉汽车不仅成功地规避了传统民用电动车车体笨重、续航里程短等缺点，同时也解决了豪华跑车排量大、环保性差等难题。

三、产品的特色

产品特色指企业向消费者提供的产品具有独特性。如今市场上同类同质的产品越来越多，因此，企业要想在激烈的市场竞争中脱颖而出，必须有足够的特色来吸引消费者的注意。

例如，肯德基定位于“世界著名烹鸡专家”，宣称“烹鸡美味尽在肯德基”，其以六十年烹鸡经验烹制的炸鸡系列产品，如原味鸡、香辣鸡翅、无骨鸡柳等，外层金黄香脆，内层嫩滑多汁，以其独特的鲜香口味为消费者所称许。而德克士以脆皮炸鸡（具有金黄酥脆、味美多汁的特点，与肯德基炸鸡形成鲜明差别）和米汉堡为代表，也形成了自己的特色，并且不断拉大与肯德基炸鸡的差异，也获得了消费者的认同。

 **案例**

女性餐厅

有一家女性餐厅，老板和负责管理的经理都是女性，而店主、服务生、调酒员、厨师和歌手都是清一色的男士，餐厅这样做的目的是让做腻了家务活的女人们前来享受一下男人们提供的一流服务。

又如，浙江绍兴市鲁迅纪念馆附近有一家咸亨酒店，古朴庄重，经营的产品有名扬四海的绍兴加饭酒，以及鲁迅笔下的孔乙己爱吃的茴香豆和阿 Q 戴过的同款乌毡帽等，吸引了众多中外游客。

再如，美国维多利亚饭店是一个主题餐厅，餐厅通过老式火车、瓦斯灯、行李袋、站牌等设计，为消费者提供了一种全新的用餐体验；虽然主餐都是牛排，却因为使消费者感受到别样的怀旧氛围，受到了消费者的追捧。

产品特色也是企业与同行竞争的重要“武器”，是赢得回头客的重要手段。如果企业能够不断地提供竞争者难以模仿的有特色的产品，就能够形成不可替代的优势，成功地与竞争者的产品相区分，从而有效地抵制竞争者的产品对消费者的诱惑，达到增进消费者忠诚的目的。

 **案例**

第三空间

星巴克没有把自己定位为单纯的咖啡厅，星巴克传奇 CEO 舒尔茨描述了他的愿景：一个传达浓缩咖啡技艺真实体验的地方，一个人们可以边饮绝佳咖啡边思考和想象的地方，一个聚会畅谈的休憩之所，一个有社区归属感的舒适港湾，一个除了办公室和家之外的第三空间，一个欢迎和鼓励人们再来的场所，一个能同时包容快速服务和内心平静的空间。

英国学者布西蒙说，星巴克和其他咖啡馆一样，都是填补了“人们与他人建立联系的内心渴望”，但与18世纪伦敦的咖啡馆和20世纪50年代纽约的咖啡屋不同的是，“星巴克让你感觉同样可以在公共空间里享有独立”，即第三空间——家和办公室之外的第三个地方，一个可以休息、阅读、思考、写作甚至发呆的地方。据调查，美国人光顾星巴克的前三大原因中，第一是“第三空间”，第二是会面地点，第三是其饮品。

星巴克也愿意把自己称为“家以外的另一个家”。

星巴克的店面选址十分讲究，主要选在经济较为发达、消费水平较高的大城市，并且选在人多的商业区或是消费者质量高的办公区以及机场附近等地，并且店内配备了免费的Wi-Fi和电源，这就使商务人士在选择商务会谈地点时毫不犹豫地选择星巴克这样一个地理位置优越、装修风格良好、氛围舒适轻松、利于洽谈的咖啡厅了。

在“第三空间”，精湛的钢琴演奏、经典的欧美音乐背景、流行时尚的报纸杂志、精美的欧式饰品等配套设施，营造出一种高贵、时尚、浪漫的氛围，这种独特的“星巴克体验”，让全球各地的星巴克店成为人们除了工作场所和生活居所之外的另一个温馨舒适的空间。店里柔和的灯光、清洁的环境、软软的大沙发与木质桌椅，使消费者随便挑一张椅子坐下，就可以把自己静静放松在音乐混着纯净咖啡香的气氛中。如果你是常客，不用开口，店员就会送来你习惯的饮料，在陌生的人群中享受一点熟悉的礼遇。用舒尔茨的话说，为忙乱、寂寞的都市人提供了一片“绿洲”。在那里，消费者们心情放松，并享受交际的乐趣。

四、产品的定制

产品的定制指根据每个消费者的不同需求来提供产品。在这个彰显和倡导个性的时代，越来越多的消费者不愿被动地接受企业生产的大众化产品，而是搜寻着能够最大限度满足自己个性化需求的产品。还有许多消费者希望购买的产品能融入自己的智慧、彰显自己的个性、充分体现自我价值，因此，定制产品顺应这种潮流而成为未来的发展趋势。

例如，戴尔公司按照消费者的订单进行生产，不仅满足了消费者对数量的要求，而且满足了消费者对质量、性能、款式等方面的要求。

案例

定制酒、定制家具、定制皮鞋

定制酒是指酒水企业根据消费者的特定需求，从品质和形象设计着手为消费者量身打造出具有浓郁个人专属风格的酒水。与一般用酒相比，定制酒打上了用户的风格烙印，具有更多的个性元素和纪念意义。从定制内容而言，有侧重于包装的定制酒，有侧重于质量的定制酒，或者兼而有之。定制酒的包装的消费者可尊享个性化酒瓶外观、祝福语、刻字等个性化服务。定制酒的质量的消费者可尊享独特酒配方、制定年份等个性化服务。

定制家具是家具企业根据消费者的设计要求所制造的个人专属家具，如衣柜定制、沙发定制、榻榻米定制、木床定制、电视柜定制等。

定制皮鞋是根据消费者的需求，从售前、产品制作到售后服务的一条龙消费方式。定制皮鞋为消费者带来的最直接的享受就是穿着的舒适，而要保证皮鞋舒适，就要量脚制“鞋”。从尺码比例、色泽款式到场合需求及个人爱好，都要全面考虑，这样才能体现个性与尊贵体验。定制时，设计师会充分考虑到消费者每只脚的不同，精确计算消费者身体各部位的压力，并辅以最个性的款式设计。

通过提供量身定做的产品来满足消费者的特殊需求，能给消费者带来一种不可言说的尊贵感。企业如果能够为消费者提供量身定制的产品来满足消费者的特殊要求，则可以打动消费者的心。相反，一个企业如果不能满足消费者的特殊要求，将始终无法成为消费者心目中最好的企业，也就无法成为消费者唯一、持久的选择。

例如，进入中国市场以来，星巴克先后推出了多种具有中国特色的饮品、食品和周边产品，包括星巴克月饼、星冰粽、黑芝麻抹茶星冰乐、中式星巴克茶、芒果鸡肉卷、豆腐蔬菜卷，以及专为中国春节和中秋节设计制作的生肖储蓄罐和随行杯等，这使消费者保持了对星巴克的热忱。

五、产品的品牌

品牌是用来识别产品的制造商或销售商的名称、术语、标记、符号、图案或是它们的组合。

首先，设计精美、具有高度概括力和吸引力的品牌标志与名称，不仅便于消费者识别，而且还可以形成鲜明的视觉刺激。一些造型独特、文字精练、寓意深刻的品牌标志和名称往往能在消费者的记忆中留下深刻的印象。

 案例

“老凤祥”①

创建于清道光二十八年（公元1848年）的老凤祥银楼，有着悠久的历史文化，是中国首饰业的世纪品牌。伴随着历史沧桑的巨变，经历了百年风雨的洗礼，老凤祥以丰富的经验和青春的活力打造了一条“传承经典、创新时尚”的品牌之路。

关于“老凤祥”三字的来历，据曾在老凤祥银楼从业的业主后裔费诚昌先生说，银楼招牌犹如人的脸面，它要给人一种良好的印象，因此给它“画脸”是颇费心思的。“老凤祥”三个字包含两层意义，“老”是表示资历深厚，足以让人信赖；“凤祥”则是表示女性至美的象征，并喻示它给人们带来吉祥如意。老凤祥银楼金灿灿的中国凤以及配字的标志，正是象形标志以及寓意性标志相互结合，诠释了百年珠宝老店的品牌形象。

老凤祥依托原有银楼的黄金饰品发展老凤祥各类珠宝首饰品牌，这一营销举措即为典型的品牌延伸，它不仅给老凤祥在首饰以及旅游纪念品行业开辟了新的市场，同时也增加了原有珠宝品牌的知名度。

如今，“老凤祥”已先后荣登“中国驰名商标”“中国商业名牌”“中国名牌”“中国500强最具价值品牌”“亚洲品牌500强”和“全球珠宝100强”等英雄榜。“老凤祥”的成功让我们看到了品牌名称与品牌标志对于一个企业的重要性，也让我们更有动力去探究品牌发展决策。

其次，品牌可以给消费者带来光环效应、情感效应、魅力效应。品牌的光环效应是指消费者因对品牌的认可或信任而减少购买时的风险感知，增强对产品的购买信心。品牌的情感效应是消费者对品牌产生的更深层次的思维定势，表现为消费者从认同品牌到信赖品牌，再升华到喜爱品牌，最终达到对品牌的移情，产生偏爱、忠诚的情感。品牌的魅力效应是指品牌以其神奇的魅力，吸引消费的目光。

再次，品牌代表着企业的经营特色、质量管理、产品形象等，是一种无形的识别器，如果品牌已经在消费者之间形成了口碑，拥有良好的声誉，那么消费者不需要花很多精力和时间进行比较就可以放心地选择。当消费者对产品的安全和质量要求很高时（如给婴儿购买护理产品）或当消费者难以事先评估产品（如电脑、音响等高科技产品）的性能时，品牌的作用尤为突出。因为品牌能够让消费者信任、放心，尤其是久负盛名的品牌更能增

① 何民浩．百年“老凤祥”——“老凤祥”品牌的发展研究．上海经济，2010.

强消费者购买的信心。如果消费者习惯、认可了现有的品牌，对其他品牌就很可能会采取抵制或不配合的态度。

最后，消费者对于自己喜爱和信赖的品牌，会对其价格变动的承受能力强，即价格敏感性低；对于不怎么喜爱和信赖的品牌，消费者对其价格变动的承受能力就会弱，即价格敏感性高。另外，对形成品牌忠诚的消费者来说，其很难被其他企业的产品所打动，甚至对其他企业的产品采取冷漠和抵制的态度。虽然任何一种产品都可能出现质量问题，即使是名牌产品也在所难免。但消费者若对某一品牌的忠诚度高，则会对其偶然出现的质量问题予以理解和宽容，不会因此否定和拒绝该产品。

知识扩展

品牌在消费者购买过程不同阶段的作用

消费者在信息收集阶段会通过多种渠道广泛收集信息，如个人的记忆和经验、他人购买的启示、媒体广告的宣传等。品牌的形象和品牌的独特个性会使消费者更容易记住品牌所代表产品的特点。亲友同事惯常使用的品牌，也会给消费者以信息提示。此外，对特定品牌的良好情感也会使该品牌从众多品牌中脱颖而出，赢得消费者的注意。例如，人们在购买电脑时，最先想到的品牌往往是戴尔、联想、惠普等；人们在购买彩电时，大多会从海信、创维等品牌中加以选择。

消费者在评估方案阶段会根据所掌握的品牌信息的多寡及自身的价值观和偏好做出评价，其中有些品牌因不符合消费者的要求而被放弃，符合购买要求的品牌则成为消费者考虑的品牌。其中品牌个性是最强有力的选择标准。例如，有的人可能喜欢物美价廉的产品，有的人则喜欢高新科技的产品，有的人更加关注有哪些类型的消费者曾经购买过该产品。品牌个性特征将产品的特色凸显出来，有助于消费者对各个竞争产品加以评价比较，做出正确的选择。例如，有的人偏爱既尊贵又独具中国特色的贵州茅台，有的人更喜欢华贵而充满异国风情的人头马 XO，有的人则钟情于纯正实惠的二锅头。

消费者在购买决策阶段会经过多方权衡比较，选择其中的少数品牌作为重点考虑对象，最后根据自身需求及现实条件，购买最符合要求的品牌产品。如今消费者除了购买产品本身的使用价值外，还购买一种感觉、文化、面子、圈子、尊严、地位等象征性的意义。品牌不仅有利于维护消费者的利益，还有助于提升消费者的形象，特别是有些产品的购买被称为社会地位标志性的购买，如服装、酒、汽车等，由品牌产生的附加值是根本性的，起着绝对的作用。例如，很多消费者愿意花更多的价钱来购买一些世界知名的品牌，如香奈儿、爱马仕、阿玛尼等，因为这些品牌已经逐渐成为身份的象征，提高了使用它或消费它的人的身价，给人们带来心理上、精神上更高层次和最大限度的满足。因此，无论是IBM还是GE，或是NIKE，它们都受到了消费者的追捧，唤起了无数消费者的购买热情。

六、产品的包装

包装是指为产品设计并制作容器或包扎物的一系列活动，是不属于产品本身的又与产品一起销售的物质因素。包装是“无声销售员”——产品给消费者的第一印象，不是来自产品的内在质量，而是来自产品的外观包装。

美国著名品牌策略专家大卫·艾克曾说过：“人类有一个共同的脾性，就是经常通过物品的外在来判断其实质。通过物品外表给人的‘第一印象’来推测它的价值，并且越是华丽的东西，人们越是偏向于把它的价值往高的方向推想。”

美国杜邦公司研究发现，63% 的消费者是根据产品的包装来选择产品的。例如，好的食品包装可以引起人们的食欲，并能够提示产品的口感和质量，令人垂涎欲滴。

据英国市场调查公司报道，去超市购物的妇女，由于受精美包装等因素的吸引而购买物品的数量常常超出原来计划购买数量的 45%。

当产品被放到自选柜台或自选超市时，好的包装能够吸引消费者的视线，引起或加强消费者的购买欲望。

例如，宝洁产品的杏黄色的包装，给人以营养丰富的视觉效果；海蓝色的包装，让人联想到蔚蓝色的大海，带来清新凉爽的视觉效果；草绿色的包装给人以青春美的感受。

又如，基于外观华贵和精致的考虑，雅芳在包装上选择了一种光滑饱满带金属光泽的蓝色，所有的包装色彩都以这种核心蓝为底色，这带给消费者一种和谐高档的视觉感受。

无印良品的包装

“无印”即没有商标，也就是“无品牌”；“良品”即质量优秀的产品，也可解释为物美价廉的产品。产生于 20 世纪 80 年代的日本品牌无印良品，将“无品牌”概念融入到企业品牌形象之中，在纷繁杂乱的商业品牌中独树一帜，受到社会大众的青睐。

无印良品的设计秉承日本的设计美学宗旨，主张重视自然、关注细节，追求简朴素雅，并且将企业的设计理念通过包装的各个组成部分传达给消费者，进而塑造其品牌形象。

首先，无印良品抓住绿色环保理念，在产品的包装设计上采用原生态材料，在满足产品功能需求的前提下围绕环境保护和消费者健康进行设计。

其次，无印良品主张无包装、素包装，反对装饰，从而给消费者带来新鲜和纯净感，唤起消费者对于自然和品质生活的追求，也使消费者对其品牌形象给予了更多认可。

最后，在色彩的选用上，无印良品基本采用黑、白、灰等中性色以及木质天然色泽构成产品的色彩基调，简单而不失高雅，一方面保持了产品材质原有的色泽，另一方面从消费者的角度出发，考虑到消费者的视觉感受。

此外，研究表明，人们倾向于将酸味与黄色匹配、咸味与白色匹配、甜味和辣味与红色匹配、苦味与绿色匹配。例如，大多数薯片消费者更多地将烧烤味与深紫色匹配、鸡肉味与橙色匹配、西红柿味与红色匹配、黄瓜味与绿色匹配。因此，食品企业可考虑在产品中添加健康食物颜料，以使其颜色与味道匹配一致。

七、服务

服务是指伴随着产品的出售，企业向消费者提供产品介绍、送货、安装、调试、维修、技术培训等。

服务是提升消费者感知价值的基本要素和提高产品价值的不可缺少的部分，出色的售前、售中、售后服务对于增加消费者总价值和减少消费者在时间成本、体力成本、精神成本等方面的付出具有极其重要的作用。

当企业之间生产的产品相差无几时，优质的服务就成为现代竞争的重要手段和焦点。美国福鲁姆咨询公司的调查报告中显示，消费者从购买某一企业的产品转而购买另一同类企业的产品的原因，10 个人中有 7 个人是因为服务问题，而不是因为产品质量或价格。

例如，开车人购买汽油的主要动机是开动汽车，但这一点几乎所有品牌的汽油都能够做到，价格也相差无几，这样，开车人购买汽油时就会考虑服务状况。例如，加油站的工作人员是否和气、是否有礼物赠送、厕所是否干净卫生……

延伸阅读

旅行社的售前服务对消费者行为的影响

旅游消费者在进行购买决策之前，需要从网络、朋友、广告、杂志等渠道了解产品信息，从而制定购买决策。为此，旅行社要从消费者的需求出发，尽可能提供良好的售前服务，主动为其提供与产品和服务相关的信息，并且确保信息的准确化、丰富化、完整化，打破消费者旅游消费之前的信息障碍。

首先，旅行社可在官方网站、微信公众号及网上店铺的界面以图片、文字、视频的方式提供详细完整的产品信息，包括旅游产品的特点及价格、提供的主要服务、相应的配套设施及注意事项、产品推荐等，并对同类型产品进行对比，以方便消费者进行购买决策。

其次，旅行社可在网页评论区、网站游客攻略区、微信、微博上以图片、视频、文章的形式发布产品评论、游记、旅游攻略、各类出行建议等，并在相应界面提供人工服务，帮助消费者第一时间对产品信息进行咨询。

最后，旅行社可与其他在线旅游信息网站合作，以在线转载发布相关旅游文章、页面跳转直达等方式，提供与旅游目的地相关的交通、美食、购物、娱乐、风俗等方面的咨询。

随着人们生活水平的普遍提高和消费者支付能力的增强，消费者越来越心甘情愿地为获得高档、优质的服务而多花钱。企业向消费者提供的各种服务越完备，产品的附加价值就越高，消费者从中获得的实际利益就越大，也就越能够吸引消费者。

例如，商店为购买电冰箱、彩电、洗衣机、家具的消费者送货上门，镜屏厂为用户免费运输、安装大型镜屏，解决运输、安装两大困难，这些都降低了消费者的体力成本，从而提高了消费者的兴趣。另外，商场在销售冰箱时，免费送货上门，免费保修 3 年，并且上门维修，这些服务既增加了消费者价值，又减少了消费者成本，自然能够争取到消费者。

在德国大众汽车公司流传着这样一句话：对于一个家庭而言，第一辆车是销售员销售的，而第二辆车、第三辆车乃至更多辆车都是客服人员销售的。为什么会这样呢？因为对于高技术含量（如汽车、家电）、功能性产品以及其他豪华奢侈品，服务已经成为消费者选择产品的最关键因素之一。

又如，美国有家专门炸土豆片和椒盐脆饼的公司——弗里托・莱，这家公司每年出售炸土豆片和椒盐脆饼的营业额高达几十亿美元。它能够做到这一点，其实就是做好了服务工作。这家拥有 2.5 万员工的企业，从上到下提倡“99.5% 的服务水平”，并且经常要做一些在短期内很不划算的事。例如，要花几百美元，派专车长途跋涉，给远在某地的商店送上两箱只值 30 美元的炸土豆片等。

案例

沃尔玛的服务文化

零售业巨头沃尔玛公司的企业服务文化是“不仅为消费者提供最好的，而且具有传奇色彩”。

首先，沃尔玛提出了“帮消费者节省每一分钱”的宗旨，而且实现了价格最便宜的承诺。为此，在早期经营中，创始人山姆·沃尔顿亲自去寻找便宜的货物，然后用车拉到店里来卖。在他的商店里，每天都有大量“超低价”的产品堆放于店面，这种极度简单的商品摆放形式给了消费者最直接的冲击，而超低的价格使它的商品得以在最短的时间内售罄。

其次，走进沃尔玛，消费者便可以亲身感受到宾至如归的周到。走进任何一间沃尔玛店，店员立刻就会出现在你面前，笑脸相迎。店内贴有这样的标语：“我们争取做到每件产品都保证让您满意！”消费者在这里购买的任何产品如果觉得不满意，可以在一个月内退还商店，并获得全部货款。沃尔玛把超一流的服务看成是自己至高无上的职责，这源于沃尔顿的成功经营法则之一：超越消费者的期望，他们就会一再光临！沃尔玛还推行“一站式”购物新概念——消费者可以在最短的时间内以最快的速度购齐所有需要的产品，正是这种快捷便利的购物方式吸引了现代消费者。

最后，沃尔玛还有许多“超值”理念，包括“日落原则”“比满意还满意的原则”“10步原则”等。“日落原则”是指当天的工作必须在当天日落之前完成，对于消费者的要求要在当天予以满足，绝不拖延。公司创始人沃尔顿对“比满意还满意的原则”的解释是，“让我们成为消费者最好的朋友，微笑着迎接光顾本店的所有消费者，尽可能提供能给予的帮助，不断改进，甚至超过消费者原来的期望”。“10步原则”是指只要消费者出现在沃尔玛员工10步距离的范围内，员工就必须主动上前打招呼，并询问是否需要什么帮助。

总之，沃尔玛的文化在于不断地了解消费者的需要，设身处地为消费者着想，最大限度地为消费者提供方便。在很多沃尔玛店内都悬挂着这样的标语：（1）消费者永远是对的；（2）消费者如有错误，请参看第一条。这是沃尔玛消费者至上原则的一个生动写照。

八、保证与承诺

保证与承诺是企业以消费者满意为导向实行的保证与承诺，目的是确保产品能够给消费者带来某种利益。例如，学校推出“不合格毕业生可退回学校”的承诺；出租汽车公司承诺：凡是气温在30℃以上时一律打开空调，如果没有打开，乘客可要求退回所有的车费，并获得面值30元的乘车证一张；汽车销售公司承诺永远公平对待每一位消费者，保证消费者在同一月份购买汽车，无论先后都是同一个价格，这样，今天购买的消费者就不用担心明天的价格会更便宜了。

又如，宜家的《商场指南》里写着：“请放心，您有14天的时间可以考虑是否退换。”

案例

睡不着我买单

位于纽约曼哈顿的本杰明酒店推出“睡不着我买单”的计划——酒店保证消费者如果无法入睡可不支付房费。该酒店在履行让消费者安睡的使命方面，可谓一丝不苟：酒店客房设在五楼以上，并安装隔音玻璃，远离了道路噪声；酒店内除设有特别定制的床垫外，还提供了十多种不同类型的枕头供消费者选择，枕头的填充物各有不同，有些以荞麦填充，有些内藏绒毛；酒店创立了睡眠礼宾司，专门解决住客的各种睡眠问题，“睡眠管家”会根据客人的个人习惯，提供最舒适的床垫、床单和被褥等床上用品；住客还可以支付额外费用享用睡前按摩服务，或吃点有助入睡的小点心。

企业提供保证与承诺可以降低消费者的风险，从而引起消费者的好感和兴趣，促进消费者的购买行为。购买安全性、可靠性越重要的商品，承诺就越重要。

例如，美容院推出“美容承诺”，并在律师的确认下与消费者签订美容服务责任书，以确保美容服务的安全性。

航空公司承诺保证航班准点，承诺当航班因非不可抗拒因素而延误、延期、取消、提前时保证补偿乘客的损失，这样便可降低乘客的心理压力，增强其对航空公司服务可靠感、安全感的信心。

延伸阅读

影响网络消费行为的营销因素

一、产品因素

（1）产品的新颖性。网上市场不同于传统市场，根据网上消费者的特征，网上销售的产品要考虑产品的新颖性，因为网上消费者以青年人为主，他们追求产品的时尚和新颖。

（2）产品的价格。价格始终对消费者有着重要的影响。在最大化收益原则的驱动下，大多数消费者在网上购物时会积极寻找优惠券，并且更愿意接受在线商家对于产品价格的直接打折优惠，而非“消费者忠诚积分项目”或礼品卡的形式。相较于有使用门槛的优惠券，比如“全场满 200 元可用”，消费者更偏好提供无门槛优惠券的电商，对其也有积极的态度以及更高的产品购买意愿。此外，在支付过程中发生未预料到的费用也会大大降低在线消费者的购买意愿。由于大部分消费者是损失厌恶型的，当网上购物者在支付环节发现有额外的费用收取，或在其他地方找到更优惠的价格时，他们就会放弃购买。

（3）产品的信息。进行网络交易，消费者无法接触产品，只能通过经营者的语言描述、图片显示等宣传广告订立合同。若经营者对产品或服务信息不完全公开，易导致消费者误解，甚至害怕遭受欺诈。为此，电商在销售产品或提供服务时必须告知消费者真实信息，内容应包括以下几个方面：生产者、产地；生产日期、有效期；价格、用途、性能、规格、等级、主要成分；检验合格证明、质量证明；使用说明书、售后服务。对可能危及人身或财产安全的产品或服务，要特别加以说明；对于经常出现在 C2C 交易模式中的二手产品，经营者应当告知消费者该二手产品购买新品的时间、已经使用的时间、外观完好程度、性能完好程度等事项。

二、网站因素

（1）网站的知名度。随着互联网的发展，各种类型的购物网站层出不穷，这虽然给消费者提供了更多的选择，但也增加了消费者的搜索成本，而且还给某些欺诈性的购物网站提供了机会。调查发现，购物网站的知名度与消费者的感知利益呈正相关关系，与感知风险呈负相关关系，即知名度越高的网站，消费者购物所获得的满足感就越强，感知的风险也越低。

（2）网页的设计。设计美观的网页往往可以一下子吸引消费者的眼球，使某些信息搜寻者转化为实际购买者；而网页使用的方便性则可以减少消费者的时间成本，提高其购物的感知利益。

（3）网站的易用性。对于在线消费者而言，网站最重要的属性之一就是易于使用。便利的操作方式会使消费者用更少的时间、有更多的耐心来浏览页面，找到自己心仪的产品。数据显示，提升网站的可用性，比如升级网站导航和信息流，可以带来 83% 的投资回报；在支付页面删除强制注册的要求之后，消费者满意度可以提升 45%。

（4）网站的登录速度。网站的登录速度直接影响在线消费者的访问意愿。调查数据显示，73% 的移动互联网用户一旦遇到网站速度过慢，就不再继续访问；近 65% 的消费者表示，如果一个网站的登录时间超过 3 秒，他们就会离开。亚马逊的数据显示，它的网站页面加载时间每增加 100 毫秒，销售量就会下降 1%；网站加载时间每增加一秒，消费者满意度就会下跌 7%。

（5）网站对移动设备的支持。如今，鉴于智能手机、平板电脑便捷性、灵活性和易操作的特点，越来越多的在线消费者选择使用移动端网上购物。大多数在线消费者表示会使用移动设备搜索价格更优惠的产品，或在自己的移动设备上兑换优惠券。调查数据显示，如果某电商网站不支持移动设备，75% 拥有智能手机的在线消费者便会放弃访问该网站。

（6）网站的安全可靠性。第一，支付。网络购物与传统营销购物不同，在网上消费一般需要先付款后送货，这种购物方式决定了网络购物的安全性、可靠性很重要。支付的安全性直接影响在线消费者的购买意愿。增加安全认证可以降低在线消费者的不确定性和购物风险，进而才能提高销量。调查数据显示，大多数网上消费者认为，如果电商网站没有安全认证，他们就不会选择在上面购物。第二，隐私。由于目前系统设备功能不健全、数据传输风险、网络管理隐患、交易风险、黑客攻击、病毒攻击等网络安全事件频发，虽然政府出台了《网络安全保护管理办法》《计算机信息系统安全保护条例》等一系列法律法规，然而，网络安全问题千变万化，法律法规无法面面俱到，而有些企业应对网络安全风险的能力有限。因此，隐私保护成为影响消费者购买意愿的因素之一。为此，电商对网上购物的各个环节都必须加强安全和控制措施，保护消费者购物过程的信息传递安全和个人隐私，以树立消费者对网站的信心。企业应从以下两个方面完善网络环境下隐私侵犯问题：其一，借助先进的网络安全技术，增强消费者隐私保护的技术水平，为消费者营造一个安全无忧的购物环境，避免类似携程网遭黑客攻击事件造成的损害消费者利益的事件发生；其二，应遵守隐私政策、法律和自身发布的隐私保护声明，杜绝为了商业利益恶意获取和传播用户隐私的行为。

三、服务因素

在线购物的服务因素包括网站的消费者服务、退货政策、免费物流等，这些服务因素以不同的方式影响着在线消费者的购买决策。

（1）消费者服务。消费者服务是联结消费者与网站的重要纽带，是帮助消费者解决网上购物过程中的疑问和困难，促进最终购买决策和后续再次购买的关键因素。糟糕的服务体验会直接导致消费者不再访问。

（2）退货服务。由于网上购物限制了在线消费者与产品之间的接触体验，消费者只能根据网上已有的信息做出购买决策，这使很多在线消费者在拿到实体产品后发现实际与预期之间的差异太大而无法使用，这就涉及退货问题。网站的免费退货服务在很大程度上影响着在线消费者的购买意愿和购后满意度。调查显示，大多数消费者会在网上购物之前先查看电商的退货政策，如果电商提供免费的退货政策，消费者就会购买更多的产品。

（3）物流因素。随着网上购物的进一步发展与应用，物流配送的重要性对网上购物的影响日益明显。在电子商务环境下，消费者上网浏览后，通过轻松点击完成了网上购物，但所购货物迟迟不能送到手中，甚至出现了送错货物的现象，其结果就是消费者只能放弃电子商务、放弃网上购物，选择更为安全可靠的传统购物方式。此外，物流费用是独立于产品本身价值之外的额外费用，因此，消费者在心理账户中会将其标为不必要的其他支出，从而对消费者的购买意愿产生负面影响。如今，无条件免费物流是消费者购物的第一准则。调查数据显示，当购物网站提供免费物流服务时，在线消费者的购物金额会更高，并且当发现电商网站不提供免费物流时，47%的消费者会放弃购买。

第二节 » 价格

对消费者而言，价格不是利益的载体，而是代表一种牺牲，是消费者为获得某项产品而要付出的经济代价。因此，价格既可能表达企业对消费者的关心，也可能给消费者以利欲熏心的感觉。那么，价格如何影响消费者行为？消费者有什么样的价格心理？不同的价格策略会对消费者行为产生什么影响？

一、价格对消费者行为的影响

1. 价格影响消费力与消费欲望

企业制定的价格是否合理将在很大程度上影响消费者的购买力，影响消费者是否决定购买，影响消费量。一般来说，产品或服务价格高或者上涨就会抑制消费，引起需求量下降，而产品或服务价格低或者下降就会增加需求量，刺激消费。

当然，有时情况相反，如当房价上涨时，可能使消费者预期未来价格将继续上升，从而增加需求量；反之，则预计未来价格将继续下跌，而减少需求量，即存在“买涨不买跌”的心理。

案例

贝贝尿布的定价

“贝贝”一次性尿布在试销过程中曾经定价为 10 美分一片，预计销售 4 亿片。但试销的结果只及预计销量的一半，很不理想。后经过进一步分析，发现虽然消费者很欢迎这种产品，但 10 美分一片太贵了，很多家庭只有在带孩子旅游或参加宴会时才舍得使用。最后，企业通过成本分析，找到了节约单位成本的途径，将售价由每片 10 美分降到每片 6 美分，再度投放市场时销售量巨增，美国一半以上的婴儿用上了这种名为“贝贝”的一次性尿布。

2. 价格影响消费者对消费品的判断

价格是一个可以被感知的信息线索，当消费者没有其他信息可以依赖时，常常把价格当作产品档次高低、质量好坏的指示器，来帮助他们做出选择，会认为“一分钱一分货”“便宜没好货”“好货不便宜”。所以，便宜的价格不一定能促进消费者购买，相反可能会使其产生对产品或服务质量的怀疑。

有一些消费者把消费高价产品或服务与社会地位、经济收入、文化修养等联系在一起，认为消费高价格的产品或服务可以显示自己优越的社会地位、丰厚的经济收入和高雅的文化修养，可以博得别人的尊敬，并以此为满足；价格便宜的产品或服务则相反。因此，珠宝首饰、古董等奢侈品以及高消费的服务，价格越低，需求量可能会越小。

二、消费者的价格心理

价格心理是指消费者对产品或服务的价格做出的一种心理反应，是消费者产生购买行为的重要影响因素。价格心理反映消费者对价格的理解。

1. 习惯性

反复的购买活动会使消费者对某种产品或服务的价格形成大致的概念，这种价格也叫习惯价格。消费者判断频繁购买的产品或服务价格的高低，往往以习惯价格为标准。在习惯价格以内的价格，消费者就认为是合理的、正常的，价格超过上限则认为偏贵，价格低于下限则会对质量产生怀疑。

2. 敏感性

消费者对产品或服务价格的心理反应强弱程度与该产品或服务价格变动幅度的大小通常按同方向变化，但有些产品或服务即使价格调整幅度很大，消费者也不会产生强烈的心理反应。造成这种差异的原因是消费者对各种产品或服务价格变动的敏感性不同。一般来说，消费者对需要经常购买的日用品价格变动很敏感，对购买次数少的高档消费品价格变动则比较迟钝。

3. 感受性

消费者对产品或服务价格高低的判断不完全以绝对价格为标准，还受其他因素的影响，如产品的类别、轻重、大小、品牌、包装、色彩、使用价值、社会价值、服务体验、售货场所等。由于这些刺激因素造成的错觉，虽然有的产品或服务绝对价格高一些，但消费者仍然会觉得便宜；而有的产品或服务绝对价格低一些，消费者却仍然会觉得很贵。

例如，打折后的奢侈品，即使销售价格高，消费者也会觉得便宜；而涨价后的日用品，即使价格很低，但消费者也会觉得贵。

又如，航空旅客在购买机票时，往往容易受到低成本航空公司廉价机票的影响，对于价格敏感的旅客可能会选择低成本航空公司价格较低的机票。但当旅客抵达机场后，大多得另外支付行李托运费、餐食费等，同时登机后还要感受拥挤的座椅和空间。而全服务型航空公司虽然票价相对较高，但基本无附加费用，且乘机体验度相对较好。两种乘机感受进行对比，旅客可能会对机票价格的高低重新认识。

4. 倾向性

消费者对产品或服务价格的选择倾向或为高价，或为低价。前者多为经济状况较好，怀有显贵动机及炫耀心理的消费者；后者多属经济状况一般，怀有求实惠动机的消费者。

应当指出的是，不同消费者会有不同的价格心理，这是因为不同消费者的生活经验、经济条件、知觉程度、心理特征等有着不同程度的差异，他们对价格的认识及心理反应自然千差万别。

知识扩展

消费者对价格变动的反应

价格的变动与调整是企业常用的定价策略，但是对消费者来说，价格的变动则不是稀松平常的事，他们对价格的变动往往会有不同的理解和反应。

首先，消费者对价格变动的理解。消费者对降价行为可能会这样理解：这种产品的式样过时了，将被新型产品所代替；这种产品有某些缺点，销售不畅；企业财务困难，难以继续经营下去，价格还要进一步下跌，观望是划算的。消费者对于提价行为可能会这样理解：这种产品很畅销，很有价值，不赶快买就买不到了——正是由于消费者存在上述心理，而出现买涨不买跌、追涨杀跌的现象；企业想尽量取得更多利润。

其次，消费者可接受价格变动的上下限。消费者对产品的心理价格上下各有一个界限，在一定范围内的价格变动是可以被消费者接受的，否则将不被接受。例如，提价幅度过大，超过可接受价格的上限，则会引起消费者不满，产生抵触情绪，而不愿购买企业的产品；降价幅度过大，低于下限，会导致消费者的种种怀疑，也对实际购买行为产生抑制作用。

将价格调整到界限外易被消费者注意，在界限内调整往往被消费者忽视。因此，在上限内一点点提价比一下子提到上限更易被接受，一次性降到下限比多次小幅度降价效果好。

在产品的知名度提高、价格连续上涨、消费者收入增加、通货膨胀等条件下，消费者可接受的产品价格上限会提高。

当竞争者进入市场后，消费者获得产品信息的机会增多，对产品质量有了明确认识以及通货紧缩等条件下，消费者可接受的产品价格下限就会降低。

最后，消费者对产品价格变动的感受更多取决于变动的百分比而非绝对值。

延伸阅读

降价策略

在现实生活中，商家的降价往往会使消费者持币待购，即“越降价越不买”。针对这种心理，降价应采用如下策略。

一是充分说明降价理由，让消费者感到理由充分，属于企业让利，自己确实得到实惠。

二是把握好降价的时机和幅度，真正激发消费者的购买欲望。

三是坚持一次性降价，以防消费者“买涨不买跌”，期待进一步降价。实践证明，产品降价过于频繁会造成消费者对降价不切实际的心理预期，或对产品的正常价格产生不信任感。

四是降价幅度要适宜。降价幅度应足以吸引消费者购买。幅度过小，激发不起消费者的购买欲望；幅度过大，或造成消费者对产品质量的怀疑。经验表明，降价10%～30%有利于刺激消费者购买；降价超过50%时，消费者的疑虑会显著增加。

三、不同价格策略对消费者行为的影响

（一）低价策略对消费者行为的影响

低价策略就是企业对产品的定价偏低一些，由于降低了消费门槛，一般来说有利于吸引消费者的购买。例如，德国的阿尔迪超市凭借其绝对低价击败了沃尔玛。相对于沃尔玛“超级购物中心”的15万种卖品，一家典型的阿尔迪超市只有约700种卖品，全是少得不能再少的生活必需品，大大降低了物流成本，并让阿尔迪与供货商就品质控制和价格谈判时处于绝对优势。每个阿尔迪连锁店内一般只有4～5名服务人员，收银员兼任理货员，根据消费者排队人数，灵活改变服务角色。因此，其经营成本大幅度下降，由于质优价廉而获得消费者的青睐。

案例

美国西南航空公司定位廉价航空

美国西南航空公司为了与其他航空公司进行差别化竞争，将目标市场定位在对航空票价敏感的低端市场上，提供经常性的相对短途的美国国内航班。飞机上不设商务舱和头等舱，而且对航空服务进行了一系列的简化——乘客到了机场的候客厅后，不给安排座位，乘客要像坐公共汽车那样去排队，上了飞机后乘客要自己找座位，如果你到得很早，可能会找到一个好座位；如果你到得晚，就很可能坐在厕所边。飞机上也不供应餐饮，但乘客一坐下就可以听非常幽默的笑话，直到飞机降落，一路上轻松开心。

西南航空公司的这种“节约”服务，对收入低、消费低的人士有很大的吸引力，因为可以用极低的价格乘坐飞机。但对于收入不低的白领人士来说，就不适合了——他们不太在乎机票价格，但需要较好的航空服务，他们受不了要自己去“抢”座位。另外，他们上飞机后往往要想问题、做事情或休息，不喜欢吵吵嚷嚷的……因此，在美国，中产阶级、官员及商界名人很少愿意乘坐西南航空公司的航班。不过，这正是西南航空公司所追求的效果，它很清楚自己的服务对象。公司总裁在电视上说：“如果

你对我们提供的服务感到不满，那么非常抱歉地告诉你，你不是我们服务的目标市场，我们不会因为你的抱怨而改变我们的服务方式。如果你认为我们的服务令你感到不满的话，你可以去乘坐其他航空公司的飞机。当你感觉需要我们服务的时候，欢迎你再次乘坐西南航空公司的航班。”

（二）高价对消费者行为的影响

一般来说，价格越高，对消费者的推力越大，即可能把大多数消费者从该产品的购买者行列中推出去。但是，高价策略可树立产品的高档形象，这是因为有些消费者往往以价格高低来判断产品的质量，认为高价位代表高质量。例如，高档的汽车、别墅、西服、香水、高级酒店、著名医院等。

例如，百达翡丽的手表，在同样镶钻或者参数近似的情况下，价格却要比别的品牌高上不少，但它依旧可以在手表年度销售品牌中位列前茅，坐拥“表王”称号。

又如，为满足特定人群的需要，航空公司推出价格昂贵的公务机服务、洲际航线的头等舱服务、国内干线的超级经济舱服务等产品，用以满足价格敏感度低、能够提升自己声望或满足自己身份象征的旅客。

（三）打包定价对消费者行为的影响

打包定价策略是将消费者需要多次购买的产品与服务标注打包价格，让消费者一次付清，如健身中心推出年卡，消费者一次性打入一定金额后，一年内可以不用再缴费。

打包定价策略往往给出了相对具有吸引力的价格——比较实惠，并且免除了消费者多次付款的烦恼，而受到消费者的欢迎。

例如，计算机维护，不管一年中硬件出现多少次故障，企业都收取固定的包年费用，而使消费者感到经济实惠，免除后顾之忧。又如，电信公司推出宽带包月收费，每月收取一定的固定费用，消费者就可以不限时上网，甚至不计流量。

（四）差别定价对消费者行为的影响

差别定价，也叫价格歧视，就是企业按照不同的价格销售产品。差别定价可分为消费者差别定价、产品差别定价等。差别定价由于照顾到不同消费者的不同需求而被消费者所接受。

1. 消费者差别定价

消费者差别定价即企业按照不同的价格把产品销售给不同的消费者。

例如，对保险公司来说，由于消费者情况迥异，有年龄、健康、风险等的差别，几乎没有哪两个消费者的成本是一样的，所以保险公司可为不同消费者制定不同的价格。

同样，银行贷款利率也可以因贷款者的类型、风险、信誉的不同而不同。

又如，乘坐飞机外出旅行的乘客可以划分为两类：一类是商务旅行的乘客，他们对机票的价格不敏感，而对时间很在意；另一类是一般休闲旅游的乘客，他们对价格比较敏感，而对时间的要求具有一定的灵活性。

同样，汽车租赁公司可以对“生意人”和“旅游者”的租车制定不同的价格——“生意人”对价格不敏感，但很看重时间，而“旅游者”对价格敏感，但对时间并不太在乎。

有的企业为了承担社会责任或树立公益形象，也会向某些特殊消费者提供优惠价格，而受到社会的普遍欢迎。例如，航空公司每年寒暑假向教师和学生提供优惠票价；公交车对老年人不收费，而对学生收取半价，对其他人则收全价。

2. 产品差别定价

消费者对产品的需求往往有所不同，为此，企业可以按照不同的产品来制定不同的价格，如不同的季节、不同的时期、不同的日期、不同的钟点的产品定价不同，其优点是将不同层次的消费需求考虑进来，消费者可以根据自己的需求购买。

例如，在旅游淡季时，旅游景点可将其门票改为低价，或允许使用折扣价、优惠价等，以吸引游客。

又如，人们习惯于在节假日和晚上唱歌、跳舞、看电影，因此，企业可以把节假日和晚上的价格定得比平时和白天高些，以促进平时和白天的消费。

再如，医院的专家门诊比普通门诊收费高，律师事务所的知名律师比普通律师收费高。

 案例

开场打折

北京音乐厅推出“开场打折”的措施，即无论什么音乐会，也无论日场或夜场，只要一到开场时间，售票大厅的电脑便会以半价自动售票。这项措施吸引了大量的对价格敏感的消费者（只要少看那么一小会儿，就可以打很低的折扣——合算），音乐厅的上座率大幅度增加。这种限时售票打折的做法，在国外是常有的事，一般当天购票可享受七八折，演出前一小时购票可享受五折，演出开始后购票享受更低的折扣。

（五）结果定价对消费者行为的影响

对消费者来说，产品或服务的价值取决于产品或服务的功效，因此，企业可以根据产品或服务的最终结果进行定价，即保证消费者得到某种效用后再付款。

结果定价是企业向消费者提出的一种保证，它象征着企业有义务也有能力帮助消费者达到某种结果，这有利于消除消费者对产品或服务的疑虑，增强消费者对产品或服务的信心。

例如，职业介绍所推出“等到当事人获得了适当的工作职位后才收取费用”的承诺，这样就可以吸引求职者放心、大胆地来接受职业介绍所的服务。又如，律师和委托人约定，在案件审理结果出来之后才收费，并为各种可能的审理结果设定不同的收费标准，甚至约定如果发生最不利的审理结果就不收任何费用。

（六）招徕定价对消费者行为的影响

招徕定价是利用部分消费者求廉的心理，将某种产品的价格定得较低以吸引消费者，而消费者在采购了廉价产品后，还往往会选购其他正常价格的产品，从而促进企业的销售。

有些商家会随机推出降价产品，每天、每时都有一至两种产品降价出售，以吸引消费者经常来采购廉价产品，同时也选购其他正常价格的产品。

一般而言，企业会将那些消费者购买频率高、单价低的产品定成低价。

例如，超市为了吸引更多的消费者光顾，而把一些广大消费者熟悉的日用消费品的价格定得很低。

（七）整数定价对消费者行为的影响

整数定价是企业利用消费者仰慕名牌产品或服务的心理，将产品或服务的价格以整数定价，这样可以满足消费者对消费高价产品或服务的心理需求，吸引对质量敏感而对价格不敏感的消费者。对于那些质量、等级不易鉴别的产品，最适宜采用此种定价策略。

例如，高档酒店推出一桌宴席的价格是 3 000 元、5 000 元，就是这种方法的运用。

（八）尾数定价对消费者行为的影响

尾数定价是指在定价时，取尾数而不取整数，使消费者购买时在心理上产生便宜的感觉。

一般来说，带有尾数的价格不但使消费者产生价格较低廉、没有水分的感觉，还能使消费者产生卖主定价认真、作风严谨的印象——有尾数的价格是经过认真的成本核算才得出的结果。这样，就容易使消费者对定价产生信任感，从而吸引消费者的购买。例如，198 元感觉上就是 100 多元，201 元感觉上就是 200 多元；9.9 元和 10 元，只有 0.1 元之差，但在消费者的感觉中，可是十元以下和十元之间的差别。

根据一些心理学家的调查，相对多数的消费者习惯上乐于接受有尾数的价格，而不喜欢整数价格。不过，也应当看到，如今越来越多的人在看到 9.9 元、9.8 元的价格标签后会自动将其理解为 10 元，并且让消费者产生商家刻意为之的感觉，当这层窗户纸被捅破以后，消费者容易产生怀疑，而商家也可能被贴上不真诚的标签。相反，一些看似没有规律的数字，反倒更像是精准定价。

（九）吉利数字定价对消费者行为的影响

吉利数字定价是依据消费者对价格数字的敏感程度和不同联想而采取的定价技巧。

例如，某商业银行推出一款理财产品，投资期限为 365 天，预期年化收益率为 5.8%，投资门槛为 11.88 万元。365 的意思是“天天”，5.8 的谐音是“我发”，11.88 的谐音是“要要发发”，连起来就是“天天我发，要要发发”。

像 6、8、9 这几个数字都被认为比较吉利、招人喜欢，所以，有的酒店推出的宴席价格为：一路顺风 666 元 / 桌，恭喜发财 888 元 / 桌等，来吸引消费者的光顾。

（十）分档定价与折中定价对消费者行为的影响

曾经有一家电器商场，产品种类不少，价格也公道合理，但它的销售不佳，后来商场将部分相对好的品种价格抬高，部分相对差的品种价格降低，结果竟然出乎意料地畅销。原因是，当各品种价格产生明显的差异时，消费者的目标会更明确，清楚是要买质量好的还是廉价的。

商场实行这样的分档定价后，价格居中的产品销售最好，其次是价格较高的，价格较低的产品销售额也有小幅提高。原来，人们往往会认为价格居中的产品是兼具价格与质量的——中间选项能让消费者感到安全，不至于犯下严重的决策错误。对此，商家可以把不是主销的高端产品的价格定得略高，这样在消费者的心中就有了一个参考对比价格，而把主销产品设定为中间选项，这样在高价产品的对比下，主销产品就显得性价比高，有吸引力。

（十一）消费者自主定价对消费者行为的影响

自主定价即企业让消费者自己对产品进行定价，也就是让消费者自愿付费。

自主定价策略给一部分消费者提供了显示自己体面的机会——出于面子的考虑，他们一般也会出手大方，付出比正常价格高的费用。

案例

自愿付费

伦敦的一家叫作“Just Around the Corner”的餐厅执行着一种特别的定价法：消费者自己觉得这顿饭值多少就付多少。这个办法自从 1986 年开始实施以来一直非常成功，大多数消费者付费都高出餐厅自己的定价。三道菜的正餐消费者平均付费 25 英镑（约 41 美元），但是一些消费者加倍支付用餐费用。“一个晚上，四位消费者用过一顿价值不到 200 美元的晚餐后，递过来 1 000 美元。他们问这是否够了。”餐厅老板迈克尔·瓦萨斯（Michael Vasos）说，“我的这家餐厅要比其他四家店赚得多。”他认为他的餐厅和其定价策略的成功要归功于其消费者的慷慨大方。

（十二）关系定价对消费者行为的影响

关系定价是企业给予关系消费者（如会员）一定优惠价格的策略，其目的是发展和巩固与消费者的关系。

比较典型的关系定价形式是会员制，它给会员一定的价格优惠。会员消费者可以凭借其会员身份享受一定的价格折扣，从而使企业由于同消费者建立了长期交易关系而获得持续的稳定收入，降低经营风险。

例如，上海华联商厦对持有“会员卡”的消费者在商厦购物给予一定的折扣，并根据消费的金额自动为其累计积分。会员还可通过电话订购商厦的各种产品，不论大小，市区内全部免费送货上门，对电视机、音响等产品免费上门进行调试，礼品实行免费包扎。会员生日还能收到商厦的祝福贺卡及小礼物。

（十三）免费定价

顾名思义，免费定价就是将产品或服务免费赠送给消费者。

免费定价起源于 17 世纪新奥尔良的一家酒店，其免费提供啤酒供顾客堂食，该行为看似减少了一大笔收入，但食品的销售额却蒸蒸日上。其原因是不少客人会奔着免费啤酒来就餐，但在喝酒的同时又不可避免要点一些食物。这种通过啤酒免费供应来增加食物收入无疑是一种成功的做法。

免费定价可以完全消除消费者顾虑，白拿谁会不乐意呢？消费者会抱着“不管东西好不好反正不亏”的心态。因此，免费定价最大的好处就是“药效重”，能够迅速吸引消费者。

第三节 » 分销

分销一般是指产品从生产者流向消费者或用户所经过的渠道。

由于生产者与消费者之间存在时间、地点等多方面的差异和矛盾，企业生产的产品只有通过一定的分销渠道，才能在适当的时间、地点，以适当的价格、数量、品种、信息和方式供应给消费者，从而克服生产者与消费者之间的矛盾。

因此，分销策略显然会影响消费者行为，一般来说，消费者会倾向于通过便利性和舒适性的分销渠道来购买产品。目前，分销渠道可分为网下分销和网上分销。

一、网下分销

古语“一步差三市”，说的是开店地址差一步就有可能差三成的买卖，还有人说，正确的选址是成功的一半。因此，店面位置是否便利消费者，是否有足够大的停车场所，是否有便利的公共交通路线……都是消费者是否光顾店面的重要因素。

世界知名品牌麦当劳、肯德基每开设一家分店都要事先进行深入的调查研究和论证，并逐步形成了一套科学化的选址程序。其对店址潜在商业价值的判断力，是保证开连锁店成功率较高的重要原因。

毋庸置疑的是，企业的分销网店多、形象好、服务好，自然会容易受到消费者的喜欢和光顾。当然，不同的消费者可能喜欢到不同的地方购物。以购买服装为例，有的消费者喜欢到专卖店购买，有的消费者喜欢到大型商场或大型百货店购买，还有的消费者则喜欢通过网上平台购买。

案例

街电的分销

深圳街电科技有限公司成立于2015年，主营“街电”城市移动电源租借服务，是共享充电宝行业的佼佼者。

街电往往与城市热门商圈的商场、商户等公共场所合作，在合作商户放置充电箱设备，为店内外消费的消费者提供移动电源租借服务。截至2019年，街电覆盖城市超过300座，用户规模过亿，日峰值订单量突破180万。用户可以通过微信街电小程序、支付宝街电服务、街电App中的LBS地理位置定位查看附近的街电设置点，再跟随地图导航即可找到街电网点。用户只需要扫描机箱上的二维码，根据提示操作即可借出移动电源为手机充电。

用户芝麻信用分600分以上即可“免押金”借用街电共享充电宝，信用分不足600亦可支付99元押金进行租借。租借的充电宝前半小时免费使用，超过1小时后1元/小时，10元当日封顶。交押金的用户将充电宝成功归还后，押金可随时提现并退回账户。

不同于传统的“守充”，街电让用户可以随身充电——街电的用户借出移动电源后可以立即离开充电箱，将充电宝拿在手中或带在身上为手机充电，用完后就近找充电箱归还即可，从终端彻底解决人们出门在外手机充电的痛点。该产品绿色环保、功能时尚、随借随还，提升了用户的出行品质。

二、网上分销

随着信息技术的成熟与互联网的蓬勃发展，网上分销渠道应运而生。显然，网上分销渠道可大大提高消费者购物的便利性，极大地解放了消费者繁杂的现场挑选购物时间，网络购物成为消费的重要方式和渠道，使购买活动更加便捷高效，也更具吸引力，刺激消费者产生更大的消费欲望。

网络购物是指消费者通过网络（购物网站）向供应商购买产品或享受服务，包含B2C和C2C电子商务模式。消费者浏览网上产品，比较、选择其满意的产品或服务，通过网络下订单，进行网上付款或离线付款，从而完成整个网络购物的过程。

网络购物方式降低了消费者的信息搜索成本，消费者在购物过程中，可以通过官方网站、行业频道、专业评论等渠道，获取更直接、更全面、更专业的信息，也可以参看已经购买的消费者的评价作为依据，通过反复比较选择最符合自己需求的产品，确保购买决策的正确性。以往消费者需要花费大块休闲时间去实体店里购物，如今只需要用工作的间歇时间就可以迅速完成网上选择和购物支付环节，缩短了购物的时间和流程。电商平台提供的送货上门、在线支付、7天无理由退换等服务使网上购物越来越贴近人们的生活。另外，支付方式更快捷，网络消费通过App直接转账就可以实现消费，不需要使用现金，没有

假币以及找零的烦恼。因此，很多消费者都不再去实体店购物，而热衷于在网上购物。可以说，从渠道到支付再到供应链和物流等，消费的每一环节都发生了重大转变，并赋予了消费者便利和主动权。

网站上的产品品类繁多，门类齐全，应有尽有，扩大了消费者对产品选择的余地和范围。在日常生活中，大到家居用品如电视机、电脑、空调、冰箱、洗衣机等，小到日常生活必需品如衣服、鞋帽、袜子等，甚至是学生的学习用品，都可以在网络上进行购买，只要消费者找到合适的产品，鼠标轻轻一点，交易就可以完成，等着快递送货上门就行。若市场上的产品不能满足其需求，他们会主动向厂商表达自己的想法，自觉不自觉地参与到企业的新产品开发等活动中来，这同以前消费者的被动接受产品形成鲜明对照。此外，互联网还推动了个性化消费的发展——通过网络下单私人定制物品，拓展了消费的深度。

曾几何时，网络购物是受年轻人青睐的购物方式，甚至成为一种时尚。而现在，网络购物已经不分年龄大小，成为更多消费者的购物选择方式，成为一种常态化的购买行为。互联网凭借便利、自由、灵活、及时的优点，极大地激发了消费者的日常消费能力。基于网络技术的消费总量不断攀升，每年度的“双十一”“双十二”网络购物的成交额轻易突破千亿，就是最好的例证。

延伸阅读

网络购物消费者的特点

一般来说，网络用户的使用者多属于年轻的、受过现代高等教育的高学历者，他们的受教育程度高，经济条件一般较好。当然，随着互联网的发展，中低收入群体、中老年群体上网的比例有逐渐增加的趋势。

另外，网络购物在女性网民中的普及率和深入程度均高于男性。随着网络购物商业模式和产品种类日趋丰富，人们通过网络购买的产品也从图书音响、数码电子类产品向生活家居类产品扩展，这可能是女性网民在网购人群中比例迅速提高的重要原因。尽管女性青睐于网络购物，但是她们对于网络购物的担忧却普遍高于男性。

案例

网上保险

保险公司为了吸引和方便消费者购买保险，面对新的市场情况和技术情况，开通了网上保险等形式来提供服务。网上保险是指保险公司利用互联网和电子商务技术来支持保险营销行为，实现网上投保，因此也被称为保险电子商务。

网上保险的优势主要表现在以下几个方面。

首先，网上保险不受时间和空间的限制，拓宽了保险业务的展业时间和展业空间，而且使保险公司有可能全天候地与全球任意一个营销对象联系。

其次，保险公司可以在网上向全球宣传、介绍本公司以提高知名度，投保人则可以浏览多家保险公司及产品，从而进行多角度、多层面的比较和选择。

再次，网上保险可以简化交易过程——只需动动鼠标和键盘就可轻松完成投保，使用网络转账交付保费，免去了去银行交现金之苦，省时省力。而对保险公司而言，网站后期的维护成本也远远低于设立营业网点的销售成本和广告宣传成本。

最后，网上保险可拉近投保人与保险公司的距离，免除投保人与代理人打交道的烦恼，有效地避免了由于信息缺失或失真造成的盲目性投保和易受误导的现象，使投保人能够在无外力影响的情况下自主选择保险，避免了人情投保、从众投保等不成熟消费现象的发生。另外，网上保险还最大限度地避免了第三者的知悉和传播，加强了隐秘性。

移动互联网是利用移动设备接入互联网络的方式，将移动通信与互联网进行融合。移动互联网既可以“随时、随地、随身”，又可以“分享、开放、互动”，从而降低了人们在查找信息和进行信息交流时所付出的代价，这些代价包括时间、精力和金钱等各方面，可以使消费者享受到更加便利、快捷、满意的服务。通过移动社交化的信息分享，位置信息服务的应用，以及移动支付的便利，能够有效提高服务消费者的水准。

例如，医生可以通过移动网络对病人进行会诊，提出治疗方案，甚至还可以通过远程技术为远距离的病人做手术。

又如，互联网使传统的师生面对面教学的课堂模式不再是一种必然，课堂的规模不再受到课室大小的限制，同时，社交网络技术的发展和完善，也解决了在线教育师生之间难以交流、教学效果差的难题。而基于移动终端的特性，消费者可以用碎片化时间进行沉浸式学习，大数据、云技术等也为在线教育在挖掘消费者需求、提供个性服务等方面的创新提供了很大的可能性。

案例

“互联网+旅游”

互联网背景下旅游服务在线化、去中介化特征越来越明显，自助游成为主流，基于旅游的互联网体验社会化分享有很大发展空间。

第一代在线旅游企业，以携程、艺龙等企业为代表，促进了中国在线旅游以“机票酒店”商旅为主的市场的发展。这类网站搭建了消费者与航空公司、酒店之间的桥梁，提供中介服务，为消费者提供机票、酒店预订服务。

第二代在线旅游企业，以去哪儿、酷讯等企业为代表，以低价格促进了以休闲为代表的在线机票、在线酒店市场的发展，这类企业也是垂直搜索网站，以提供信息搜索服务为主营业务，向消费者提供包括实时价格和产品信息在内的搜索结果。

第三代在线旅游企业是旅游信息提供者，包括具有特色的单一主题旅游网站（如中国古镇网、中国景点网）、旅游点评类网站（如到到网、驴评网），以及以提供旅游攻略为主的网站（如蚂蜂窝、穷游网等）。

总之，随着信息技术和自动化技术的不断普及，网络技术在产品或服务分销中的运用越来越广泛，大大提高了产品或服务的可获得性。但是，应当明确的是，有些消费者也许有动力来接受网上分销，也有一些消费者仍然喜欢传统的分销渠道。

 案例

屈臣氏的分销

2018 年，屈臣氏业务遍布 24 个国家和地区，共经营超过 12 000 间零售商店，聘用 117 000 名员工。集团涉及的商品包括保健产品、美容产品、香水、化妆品、日用、食品、饮品、电子产品、洋酒及机场零售业务。屈臣氏的网下分销和网上分销给消费者带来了极大的便利。

2018 年，屈臣氏在中国 400 多个城市拥有超过 3 200 家店铺和逾 6 400 万会员，是中国最大的保健及美容产品零售连锁店。除了中国之外，屈臣氏在新加坡、马来西亚、泰国、菲律宾、韩国等国家和地区也有门店，屈臣氏的零售业务在亚太地区是数一数二的。为了能接近更多的消费者，屈臣氏还将一部分门店设在一些大型的购物中心内，这种旗舰店与普通店并举的策略，唤起了消费者对屈臣氏品牌的认识，强化了其品牌形象。

2018 年 11 月，屈臣氏在微信端建立了小程序“屈臣氏小店”。屈臣氏小店是新型社交电商平台，消费者可向社交媒体上的朋友推荐及销售屈臣氏产品，还可分享门店购物的体验。屈臣氏小店主打美妆产品、护肤产品和日常生活用品。根据官方提示，小店中的商品是三仓发货。消费者可直接在微信端下单，平台会根据收货地址选择最近的仓库发货。

第四节 » 促销

一般来说，产品的知名度越高，消费者对企业的产品越了解，选择该产品的可能性就

越高。因此，企业应当积极将产品信息传递给消费者，这样才能引起消费者的关注，才有可能产生购买欲望。

促销是指企业通过人员推销、广告、公共关系和销售促进等促销方式，向消费者传播产品的信息，以引起他们的注意和兴趣，激发他们的购买欲望和购买行为的活动。

例如，医疗专家的号召力与影响力大，医院应当积极向社会展示本院专家的医疗成果和高尚医德。其次，医院可以做有质量有内涵的视听广告，通过电视、广播、报纸、互联网向社会加以宣传，让整个社会对自己医院的规模、专家、专科特色、技术水平及提供的优质服务家喻户晓。最后，由于医院的社会知名度和公众美誉度直接关系到就医者的选择取向，因此医院需注重品牌推广和形象宣传，高度重视与新闻媒体、政府及社区的关系，以塑造医院良好的形象。

一、人员推销

推销人员可向消费者介绍企业的现状，以及产品的特点、价格等信息，还可与消费者直接对话，进行信息的双向沟通，并且可以直接观察消费者的态度和反应，再根据消费者的特点、态度和反应调整推销策略，答复和解决消费者提出的问题，及时消除消费者的疑虑和不满，针对性强，容易促成消费者的购买。

例如，北京市王府井百货大楼优秀营业员张秉贵以“一团火”精神热心为消费者服务，创立了闻名全国的“张秉贵品牌”，大大提高了王府井百货大楼的知名度和美誉度，给百货大楼创造了巨大的经济效益和社会效益，许多消费者就是奔着张秉贵到王府井百货大楼来消费的。

又如，上海华联商厦的“照相机状元”王震以“知识服务”著称，可以“百问不倒”，当消费者有疑问时，他还可以帮助消费者查阅历史资料、图片资料、技术资料，获得他们所需要的信息。在照相机柜台的另一边，他开设了一个经典相机收藏阁。无论价格再昂贵的照相机，无论购买与否，当消费者提出要求，王震就会从口袋里掏出白手套。消费者戴上白手套后便可自由地操作那些昂贵的相机，白手套缩短了营业员与消费者之间的距离。这吸引了众多消费者到上海华联商厦购买相机。

再如，NBA 虽是铁打的营盘，但 NBA 球员的进出和转会使之成为活水。NBA 有属于自己的巨星，“魔术师”约翰逊、“大鸟”伯德和“飞人”乔丹在这样的背景下走上 NBA 的历史舞台。在这三位巨星相继退役后，斯特恩又开始寻找新的联赛代言人，例如，奥尼尔、科比、艾弗森、加内特、麦迪、姚明、詹姆斯、韦德等人，现在 NBA 又在不停地发现和培育新的代言人。

二、广告

广告是大众传播的一种形式，它可以大范围地进行信息传播，触及广泛的消费者，并且传播迅速、影响力大、易于造势。西方商人认为，推销产品而不做广告，犹如在黑暗中向情人送秋波。

延伸阅读

广告在购买过程各阶段的作用

在引起需求阶段，广告主应该在研究分析目标消费者的实际需求和潜在需求的基础上进行宣传，向消费者介绍产品的知识，可在一定程度上对消费者起到指导消费的作用，有利于把潜在需求变为现实需求，以激发消费者的消费欲望。

在收集信息阶段，广告主可通过巧妙的、合理的、适当的广告内容、广告形式、广告媒介进行信息传播，以引起消费者关注和了解产品。

在评估方案阶段，广告内容应当体现出自身的特色与优势，让消费者认识到本品牌物有所值、别具一格、胜人一筹的地方。

在决定购买阶段，广告应利用听觉和视觉来刺激消费者的神经，促进消费者下决心购买。

在购后阶段，广告应保持品牌影响力、告知售后服务，以巩固和强化对消费者的影响。

广告最简单的作用机制是通过经常性地重复品牌的名称，创造知名度。广告还可以防止消费者忘却品牌，使消费者头脑里头对品牌印象常新，耳熟能详，铭记在心，不被忘却。

例如，当年广东太阳神集团有限公司生产的“太阳神”口服液与东北一家企业生产的“记忆神”口服液，是极相似的产品，不同的是“太阳神”口服液，一年用上千万元的巨款来做广告，而“记忆神”口服液，只有十几万元的广告费，结果伴随着广告语“当太阳升起的时候，我们的爱天长地久！”，“太阳神”走进了寻常百姓家，而“记忆神”锁在深闺人未识。

新颖独特的广告方式，可吸引消费者的注意力，给消费者以一定的震撼和吸引力。

例如，李宁运动产品的广告语“一切皆有可能”就会吸引消费者，并使他们从“一切皆有可能”中去感受运动的魅力。

著名品牌 SK-Ⅱ的护肤产品，其广告语“肌肤年轻 12 年”，这是企业对其产品效用的描述，把消费者在购买过程中考虑的首要因素转移到了产品会给她们带来更美好的自我形象上的憧憬，而不再是这些产品中或多或少含有的化学成分对其是否有影响。若广告中有消费者所喜爱或追崇的名人代言品牌，其效果将更加显著。

网络直播

网络直播是基于流媒体技术，通过互联网平台传播，整合视频、音频、弹幕、图片、表情包和打赏等传播和反馈形式，在PC端或手机消费者端呈现，基于用户兴趣和直播内容的实时的网络视音频传播和互动的传播媒介。网络主播实时对用户传播信息并与用户互动沟通，用户实时对信息做出反馈。网络直播具有以下几个传播特征：准入门槛低，全民可参与直播；去“把关人”，直播内容繁杂；传播渠道成本高昂，传播具有实时性；用户主动聚合。

例如，美宝莲纽约就在新品发布会中请来了杨颖（Angelababy）助阵，并配合全程淘宝视频直播。从堵车在途与粉丝闲聊、到后台补妆时与观众分享自己的美妆小技巧，杨颖的每个赶场细节都被收录进了直播镜头中，营造出一种与明星行程触手可及的氛围。同时，还有另外50位美妆网红与杨颖同步直播，从50个视角、以自己不同的解说方式向观众展示后台化妆师为模特化妆的全过程。这场直播带来了超过500万人次的观看和超过1万支口红的销售额。

好的广告能以情感人，能够唤起消费者美好的联想，引起情绪与情感方面的共鸣，给消费者以美的享受。

例如，可口可乐推出歌词瓶：“蝉鸣的夏季，我想遇见你”“最初的梦想，绝对会到达”“我不愿一生晒太阳吹风，咸鱼也要有梦”，这些文艺青春文字，触动了“90后”的内心。

美国贝尔电话公司的电视广告也非常让人印象深刻：傍晚，一对老夫妇正在用餐，电话铃响了，老妇去接。回来后，老先生问：“谁的电话？”老妇答：“是女儿打来的。”老先生又问：“有什么事？”老妇答：“没事。”老先生惊奇地问：“没事？几千里打来电话？”老妇哽咽着说：“她说她爱我们。”两位老人相视无言，激动不已。此时旁白：“用电话传递您的爱吧！”简单的几句广告语给消费者营造了一个如此温馨的氛围，渲染了人间美好的亲情。

站在新消费风口上的抖音

消费换代往往伴随着媒体形态的演进，短视频一边用动态、立体的影像方式将内容直接呈现给消费者，形成丰富的互动体验；另一边帮助消费者制造、分享内容，形成更多互动与对话，进入或建立属于自己的圈层。根据《2019中国网络视听发展究报告》，中国短视频用户在网络视频总用户占比接近90%，人数则近6.5亿。而据QuestMobile 2019年7月的数据，国内短视频日活用户排名领先的抖音，日活跃用户已经超3.2亿。以社交化、强体验为特色，抖音已经捧红了众多“新消费品牌”。通过抖音提供的大流量广告产品、明星生态、IP营销、内容共创等多元玩法，成为众多品牌正在进入“新消费”模式下的增长快车道。

OPPO与伊利味可滋在2019年“抖音美好奇妙夜”前后的做法是其中的典型个案之一。为抓住新消费时代中圈层化的消费者，OPPO选择音乐作为打通的纵贯线，邀请知名抖音创作者结合新品Reno2防抖的特点，定制单曲《给你一个稳》，并以此为核心，展开音乐内容共创、音乐游戏植入等营销活动，首先打通音乐、游戏、短视频创作等圈层。而在千万人观看直播，卫视直播收视率超1.4%的抖音美好奇妙夜上，这首广告歌还被明星现场演绎，获得更广泛的覆盖以及渗透效果。而伊利味可滋则紧扣消费者追求“潮美”的心态，从产品设计到IP植入的各个环节，吸引消费者关注。高颜值的包装设计、代言人选择到成为抖音美好奇妙夜的“潮美态度官”，在外场设置潮美体验馆，在植入环节中打造潮美女孩聚集的场景，这些都让品牌深深绑定“潮美”概念，持续影响追逐潮流与美好的消费者。而在体验与互动层面，两大品牌则充分调用抖音的强大互动能力，通过内容共创形式激发消费者主动参与。

三、公共关系

公共关系是指企业采用各种形式来加强与社会公众沟通的一种活动，其目的是树立或维护企业的良好形象，建立或改善企业与消费者的关系，控制和纠正对企业不利的舆论，并且引导各种舆论朝着有利于企业的方向发展。

与广告相比，公共关系更客观、更可信，对消费者的影响更深远。如果企业的形象在消费者心目中较好，消费者就会谅解企业的个别失误。如果企业原有的形象不佳，则任何细微的失误也会造成很坏的影响。因此，企业的形象被称为消费者感知服务质量的过滤器，企业必须树立和维护良好的公共形象。

例如，法国白兰地在美国市场上没有贸然采用常规手段进行销售，而是借当时的美国总统艾森豪威尔67岁寿辰之际，把窖藏达67年之久的白兰地作为贺礼，派专机送往美国，同时宣布将在总统寿辰之日举行隆重的赠送仪式。这个消息通过新闻媒介传播到美国后，一时间成了美国的热门话题。到了艾森豪威尔总统寿辰之日，为了观看赠酒仪式，不少人从各地赶来目睹盛况。就这样，新闻报道、新闻照片、专题特写，使法国白兰地在欢声笑语中昂首阔步地走上了美国的国宴和家庭餐桌。

案例

星巴克的网上公关活动

在Facebook、Twitter、Google+等平台上，消费者都可以看到星巴克的踪影。例如，星巴克曾经为了促销黄金烘培豆咖啡，而推出Facebook App，消费者可以从中了解新品资讯、优惠福利等。而在Twitter上，星巴克也展开了宣传，并通过文章引流。例如，美国曾遭遇“尼莫（Nemo）”大风雪，星巴克当时在Twitter上推出了在寒冬中握着热咖啡的广告。又如，星巴克曾与Foursquare合作，推出抗艾滋慈善活动，消费者到星巴克消费，并在Foursquare上打卡，星巴克就会捐出1美元。这些活动提升了星巴克的公共形象，并得到许多消费者的追捧。

又如，日本“西铁城”手表在澳大利亚是采用飞机空投的广告形式，并且事先预告：谁拣到归谁。手表从天而降但又完好无损，有力地证明了手表的优质，消费者自然对“西铁城”产生了好感。

案例

蚂蜂窝旅游网的推广策略

蚂蜂窝旅游网的网上推广策略主要有其他社交网站传播、微电影和电子邮件的推广；网下的推广方式则主要有地铁广告、口碑相传、各项活动的举办和移动应用等。具体来说，其推广策略包括以下几种。

首先，在早期提高蚂蜂窝的知名度时，主要是通过地铁车窗大面积广告覆盖来推广。地铁的使用者包括大部分学生和年轻白领，广告的内容主要是易于辨识的蚂蜂窝Logo以及网站性质介绍。此外，蚂蜂窝也与其他社交群体网站合作，使其他社交网站的消费者可以方便直接地使用蚂蜂窝。例如，用户在蚂蜂窝网站注册时，可以通过合作网站登录，而免去了填写复杂的个人资料步骤。合作网站包括新浪微博、人人网、QQ、MSN、开心网和腾讯微博，覆盖了当时年轻上网群体使用的主流社交网站。

其次，在提高蚂蜂窝的接受度和认可度时，蚂蜂窝在网下并没有花费过多资源和精力，主要是通过自身产品的特性让使用过的人满意，再通过口碑相传让更多的人接受。在网上，蚂蜂窝通过其微博主页、人人分享、豆瓣小站的平台发布最新的旅游攻略等，让微博、人人网、豆瓣的使用群体可以关注这些信息，并成为蚂蜂窝的使用者。

最后，在提高蚂蜂窝使用者的忠诚度和黏着度时，蚂蜂窝在网下举办消费者交流活动，如蚂蜂窝与美国大使馆举办的“这里是美国”文化沙龙，请蚂蜂窝社区消费者做“搭车去旅行”的分享等，使原本分散的蚂蜂窝使用者互相认识形成一个更为交错复杂的蚂蜂窝社交网络，加强他们对网上社交平台的依赖。在网上，蚂蜂窝营造出一种创意和友爱的氛围，让蚂蜂窝的使用者认可和接受蚂蜂窝的理念，以加强对蚂蜂窝网站的忠诚度。例如，蚂蜂窝曾拍摄过一个关于明信片环球旅行求婚记的微电影，这个事件的背景是一对热爱旅行的年轻情侣要结婚，于是在蚂蜂窝上发布了一个帖子希望收集到世界各地的朋友寄来的明信片。蚂蜂窝很注重这一帖子，并将其顶上了主页头条，许多人看到了纷纷响应，而这对情侣也由此收到了200多张世界各地的祝福明信片。该微电影在网上发布后，观看分享上万次，使更多人深受感动且对蚂蜂窝印象深刻。

此外，企业的社会责任也会对消费者行为产生影响。企业的社会责任是指企业在创造利润、承担对股东和员工的法律责任之外，需要担负的对环境、消费者以及对社会的责任。企业在承担社会责任中的表现会影响消费者的好感和购买意愿。调查数据显示，对于一家积极承担环保责任和社会责任的企业，66% 的全球环保响应者愿意支付更多的钱去购买相关的产品或服务。

延伸阅读

绿色营销

20 世纪 90 年代以来，绿色营销风靡全球，使企业营销步入了集企业责任与社会责任为一体的理想化的高级阶段。绿色营销观念是注重社会利益、企业社会责任和社会道德的营销观。它要求企业在营销中要考虑消费者利益、企业自身利益、社会利益以及环境利益，并将这四方面利益结合起来，实现企业的社会责任。

广义上绿色营销指企业营销活动中体现的社会价值观、伦理道德观，即自觉维护自然生态平衡，自觉抵制各种有害营销。因此，广义的绿色营销，也称伦理营销。

狭义的绿色营销，指企业在营销活动中谋求消费者利益、企业利益与环境利益的协调。既要充分满足消费者的需求，实现企业利润目标，也要充分注意自然生态平衡。因此，狭义的绿色营销，也称生态营销或环境营销。

绿色营销强调营销组合中的“绿色”因素，即注重绿色消费需求的调查与引导，注重开发和经营符合绿色标准的产品，注重在生产与消费过程中降低公害，注重定价、渠道、促销等营销过程中的绿色因素。

绿色产品是企业实施绿色营销的支撑点，企业应利用新科技、新设备，开发新能源、无公害新型能源以及各种新型可替代能源，研发节能的新途径及新工艺，提高能源和资源的利用率，产品与包装要力求减少资源消耗和对环境的污染，注重废弃物的回收和综合利用。

绿色价格应该反映生态环境成本，企业在制定绿色产品的价格时，第一，要树立“污染者付费”“环境有偿使用”的观念，把企业用于环保方面的支出计入成本，从而成为价格的一部分，确立环境与生态有价的基本观点；第二，注意绿色产品在消费者心目中的形象，利用人们求新、求异、崇尚自然的心理，利用消费者心中的感知价值来定价，以便提高效益。

绿色渠道是要慎重选择绿色、信誉好的分销商。企业可以在大中城市建立绿色产品销售中心，建立绿色产品连锁商店，建立绿色产品专柜或专营店。另外，对于一些易腐烂变质或容易丧失鲜活性的绿色食品，企业应选择避免污染、损耗的储存条件，最好采取直销方式，尽量缩短流通渠道，以免遭受污染和损失。

绿色促销是推销人员必须了解消费者绿色消费需求，回应消费者所关心的环保问题，突出企业产品的绿色表现以及企业经营过程中的绿色表现。企业可通过免费试用样品、竞赛、赠送礼品等形式来鼓励消费者试用新的绿色产品，提高企业的知名度。企业应运用广告战略，宣传绿色消费，强化和提高人们的环境意识。广告要突出绿色产品的特点，投入和广告频度要适度，防止因为广告而造成资源浪费和声、光等感光污染。

当年麦当劳发现北京有 600 多万人使用月票乘公交车，而发售月票的网点只有 88 处，乘客深感不便，于是推出一项新举措——在所属的 57 家麦当劳餐厅内代售公交月票。麦当劳与公交公司的这一合作打动了公众的心，广大北京市民从麦当劳的“好事”中获得便利。另外，一直以来，麦当劳在中国很难赢得一些成年消费者、老年消费者的青睐，在成为月票代售点后，不少中老年消费者为了买月票顺便在麦当劳就餐就成为自然的行动。此外，高考前夕，麦当劳面对只要一杯饮料就在餐厅待上好几小时的高考考生，不仅不驱赶，反而特意为他们延长了营业时间——秉承了麦当劳“博爱，为任何人服务”“视消费者为家族成员”的服务文化。北京麦当劳“代售月票”“为高考考生延长营业时间”的举措被许多媒体争相报道，博得了消费者的好感，提升了麦当劳的企业形象。

四、销售促进

销售促进又叫营业推广，是指企业运用各种短期诱因，鼓励消费者消费的促销活动。

由于销售促进运用短期利益进行刺激，可使消费者产生机不可失的感觉，使消费者迅速采取购买行动。因此，一般来说，企业只要选择恰当的销售促进方式，就会很快收到明显的成效，而不会像广告和公共关系那样需要一个很长的时期才会奏效。

针对消费者的销售促进方式有免费试用、免费服务、奖金或奖品、优惠券、特价包等。例如，目前国内餐饮外卖平台常用的销售促进方式包括：满减、打折、赠品、积分、限时抢购、抽奖、新人特惠、纪念日促销以及优惠券等。

（一）免费试用

企业采取免费试用的方式，促使消费者在用过之后下定决心购买。

免费试用可打消消费者对产品质量的顾虑或产品所能带来利益的怀疑，是敦促潜在消费者购买产品有效的手段，这种免费试用是“欲擒故纵，先予后取”。

例如，许多报纸、杂志、视频和音频采取在一定时间内请消费者免费试阅或试听，由此吸引了一些读者听众，而一旦读者试阅或试听一段时间，感到满意后便会购买。

当然，免费试用也是高成本的促销手段。因此，一般用在一种全新而又名气不大，需要和值得花一些代价去促销的产品或是确信只要消费者试用就会产生购买意向的产品。否则，如果试用的产品在性能上与其他同类产品并没有明显区别，或本身品质一般，那么，采取免费试用就可能会徒劳无功。

（二）免费服务

免费服务是企业为消费者提供无须付费的服务，目的是使消费者对企业的其他产品或服务产生购买兴趣。

例如，电器商店为购买者提供免费送货上门、免费安装、免费调试；皮革行除免费为消费者保修外，还免费为用户在夏季收藏皮夹克……从而吸引消费者前来购买电器、皮革。

又如，酒楼看准每年有很多对新人办喜事，而竞相推出免费服务——有的免费代送宾客，有的免费提供新婚礼服、化妆品、花车及结婚蛋糕……哪家的免费服务招术高，消费者就可能去哪家消费，哪家的生意就兴隆！

（三）奖金或奖品

奖金或奖品指与购买产品相关联的馈赠奖金或奖品的活动，目的是使消费者产生购买兴趣。

例如，口香糖刚问世时，销路不畅，后来口香糖企业允诺，消费者回收一定数量的口香糖纸就可以换得一个小礼品，从而打开了市场。

又如，酒厂推出收集到若干个某种酒瓶盖，或积累一整套标志，可兑换一定数量的现金或实物活动，借以鼓励消费者购买该种酒。

又如，航空公司推出“里程奖励”活动，对乘坐航空公司航班的乘客进行里程累计，当其累计到一定公里数时，就获得若干里程的免费机票。

（四）优惠券

指企业印发的给予持有人购买产品时一定减价的凭证。由于能够得到减价优惠，所以优惠券对价格敏感的消费者有很强的吸引力。

例如，美国一家公司为了把它的咖啡打入匹茨堡市场，向潜在消费者邮寄了一种代金券，消费者每购一听咖啡凭代金券就可享受 35% 的折扣，每听中又附有一张折价 20 美分的代金券，这样，消费者就会不断地被这种小利小惠所刺激，从而对该产品保持长久的兴趣。

知识扩展

商场价格促销对消费者行为的影响

商场进行价格促销活动时，消费者往往会对商场的价格促销信息进行分析，将自己对于产品的原有认知，如价格认知与质量认知与促销信息进行一定程度的比较，分析促销活动的真实性以及自己可能从中获取的经济利益。当消费者对促销活动的真实性与必要性进行肯定后，便会对商店的产品产生兴趣并主动进入商场了解促销活动的详细内容，探索价格促销活动的现状。

在消费过程中，消费成本始终是消费者关注的重点内容，消费者在参与价格促销活动时往往会将促销价格与原价格进行比对，从中体会到促销活动为自己带来的经济效益。

对于冲动型消费者，他们在消费过程中往往较少关注自身对商品的需要程度，价格促销易使这类消费者产生购买欲望以满足其未来潜在需求。对于计划型消费者，价格促销也会在一定程度上影响其购买行为，因为他们关注的商品或品牌可能较少推出促销活动，促销活动时间不易把握，加之促销活动带来的经济利益，他们对促销活动的抵抗力便大打折扣，从而对商品的购买动机进一步加强。很多计划型消费者可能都会有这样的消费体验：在购买过程中发现价格促销活动时，若促销商品基本满足自己要求，即使自己近期没有购买此类商品的计划，出于价格促销诱惑以及自身的未来潜在需求仍会对商品产生购买欲望。

章后思考题

1. 说明产品的品牌对消费者行为的影响。
2. 说明价格对消费者行为的影响。
3. 说明尾数定价对消费者行为的影响。
4. 消费者对价格的变动会有什么样的理解？
5. 说明广告在购买过程各阶段的作用。
6. 说明销售促进对消费者行为的影响。

第十一章 情境因素

1. 购物当天的天气会影响消费者行为吗?
2. 购物场所的拥挤程度会影响消费者行为吗?

麦当劳的用色

传统上，麦当劳的标准用色是暖色调的红色和黄色，这样的色彩组合有两个功能：其一，它可以增进食欲；其二，可以加速人们的用餐速度。此外，研究发现，黄色和红色在任何天气情况下都最容易识别。所以，麦当劳餐厅的形象设计以红色和黄色为主色调，无论在何处，人们只要见到金色拱门标志，一眼便能识别出这是麦当劳的标志。

近些年，在国内部分城市，麦当劳餐厅的门脸悄悄变成了黑色。传统上，黑色门面并不太符合中国人的审美观念，但是在黑色映衬下，金黄色的“M”标志显得更加抢眼和醒目，反而能够吸引很多人的注意，单从设计的角度讲，已经起到了“换装”的目的。同时，相比于传统大红色门面，黑色门面、金黄色“M”标志和白色“麦当劳”字体的搭配，时尚感更强，而且与肯德基形成了明显的区分。

消费者行为除了受自身因素、环境因素、营销因素的影响，还会受到情境因素的影响。

情境是指消费或购买活动发生时，消费者所面临的短暂的环境因素，由一些暂时性的事件和状态所构成，如购物时的天气、购物场所的拥挤程度等。英国教育学家贝克（Belk）认为，情境由五个变量或因素构成，它们是物质环境、社会环境、时间环境、任务环境和先行状态。

第一节 » 物质环境

物质环境是指构成消费情境的物质因素，如消费场所的地理位置及外观、装饰布局与陈列、色彩、气味、声音、灯光、温度湿度等，它们都会对消费者的情绪、行为具有重要影响。

调查表明，消费者的购买行为，70% 以上的决定都是在购物环境中做出的，并且冲动性消费占了很大的一部分。消费环境会对人们的感觉器官有着较强的刺激力，优雅、舒适、和谐的氛围能吸引人们光临并推荐给其他人，能令人长时间保持兴致勃勃的情绪。相反，如果消费环境恶劣则很难吸引消费者进店，即使消费者进店了也会顿生逃遁之念。

一、地理位置及外观

消费场所的地理位置不仅影响消费者消费的便利程度，还可以表现出企业的市场定位和形象。例如，坐落在繁华闹市区与坐落在偏僻小巷的企业在消费者心目中自然会有不同，处在繁华市区的企业会使消费者认为服务档次不会低。

消费场所的外观是消费场所的门面。在激烈的市场竞争环境中，外观设计对经营的重要作用日益突出。好的外观设计能够引起消费者对消费场所的兴趣和关注，从而产生购物或浏览的欲望。

二、装饰布局与陈列

消费场所的装饰质量、布局风格等也会直接影响消费者的印象，从而影响消费行为——环境舒适整洁，营业现场秩序井然，会使消费者产生积极的消费情绪，反之则会让消费者产生消极的消费情绪。

例如，初次光顾某家餐馆的消费者，在走进餐馆之前，餐馆的外观、门口的招牌等已经使他对其有了一个初步的印象。如果印象好的话，他会径直走进去，而这时餐馆内部的装修装饰、桌面的干净程度以及服务员的礼仪形象等也将影响他是否会真的在此用餐。如果餐厅环境污浊、服务人员穿着邋遢，不修边幅，显然会令消费者望而止步，至少消费者会将其定位为低档消费场所，认为其根本不可能提供好的服务。

超市也是这样，如果消费者进入超市，发现超市的产品排放混乱，在一定程度上会影响消费者的消费热情和购物体验，甚至会放弃对产品的购买，而生动化的产品陈列会引导消费者冲动购买。例如，气味芳香的产品，可摆放在最能刺激消费者嗅觉的位置；式样新颖的产品，可摆放在与消费者视线等高的货架上；用途多样的产品，可摆放在消费者易于触摸观察的位置……另外，畅销货和高利润品放置在消费者视线最先进入的地方，收银台附近可摆放糖果、香烟、电池等产品，利用消费者等待交款的时机增加冲动购买的可能。

有的超市在进行产品布局时会以侧 U 形方式展现给消费者。这一陈列方式就是通过对空间的合理利用，从而提高浏览量的一种设计形式，目的是提高消费可能性。同时，U 形柜能够展示给消费者的产品也更多，会无形中刺激消费者的消费心理，从而提高消费量。另外，在对货架进行布局时，如果超市将货架调整成入门纵向式格局，可以使消费者进入超市后看到更多产品，从而提高其对产品选购的可能性。

总之，产品陈列应尽量做到一目了然，达到的最大显露度，并尽量做到伸手可及，避免产品陈列过高，以达到吸引消费者的目的。

延伸阅读

当大师没有被包装时

2007 年 1 月 12 日，这是一个寒冷的上午。在华盛顿特区朗方广场地铁站 L 入口处，一位男士站着演奏小提琴。他面前的地上，放着一顶口子朝上的帽子。

没有人知道，这位在地铁口卖艺的小提琴手，是约夏·贝尔（Joshua David Bell），美国最好的小提琴手之一。他演奏的是巴赫和舒伯特最高难度的几首作品，用的是他那把著名的斯特拉迪瓦里（Stradivarius）名琴——这把琴当时的市场价格是 350 万美元。大约 3 分钟之后，演奏者迎来第一位驻足听众。那是一位看起来颇有修养的中年男子，他放慢了脚步，停了几秒稍微听了一下，然后就又急匆匆地继续赶路了。又过了大约 1 分钟，约夏·贝尔终于收到了他的第一块美元：一位女士把钱丢到帽子里，她没有停留哪怕一秒钟，更不用说留心这个男人指尖流动的音符，就继续往前走去。第 6 分钟时，一位小伙子倚靠在墙上倾听他演奏，然后看看手表，就又开始往前走。

在约夏·贝尔演奏的 45 分钟里，大约有 2000 人从这个地铁站经过，只有 7 个人停下来听了一会儿，有 27 个人给了钱，就继续以平常的步伐离开。要知道，在美国，约夏·贝尔是获得主流媒体一致褒奖的“古典音乐超级巨星”，《纽约时报》曾评论道：“约夏·贝尔先生不站在任何人的阴影之下”。在很多乐评人眼里，约夏·贝尔就是尼科罗·帕格尼尼重生（Niccolo Paganini，意大利音乐家，史上最著名的小提琴师之一）。就在两天前，约夏·贝尔在波士顿一家剧院演出，而要坐在剧院里聆听他演奏那些乐曲，平均得花 200 美元，市面上却依旧一票难求。

根据隐藏摄影机与报道记录，45 分钟内总收入为 32.17 美元，扣除事先放入的 25 美元，大师 45 分钟只挣了 7.17 美元。投钱的 27 人大部分给的是 25 美分（quarter），甚至有人只给一美分（penny，有人评价，这丢给乞丐都会觉得不好意思）。与约夏·贝尔平时每分钟 1 000 美元的演奏酬劳相比，简直是天壤之别。怎么了？难道朗方广场地铁站位在穷乡僻壤吗？还是出入的人没有美学品位？

事实上，朗方广场地铁站位于华盛顿的核心地区，出入的人大多是中产阶层的公务员，也就是说，多的是有着响亮头衔的人物：政策分析师、项目管理员、预算审查官员、专家、顾问等。

针对这个结果，美国国家画廊馆长莱特霍伊泽（Mark Leithauser）说：“如果我拿一幅抽象画杰作——假设是埃尔斯沃思·凯利的作品好了，一幅价值 500 万美元的画——将它从画框上取下来，走下国家画廊的52个阶梯，穿过雄伟的圆柱来到餐厅。这里刚好在寄卖可可然艺术学校的学生原作。我把价值500万美元的画作挂在标价150美元的学生作品旁边，即使有眼尖的艺术评论家抬头看到了，也只会说：‘嘿，这幅看起来有点像凯利的喔’。”

三、色彩

任何色彩都会影响消费者的感觉、注意、记忆、情绪和联想等心理活动。研究表明，色彩能引起人们的情感共鸣，在消费者确定对相关产品是否有兴趣的“7秒”里，色彩的作用达到了67%。

不同的色彩会给消费场所带来不同的气氛，恰当地运用和组合色彩，会对形成特定的氛围起到积极的作用。色彩运用得好，会像艺术品一样，带给人们美感，还能刺激消费。显而易见，一个色彩缤纷的商店比一个缺少色彩的商店更能受到消费者欢迎。

例如，在商店的内外装饰中，颜色的搭配大有学问。如黄金首饰店铺以大红色为主色，有喜庆气氛，并且十分引人注目；高档器皿店以淡绿色花岗石装饰地板，配以淡咖啡色的陈列用具，有清新高雅的效果，令人赏心悦目。

（一）红色

首先，红色具有刺激交感神经、使人的肌肉机能和血液循环加快的生理作用，以及使人兴奋、冲动的心理作用。瑞士雀巢咖啡做过一个实验，他们将煮好的咖啡倒入红色、黄色、绿色的咖啡罐中，品尝者一致认为，绿色罐的咖啡偏酸，黄色罐的咖啡偏淡，红色罐的咖啡正好，所以雀巢咖啡决定用红色罐包装，赢得消费者一致认同。

红色能导致更高的唤醒水平，会吸引更多人的注意。红色还可以增进食欲。在零售业，红色常用于店内POP、价签和降价海报的设计以及传统节日的促销宣传。但应该注意的是，如果店内POP或促销装饰中，红色使用过多，往往会给消费者留下廉价店或折扣店的印象。

其次，红色是一种冲击力很强的色彩，大量的红色可以使人心情烦躁，可能引发消费者的冲动、紧张、攻击性等负面情绪。如果消费环境过多地使用红色，会使消费者感到店内拥挤和喧闹，引起购物的疲劳和烦躁，进而缩短消费者在店内的滞留时间。

最后，红色不仅代表热情和活力，同时还代表危险和恐怖。在医院和药店，红色可能会让消费者联想到血、疼痛。

（二）橙色

由于橙色不仅具有刺激人的内分泌，增进食欲的生理作用，同时还给人以健康、温暖、富足、幸福的心理作用，因此，橙色广泛应用于超市的食品卖场、滋补品卖场和体育用品卖场。特别是水果卖场，为了吸引消费者注意，橙子总陈列在入口处最显眼的位置，或主通路最外侧，以诱导消费者深入店内。快餐店经常用一些橙色来装点氛围，而世界巨型家居连锁企业——家得宝和百安居都以橙色为主色，以凸显其幸福感和平价特征。不过，在店内过多使用橙色会给人廉价、低档、不可信、易疲劳的感觉。

（三）黄色

黄色代表希望、喜悦、明亮、快乐、成就感、未来感，象征着财富和权力。折扣店、超市等业态诉求价格或特卖时，常用以黄色为底色制作POP或价签，以吸引消费者注意。以青少年为目标消费者的卖场和产品常使用黄色，但对于中年女性来说，黄色有时意味着轻浮。黄色也常用来警告危险或提醒注意。

（四）绿色

首先，绿色拥有清爽、理想、希望、生长的意象，由于符合医疗卫生服务的诉求，所以，很多医疗性服务机构把绿色作为空间色彩规划和医疗用品的标识。

其次，绿色可以缓解人的紧张和眼睛的疲劳。

再次，绿色贴近自然，所以，许多家居中心都把外墙涂成绿色，也有许多连锁药店的维生素柜台，为了诉求自然的活力而使用绿色的陈列器具。

（五）蓝色

蓝色是永恒的象征，同时也是最冷的色彩，为此，有人把蓝色看作是梦想与现实分界线的颜色。由于蓝色通过刺激人的副交感神经，会使人的脉搏、呼吸、血压、体温下降，具有安定精神、镇静的作用，会更多地使消费者感到放松、平静。因此，很多医疗卫生类终端及夏日消费品终端会采用蓝色。在店内食品卖场中，蓝色经常用于夏季清凉饮料或夏季产品销售区的装饰。另外，在有金属感的体育用品区，以及面向男性消费者的卖场，也经常以蓝色为主基调。

（六）紫色

紫色既美丽又神秘，既高贵又恶俗，既富有威胁性又富有鼓舞性，是给人以深刻印象的具有矛盾性和两面性的颜色。其往往适用于高档的化妆品、流行产品、珠宝饰品、芳香品等卖场的装饰。紫色的低明度性质构成了心理上的消极感，而会使人食欲减退，所以，一般不适合食品包装和食品卖场的装饰。

（七）黑色

黑色是最暗的色，具有威严、高贵、稳重、科技的意象，常用于高档化妆品、服装，服饰和一些其他流行产品陈列的设计，许多高科技产品的外观采用黑色。但是，黑色常使人联想到不吉利，因此要避免在健康产品区、饮料和食品卖场、餐饮店使用。

（八）白色

白色是所有颜色中明度最高的颜色，具有纯粹、清洁、正直、明亮、高级的意象，但也给人以寒冷、严峻、哀愁、不安、孤独、死亡的感觉，所以在使用白色时，都会掺入一些其他的颜色，形成象牙白、米白、乳白等。例如，肯德基为了避免其“山德士上校”图案显得“白”，会在其面部加一些米黄色。

延伸阅读

冷暖色系

色彩可分为暖色系和冷色系。暖色系象征着太阳和火，能使消费者在心理上产生温暖的感觉，红色是最暖的色彩。而冷色系象征着水、冰和天空，能使消费者在心理上产生寒冷的感觉，蓝色是最冷的色彩。

消费者在暖色系空间内会觉得时间很难熬，因为暖色会增强消费者的唤醒、焦虑，使其对结账时间有负面评价，所以，在收银区不宜使用暖色。

而在冷色系空间内消费者会感觉时间过得很快。因此，在网下终端环境中，消费者更加喜欢冷色系的商店，因为冷色会带来放松感和愉悦感，会使消费者产生更强的兴趣去浏览产品、减少购买延迟。但是，由于冷色系往往抑制消费者的食欲，所以不适合用于饮食店和超市中的生鲜食品卖场。

四、气味

气味会影响消费者的消费欲望，如清新芬芳的气味会吸引消费者欣然前往，会提高对某些产品的购买意愿并减少费时购买的感觉。

例如，新鲜而芳香的店堂空气使消费者感到产品的新鲜程度较高。为此，零售商店，如咖啡店、面包店、餐馆、花店和香水店，都喜欢用香味来吸引消费者接受其服务。

美国一家食品公司在底特律汽车城，竖立了高约 25 米，长约 30 米的巨型“面包”广告牌，而且当人们走近它时，不仅能听到轻音乐和介绍面包的声音，还能闻到一股“神奇混合面包”的香味，引起人们的食欲。这家公司的面包销量因此陡增。

1915 年在国际博览会上，各种名酒琳琅满目，美不胜收，茅台酒却被挤到一个角落里，无人问津。有个工作人员不服气，提着一瓶茅台酒走到展厅最热闹的地方，故意不小心摔倒，酒瓶落地，浓香四溢，人们顿时被茅台的奇香吸引，从此茅台酒闻名天下。

相反，强烈刺鼻的异味会使消费者生理上难以忍受，同时心理上产生反感，对刺激消费欲望无疑是起消极作用的。

五、声音

声音往往是营造消费气氛的背景，对人们的消费行为也起到重要的作用。例如，在肯德基，门店内时刻播放着音乐，一方面使用餐的消费者在用餐过程中更加享受，另一方面使店内热闹非凡、喜气洋洋，起到吸引路人进店消费的作用。

声音的音量、节奏、内容、风格等元素都会对消费者行为产生影响。

（一）音量

音量适中的音乐能使消费者赏心、悦耳，增加食欲；反之，音量过大则可能影响消费者的交谈，使人感到厌烦。噪声强度若超过 60 分贝，会严重影响人与人之间的交谈；噪声强度若超过 80 分贝，会使人产生痛苦的感觉。因此，商家应严格控制噪声，尽可能排除噪声声源，以创造一个相对宁静的消费环境。

（二）节奏

音乐的节奏也会影响消费者的情绪。

研究显示，慢节奏音乐较快节奏音乐为一个餐馆多增加了 15% 的毛利。这是因为，慢节奏音乐使消费者更为放松，会延长在餐馆的用餐时间，从而增加消费额。当然，对于更多依赖消费者流动的餐馆来说，播放快节奏的音乐可能会更好。

对零售店播放音乐的一项研究也指出，播放舒缓的音乐时，营业额度往往会比较高。

（三）内容与风格

声音的内容、音乐的风格也会影响消费者行为，并且因人因场合而异。

例如，若该店的主要消费对象是青年人，可播放一些流行音乐、摇滚音乐；若主要消费对象以中老年消费者为主，可播放那些怀旧金曲；若针对中产阶层，可播放爵士乐或器乐曲。

此外，播放的背景音乐，其风格题材要适合特定场所的消费气氛。若销售的产品地方特色、民族特色明显，可播放一些民族音乐；若消费场所的现代气息比较浓郁，可播放一些现代轻音乐；若消费场所的艺术色彩比较浓厚，可播放一些古典音乐；在奢侈品消费场所，也可播放高雅的古典音乐。不同的餐厅亦要选择不同风格的音乐，如在快餐厅可能适合播放节奏感较强的流行音乐，而格调高雅的餐厅则更适合旋律优美而舒缓的古典音乐。

另外，声音的内容、音乐的风格要与消费环境产生共鸣。例如，凤凰卫视有一档“军情观察室”节目，其快节奏的音乐、快节奏的信息播报速度无不渲染出紧张的气氛，战争气息仿佛就在眼前。

案例

新加坡航空公司的感官营销

新加坡航空公司是实施消费者感官管理的先驱和典范，强调在航空服务过程中要全方位立体式提升消费者的感官体验。公司高层自身具有很强的消费者感官管理意识，同时还成立了由一线乘务人员和飞行员组成的感官管理委员会，专门针对服务过程中的消费者体验改进提出方案。

视觉上，空姐制服采用知名设计师设计的马来纱笼服饰，形成独到的感官印记；

触觉上，它是全球首家为消费者提供热毛巾的航空公司；

嗅觉上，专门为空姐和机舱开发斯蒂芬·佛罗里达香水，还为香水申请专利，确保嗅觉印记的独特性；

味觉上，它聘用国际顶级厨师专门针对人们在机舱气压下的味觉变化设计了飞机餐饮，让乘客在空中也能享用美食；

听觉上，在其枢纽机场新加坡樟宜机场对行李车进行降噪处理。

六、灯光

灯光明暗度对消费者也很重要，适当的照明会令消费者感到愉快，反之则会让消费者感到不快。

一般来说，强烈的灯光使消费者感知到热情、豪爽的服务态度，柔和的灯光会使消费者感到温情。

餐饮企业不仅要考虑盘子、汤匙、酒杯等容器的形状、颜色、触感线索对消费者味觉的影响，还要考虑背景灯光与消费者味觉的相互作用。

例如，高级西餐厅需要制造柔和的气氛，所以灯光为 60 ~ 80 瓦。咖啡店的灯光为 40 ~ 60 瓦。日本料理店为了使生鱼片显得更新鲜，灯光亮度为 130 ~ 160 瓦。肯德基使用的灯是节能灯，发出的光是暖白色的，店内的柔和灯光，缤纷的装扮，美味的食物营造出温馨的气氛，给人暖洋洋的感觉。

美国“现代营销学之父”科特勒曾对一个著名的汽车旅馆“联号”进行过调查研究。“联号”对所属的汽车旅馆采用标准化的大堂装修布置，唯一不同的是一些汽车旅馆的大堂采用较昏暗的灯光，另一些则采用较为明亮的灯光。调查结果表明，旅客明显偏爱后者。原来，经过长时间开车旅行后，旅馆昏暗的灯光让旅客感到沮丧，旅客感觉这间旅馆毫无生气，不愿停留。相反，如果旅馆透出的是明亮的灯光，则会让他们感到振奋、愉快，愿意在此停车留宿。

七、温度与湿度

室内的温度、湿度也会影响消费者对服务的感受，会影响其在消费场所里的逗留时间，以及购买欲望。例如，超市冬天温暖宜人的温度使消费者感到温暖，夏天凉爽的温度又使人感到舒畅。

一般来说，在 22℃ ~ 25℃的情况下，人们心情舒畅。当环境温度超过 34℃时，人们不仅大汗淋漓，而且心情烦躁，易产生过激行为。而气温过低的时候，人们会萎靡不振，感到沉闷，情绪低落。

案例

星巴克的氛围

星巴克擅长营造气氛，为消费者提供咖啡之外的“体验”。

星巴克在色调上一般用的是暗红与橘黄色，加上各种柔和略带暖色的灯光以及体现西方抽象派风格的一幅幅艺术作品，再摆放一些流行时尚的报刊杂志、精美的欧式饰品等，写一些诸如“咖啡是你一辈子的情人”等温存的话语，那种亦真亦幻的氛围就出来了，人们就会觉得这里非常富有亲和力。

重烘焙极品咖啡豆是星巴克味道的来源，加上“四禁”政策——禁烟、禁止员工用香水、禁用化学香精的调味咖啡豆、禁售其他食品和羹汤，力保店内充满咖啡自然醇正的浓香。在柔和的暖暖的灯光下，恣意流畅在星巴克的是一种悠闲和自在，人们尽情地享受在噪杂和忙乱的工作和生活的节奏中偷得片刻的闲暇。

在这里，轻松的爵士乐取代了严肃的歌剧和古典乐，店内经常播放一些爵士乐、美国乡村音乐以及钢琴独奏等。这些正好迎合了时尚、新潮、追求前卫的白领阶层，他们天天面临着强大的生存压力，十分需要精神安慰。星巴克还会尽量选一些舒缓、优美的轻柔音乐，使人们沉醉其间，增加消费——星巴克期望你久坐在店中，然后用音乐来俘获你的心。不少人本来待不上一小时就走的，结果为美妙的乐曲所诱，于是一下子待了两三个小时，咖啡也从一杯可能增加到三四杯。人流量不增，咖啡销量却有可能翻番。

为了使星巴克的咖啡文化更深入影响消费者，他们在墙上运用了古色古香的壁画、演绎咖啡历史的图片、咖啡器皿的陈列、随手可及的大吧台上排满了供消费者DIY的工具……这一切的一切都在默默地、持续地、无形地植入消费者的心田。

总而言之，星巴克的“第三空间”理念——用舒适的环境、特色的装潢满足了人的视觉体验；用音量恰到好处的舒缓浪漫的美国乡村音乐以及优美的钢琴曲满足了人的听觉体验；用醇正浓香的咖啡豆香味满足了人的嗅觉体验；用以人为本、宾至如归的服务满足了人的情感体验；用柔和的灯光、带有浓厚西方抽象派风格的艺术作品满足了人的氛围体验；用高层次的文化追求满足了人的社会体验……这些丰富的体验感的满足加上便利化需求的满足，让都市中的“白领”和“小资”忠诚于星巴克。营造出温馨的氛围，烘托出了一种“星巴克特有的环境体验”。

第二节 » 社会环境与时间环境

消费者的消费情境总是处在一定的社会环境当中，在消费过程中会与服务人员打交道，会与其他消费者相逢。此外，消费者的消费情境还往往受到时间环境的制约，它们都会对消费者行为产生影响。

一、社会环境

这里的社会环境指消费者在消费或购买环境中所面临的人际关系，包含服务者与消费者之间的关系、消费者之间的关系。显然，不同的社会环境会影响消费者的不同行为，优雅、文明、舒适、轻松、愉快、亲切、友好的人际关系，能够吸引消费者并且提高消费欲望。

（一）服务者与消费者之间的关系

凯马特（Kmart）是美国著名的大型折扣连锁店，它的卖场广大，为了节约人工成本，店员很少。虽然店里陈列着品种繁多、价格便宜的产品，但消费者如想找店员询问有关问题却不是件容易的事。在这里，消费者虽然满足了购买便宜产品的欲望，但是没有感觉到店员对他们付出的一点点关心，于是在消费者心中就产生了美中不足的遗憾。可见，企业要在消费者心目中树立品牌形象，仅靠质优价廉的产品是不够的，消费者还希望在购物的同时享受到细致盛情的服务。

毋庸置疑，服务者的服务态度对消费者行为有着重要的影响。没有哪一个消费者不喜欢热情、积极、善于倾听、愿意解决问题、知道如何解决问题的服务者。热忱的服务者会给消费者带来温暖、尊重、体贴和愉悦，而冷漠的服务者则会给消费者带来不安全感、不舒服感。

例如，商家如果在消费者没有购买产品的时候，恶声恶气，不给好脸色看，就会从此把消费者永远拒绝在门外了，他们下次再也不会光顾这家商店了。而且，他们很有可能将抱怨转告给家人、邻居、朋友，直接影响企业在众人心目中的良好形象。相反，如果消费者没买东西，商家也笑脸相送，客客气气说再见，请您走好，欢迎下次光临，那么消费者心理上就会过意不去，下次买东西就会首先考虑到你的商店来买。

可见，在一个亲切友善的消费环境里，消费者可以从容选购产品，甚至使消费者在选购产品的过程中始终保持积极的情绪。此外，服务者的衣着、打扮、言谈举止也会直接影响消费者对服务和企业的评价。整洁配套的制服、落落大方的仪表、训练有素的举止，会说服消费者相信他们能够提供优质的服务。相反，服务者头发杂乱，不修边幅，消费者往往会认为其所提供的服务会同样杂乱。

例如，医护人员的言行举止、行为规范都会给患者留下深刻的印象，在某种程度上也展示了医疗企业的水平，影响患者对医疗企业的信任度，因此，医疗企业要加强医护人员行为规范的培训及个人形象的设计。

另外，消费者往往对某些服务者的外表有特殊的期望。例如，保卫人员的身材高大魁梧，这样能使消费者产生安全感，而仪容清爽、制服整洁、动作敏捷的厨师也一定可以提高客人的食欲。

总而言之，服务者的态度、行为和专业技能等都是消费者关注的焦点所在。当消费者同一位友好、和善且技能娴熟的服务者打交道时，消费者会获得信心和安全感，增强对消费的信心。

案例

茑屋书店成为顾客愿意浪费时间的舒适“居心地”

有人说，“如果你足够了解东京，你便会听过代官山；如果你提起代官山，你便会想起茑屋书店。”不仅因为茑屋书店是赢得美国 Flavorwire.com 网站“全球最美 20 家书店”的唯一一家日本书店，还因为它独出心裁的设计，以及给人们带来的便捷又高品质的感受。据说，来茑屋书店的人，并不是为了看书、喝咖啡，而是为了体会书店带给自己的舒适感觉，以及丰富自己的精神世界。

在茑屋书店中，所有带有导向性的标识，如价格、标签、收银台等全都被删除，反之会把灯光、家具布置得与家里一样，以至于常常有顾客感慨，当自己推开书店的门，就好像感觉回到了家！在茑屋书店，所有图书不分新刊、旧刊，日文或者外文图书，全部陈列在一起。茑屋书店设有电影专区、文具杂货区域、餐厅、音乐区、星巴克咖啡区域。但是，这些都不是最特别的，最特别的是茑屋书店的 30 多位导购都不是平常人。他们当中有日本代表性料理杂志的前主编，有日本著名的文学评论家，也有撰写过 20 多本旅行指南的记者……可以说，每一位导购人员都是一本活着的图书，他们通过自己的经验与学识为顾客提供服务，为顾客制订最适合他们的阅读计划——这就是“达人服务”。

创始人增田宗昭说：“文化就是逗留，逗留得多就是用户粘性好。真正的氛围文化，就是你愿意花时间的地方，即使浪费时间也在所不惜，因为把时间浪费在美好的事情上，本身就是一件赏心悦目的事。”

延伸阅读

说服消费者的技巧

第一，善于倾听。服务员要想更多地鼓励消费者参与，了解更多的信息，在善于提问的同时，还要善于倾听。倾听不仅有助于了解消费者，而且也显示了对消费者的尊重。良好的倾听表现是身体稍微前倾，保持虔诚的身体姿势，眼睛保持与消费者的视线接触（不时对视，但不是目不转睛），经常点头，表示在听；认真听消费者讲的话，把消费者所说的每一句话、每一个字，都当作打开成功之门不可缺少的密码，绝不放过，当然也要留意消费者没有讲的话；适当地做笔记，适时地提问，确保理解消费者的意思，并且思考消费者为什么这么说，或为什么不这么说。如果能够有意识地从这些方面提高技巧，那么大多数消费者都会乐意讲话。毕竟，这个世界上愿意听别人讲话的人实在是太少了。

第二，换位思考。一般来说，消费者只关心自己的事，只关心自己能够从企业那里得到什么，因此，推销员应当站在消费者的立场上去想问题。

第三，投其所好。每个人都有自己的爱好，而往往又希望这种爱好得到别人的赞赏和认同，因此，推销员应当积极发现消费者的爱好和兴趣，迎合他、欣赏他，尽量投其所好，这样消费者会把你当成“知音”，双方之间的距离一下子会拉近很多，甚至成为好朋友，那么，接下来的说服工作就容易得多了。

第四，说服消费者要有恒心。《荀子·劝学》告诫我们：“锲而舍之，朽木不折；锲而不舍，金石可镂”。有一个古老的故事，说的是一个人试图用锤子锤烂一块巨石，他锤了十几下，巨石纹丝不动，又锤了几十下，巨石依然如故，他又连续锤了两百下，还是没有任何结果。但是这个人毫不灰心，仍然接着锤啊锤……突然，一锤砸下后，巨石一下就裂开了，碎成许多小块。这则故事启发我们：做事要持之以恒，“只要功夫深，铁杵磨成针”“滴水可以穿石”，说服消费者也是同样的道理。

（二）消费者之间的关系

对消费者来说，消费场所中出现的人，除服务人员外，往往还有其他消费者，这些其他消费者的表现都会对消费者的预期及体验造成影响。

例如，一般来说，学校、饭店、剧院、医院等提供的服务都是在其他消费者也在现场的情况下发生的，其他消费者的身份、素质、地位、数量、外表、行为自然会影响消费者的认知和感受。有时候是正面的激励——“哇！高朋满座哦！服务不要太好哦！”有时候却是负面的激励——“怎么冷冷清清？这里的服务肯定不上档次！”所以，许多酒店在开业时要优惠大酬宾——可以吸引大量消费者，制造“人气”，如果能够请到意见领袖出席就更有号召力了。

可见，消费者在购物或消费时他人是否在场，彼此如何互动等都会影响消费行为。典型的是在餐馆用餐，当上司或相识的人出现在邻座时，点的菜和喝的酒水也许会和平时不同。

此外，如果消费者之间是志趣相投、相互对话、相互帮助、和谐共处的，就会对消费者产生积极的影响。如在大学的选修课，学生不仅会考虑听哪位教师的课，还会考虑与哪些同学同窗。相反，消费者之间的相互破坏行为、过度拥挤、彼此冲突，则会产生消极影响。为此，酒店谢绝“衣冠不整”的消费者进入可以避免“体面”消费者的负面感受。有些俱乐部为确保会员的素质，规定申请人须由会员推荐，再由会籍审查委员会决定是否接纳；此外，对会员的仪表、行为也有一定的要求，如在餐厅用餐时关掉手机，穿戴要正式等。

因此，有些企业善于利用自身的平台，也重视消费者与消费者之间的互动，在帮助消费者扩充人脉的同时，也为自身争取到更多优质消费者做了铺垫。例如，一些教育培训机构以能够为学员提供扩大社会关系的平台，帮助学员广交朋友、建立人脉为卖点，从而吸引学员参加学习和培训。

二、时间环境

这里的时间是指情境发生时消费者可支配时间的充裕程度，也可以指消费活动发生的时机，如一天、一周或一月当中的某个时点等，还指消费者消费服务前需要等待的时间长短，它们是构成情境的一个很重要的内容。不同的时间环境会对消费者行为产生不同的影响。

首先，不同的购买消费有紧迫程度上的差异。例如，家里的电视突然坏了且无法修复，购买一台新的电视就非常紧迫，而如果家里有台老电视但还可以凑合着用，则购买一台新的电视紧迫程度相对就要低。

其次，很多产品的消费具有季节和节日的特点，如六一儿童节前后是儿童玩具和儿童服装的消费高峰，中秋节前是月饼销售的黄金时段。在这些节点上消费者的消费欲望比较强烈，而过了这些节点则消费者的消费欲望会下降很多，甚至为零。

最后，等待或许是每个消费者生活中的一部分，等公交车、等绿灯、等电梯、等上菜、等结账……美国人对自己的一生进行过调查，用在吃上的时间是 6 年，名列第一，排队等待的时间是 5 年，名列第二。尽管等待是日常生活中常见的现象之一，但对消费者来说，等待时间长毕竟不是什么令人愉快的事情。

国外的研究成果表明，83% 的女性和 91% 的男性会因为排队结账而停止购物。除非消费者认为获得了物超所值的服务，否则很难抹去排队等候在其心中的阴影。对企业来说，排队现象也是喜忧参半，喜的是得到消费者的认可，忧的是它大大降低了消费者对服务的满意程度，也许排队的消费者下次将选择另一家企业。因此，企业应高度重视排队结账问题，做好排队管理。

美国专门研究排队管理的专家大卫·梅斯特（David H.Maister）认为，当消费者认为等待符合他们的预期时，消费者会忍受等待。他还将消费者在排队过程中的心理感受进行了总结归纳——充实的等待感觉比无聊的等待时间短、轻松愉快的等待感觉比焦虑痛苦的等待时间短、确定长度的等待感觉比不确定长度的等待时间短、了解原因的等待感觉比不了解原因的等待时间短、合理的等待感觉比不合理的等待时间短、集体等待感觉比孤独等待时间短、公平的等待感觉比不公平的等待时间短。

案例

为什么星巴克横着排队，麦当劳竖着排队？

绝大多数的星巴克都是横着排队的，就连在 1971 年全球第一家星巴克，消费者也是横着排队的！这是为什么呢？因为，一方面横着排队是出于星巴克理念中社交属性方面的考虑，使消费者与消费者之间产生交流，可能是直接的对话，也可能是隐性的交流；另一方面就是优化购物体验，具体表现在以下三个方面。

首先，缓解焦虑感。当消费者站在柜台前面，能够看到墙上的商品价目单，并且视线不会被排在前面的消费者阻挡，挑选的时候能打发时间（或看到柜台里忙碌的工作人员），就会有效减少排队等候的烦躁，从而缓解消费者的焦虑感。相反，竖着排队时，大家都会望向柜台，心理不停嘀咕，怎么这么慢？

其次，仪式化观感。横着的吧台相当于一个完整的制作流程展示，你可以看到咖啡师操作的全过程，通过饮品制作仪式化的过程让消费者提升这杯饮品的价值：嗯，这杯饮料做起来很麻烦，确实值这个价格。

最后，避免制造拥挤感。员工的作业吧台是横向的流水线，所以消费者在面对吧台左侧排队，而在右边取咖啡，形成秩序可以避免走道拥堵。

那么，为什么麦当劳是竖着排队？

麦当劳作为快餐业的鼻祖，一直致力于营造更热闹、快节奏的氛围。纵向排队方式刚好迎合了麦当劳的特征。

首先，营造快节奏环境心理，竖着排队，会让大家产生焦虑感。在后面排队的时候会想前面怎么这么磨叽。轮到自己点餐的时候总会觉得后面排队的人会不耐烦，所以大家点餐时都是火急火燎的。

其次，提醒消费者尽早做出决策，麦当劳店面往往在门口就贴出了当日推荐的套餐组合，并把主推产品贴在室内（现在很多地方还有屏幕点单加快点餐效率）。

最后，减少服务员移动。工作人员基本上回个头就能把炸鸡汉堡放在消费者的餐盘里，最远就是去做个甜筒，距离也就几步。

第三节 » 任务环境与先行状态

消费者的消费往往都有一定的目的和理由，同时，消费时往往带有一定的心情与状态，它们都会影响消费者行为。

一、任务环境

这里的任务是指消费者购物的目的和理由。

对同一种产品，购买的具体目的可以是多种多样的，在不同的购物目和理由的支配下，消费者对于购买何种档次和价位、何种品牌的产品会存在差异。

例如，购买葡萄酒可以是自己喝，也可以是与朋友聚会时一起喝，还可以是作为礼品送人。在不同的购物目的支配下，消费者对于买何种档次和价位、何种品牌的葡萄酒均会存在差异。

此外，与购买任务密切联系的还有使用情境，即产品使用在何种场合。不同的使用情境会使消费者有不同的行为。例如，同是作为礼物，生日礼物的购买和婚礼礼物的购买就会有较大的差别。

二、先行状态

先行状态是指消费者带入消费情境中的暂时性的情绪（如焦虑、高兴、兴奋等）或状态（如疲倦、饥饿、生病、得到一大笔钱或破产等）。

消费者的情绪或状态会影响消费者的决策过程以及对不同产品的购买与消费，也就是说，消费者当前的情绪或状态会对消费者行为产生影响。正面、积极的情绪与积极性购买、冲动性购买相联系，而负面的情绪则会减少消费者的消费欲望。

例如，消费者在进入商店购物前收到了一张停车罚单，这时他的坏情绪会让他对购物产生了消极的心理。反之，如果他是在完成购物后才收到停车罚单，那么他在购物时就没有负面心理了。

又如，距离上次用餐的时间越长，食物广告就越容易引起消费者的注意，因为其可能早就饿了。作为一种先行状态，必须是短暂的，而不是经常性的或与消费者时时相伴随的。例如，一位暂时缺钱和一位总是经济拮据的人的行为会有明显差别。

知识扩展

“好心情定律”

即心情好的时候，更愿意消费。一般来说，一个人心情好的时候更愿意消费，更加大方，而心情低落的时候，则表现比较抠门，也显得很冷漠。当然，有时候正相反，消费者通过疯狂购物来宣泄自己的坏心情，获得满足感和心灵补偿。

章后思考题

1. 说明物质环境对消费者行为有什么影响。
2. 社会环境对消费者行为有什么影响？
3. 时间环境对消费者行为有什么影响？
4. 任务对消费者行为有什么影响？
5. 先行状态对消费者行为有什么影响？

本篇实训

◆ **实训内容：**

分析说明影响自己或他人（某次）消费行为的营销因素与情境因素。

◆ **实践组织：**

1．全班分为若干个小组，采用组长负责制，组员合理分工、团结协作。

2．小组内部充分讨论，认真研究，形成分析报告。

3．小组需制作一份10分钟左右能够演示完毕的PPT文件在课堂上进行汇报，之后其他小组可提出质询，台上台下进行互动。

4．教师对每组分析报告和课堂讨论情况即时进行点评和总结。

第五篇

影响消费者购后行为的因素

消费者购买并消费后可能会有不同的反应，有的满意，有的不满意，有的会重复购买表示忠诚，有的则再也不回头表示流失，那么究竟是哪些因素影响了消费者的满意、忠诚、流失呢？

第十二章　影响消费者满意忠诚流失的因素

1. 为什么有的消费者会满意而有的消费者会不满意？
2. 为什么有的消费者愿意重复购买而有的消费者却再也不光顾？

引例

粉丝服务者

薇娅对自身的定位是“粉丝服务者”，她始终把粉丝的利益摆在第一位，会亲自试用所有产品，觉得东西好才会推荐给粉丝，团队还会为粉丝争取接近出厂价的裸价。至于薇娅直播间卖什么，也是由粉丝说了算。通过层层筛选上了薇娅直播间，薇娅则会在粉丝面前再次试用。一件产品首播后是否有返场，唯一的依据来自粉丝反馈。

薇娅在一次直播时引导销售了上万单水果，由于运输途中气温回升，粉丝收到快递后发现有的水果变质了。薇娅团队火速与商家沟通，但商家认为气温回升属于不可控因素，一时沟通无果。最后，薇娅告诉粉丝，损失全都由她的团队来承担。

影响消费者满意、忠诚、流失的因素往往不是一个因素，但有时候一个因素就足以影响消费者的满意或忠诚或流失，因此，企业必须认真对待，找出影响消费者满意、忠诚、流失的各种因素。

第一节 » 影响消费者满意的因素

消费者满意是一种心理活动，是消费者的主观感受，是消费者的预期被满足后形成的状态。当消费者的感知没有达到预期时，消费者就会不满、失望；当消费者的感知与预期一致时，消费者是满意的；当消费者的感知超出预期时，消费者就感到“物超所值”，就会很满意。

一、消费者满意的意义

消费者满意与否对消费者行为影响很大，对企业的经营活动影响也很大。

（一）消费者满意是消费者忠诚的基础

卡道佐（Cardozo）首次将消费者满意的观点引入营销领域时，就提出消费者满意会带动再购买行为。菲利普·科特勒也认为，留住消费者的关键是让消费者满意。

消费者满意会促使消费者重复购买。一般来说，消费者满意度越高，消费者的忠诚度就会越高；消费者的满意度越低，消费者的忠诚度就会越低。所以说，消费者满意是形成消费者忠诚的基础，是留住老消费者的最好方法。

（二）消费者满意是企业战胜竞争者的最好手段

消费者及其需要是企业建立和发展的基础，如何满足消费者的需要，是企业成功的关键。如果企业不能满足消费者的需要，而竞争者能够满足消费者的需要，那么消费者很可能就会流失，投向能让他们满意的企业。随着市场竞争的加剧，足以让消费者有着更加充裕的选择空间，竞争的关键是比较哪家企业更能够让消费者满意，谁能更好地、更有效地满足消费者的需要，让消费者满意，谁就能够营造竞争优势，从而战胜竞争者、赢得市场。正如某著名企业家所说：“最有效、最能满足消费者需求的企业，才是最后的胜者。”

（三）消费者满意是企业取得长期成功的必要条件

消费者满意还可以节省企业维系消费者的费用，同时，满意消费者的口头宣传还有助于降低企业开发消费者的成本，并且树立企业的良好形象。

美国消费者事务办公室提供的调查数据表明：平均每个满意的消费者会把他满意的购买经历告诉至少 12 个人，在这 12 个人里面，在没有其他因素干扰的情况下，有超过 10 个人表示一定会光临；平均每个不满意的消费者会把他不满意的购买经历告诉 20 个人，而且这些人都表示之后也不愿接受这种产品或服务。据美国汽车业的调查，一个满意的消费者会引发 8 笔潜在的生意，其中至少有一笔会成交，一个不满意的消费者会影响 25 个人的购买意愿。

可以说，消费者满意是企业持续发展的基础，是企业取得长期成功的必要条件。

二、如何判断消费者是否满意

消费者是否满意一般可以从以下几个指标来判断。

（一）美誉度

美誉度是消费者对企业或者品牌的褒扬程度。借助美誉度，企业可以知道消费者对企业或品牌所提供的产品或服务的满意状况。一般来说，持褒扬态度、愿意向他人推荐企业及其产品或者服务的，肯定对企业提供的产品或服务是非常满意或者满意的。

（二）指名度

指名度是消费者指名消费或者购买某企业或某品牌的产品或服务的程度。如果消费者在消费或者购买过程中放弃其他选择而指名购买某种企业或某品牌的产品或服务，表明消费者对该企业或该品牌的产品或服务是非常满意的。

（三）忠诚度

忠诚度是消费者消费了某企业或某品牌的产品或服务之后，愿意再次重复购买的程度。如果消费者继续购买，一般表明消费者是满意的。如果消费者不再购买而改购其他品牌的产品或服务，表明消费者很可能是不满意的。通常来说，消费者对产品或服务的重复购买次数越多，表明消费者的满意度越高，反之则越低。

（四）容忍度

容忍度是指消费者在购买或者消费了某企业或某品牌的问题产品或服务之后愿意包容、容忍的程度。一般来说，消费者容忍度越高，表明消费者越满意，反之则越低。例如，当产品或者服务出现事故时，消费者如果仍然能表现出容忍的态度（既不投诉也不流失），那么表明这个消费者对该企业或该品牌肯定不是一般的满意。又如，当某企业或某品牌的产品或服务的价格上调时，如果消费者表现出很强的承受能力，那么也表明消费者对该企业或该品牌肯定不是一般的满意；相反，如果消费者立马流失与叛离，那么一般说明消费者对该企业或该品牌的满意度是不够高的。

（五）购买额

购买额是指消费者购买某企业或某品牌的产品或者服务的金额的多少。一般而言，消费者对某企业或某品牌的购买额越大，表明消费者对该企业或该品牌的满意度越高；反之，则表明消费者的满意度越低。

（六）购买时间的长短

一般来说，消费者购买决策越迅速，购买时间越短，说明他对该品牌的满意度越高；反之，则可能说明他对该品牌的满意度越低。

总之，消费者满意是一种暂时的、不稳定的心理状态，为此，企业应该经常性地测试，如可经常性地在现有的消费者中随机抽取样本，向其发送问卷或打电话，向消费者询问：对企业的产品或服务是否满意？如果满意，达到了什么程度？哪些方面满意？哪些方面不满意？对改进产品或者服务有什么建议？如果消费者的满意度普遍较高，那么说明企业与消费者的关系是处于良性发展状态的，企业为消费者提供的产品或者服务是受欢迎的，企业就应再接再厉，发扬光大；反之，企业则需多下工夫、下大力气改进产品或者服务。

三、影响消费者满意的因素

现实中很多人认为，让消费者满意的办法就是要尽可能地为消费者提供最好的产品和最好的服务，这个出发点没有问题，也容易被大家接受，但它忽略掉其中两个隐含的问题，那就是要不要考虑成本问题？要不要考虑效果问题？

回答是肯定的，企业必须讲成本、讲效果，而不能不顾一切地付出代价，否则可能得不偿失、入不敷出，给企业造成损失。如果企业能够用较小的代价实现消费者满意，何乐而不为呢？那怎么能够花最小的代价获得消费者满意呢？这就要知道影响消费者满意的因素是什么。

从菲利普·科特勒“顾客满意是指一个人通过对一个产品的可感知效果与他的预期值相比较后，所形成的愉悦或失望的感觉状态”的定义中，我们不难看出影响消费者满意的因素就是消费者感知价值与消费者预期。

（一）消费者感知价值

消费者感知价值是消费者在购买或消费过程中，企业提供的产品或服务给消费者带来的价值，它等于消费者购买产品或服务所获得的总价值与消费者为购买该产品或服务所付出的总成本之间的差额。

1. 消费者感知价值对消费者满意的影响

假设A、B、C三家企业同时向一个消费者供货，消费者对A、B、C三家企业的预期值都是b，A、B、C三家企业给消费者的感知价值分别是a、b、c，并且a>b>c。那么，购买后，消费者对C企业感觉不满意。因为消费者对C企业的预期值是b，但是C企业给消费者的实际感知价值是c，而b>c，也就是说，C企业所提供的产品或服务没有达到消费者的预期值，因此使消费者产生不满。

消费者在购买前对B企业的预期值为b，而消费者实际感受到B企业的产品或服务的感知价值刚好是b。也就是说，B企业所提供的产品或服务刚好达到了消费者的预期，所以消费者对B企业是满意的。

消费者在购买前对A企业的预期值为b，而消费者实际感受到A企业的产品或服务的感知价值是a，而a>b。也就是说，A企业给消费者提供的感知价值不但达到而且超过了消费者的预期值，从而使消费者对A企业非常满意。

这个例子说明了消费者感知价值对消费者满意的重要影响，即如果企业提供的产品或服务的感知价值达到或超过消费者预期，那么消费者就会满意或非常满意。如果企业提供的产品或服务的感知价值达不到消费者预期，那么消费者就会不满意。

2. 影响消费者感知价值的因素

影响消费者感知价值的因素有消费者总价值和消费者总成本两大方面，即一方面是消费者从消费产品或服务中所获得的总价值，包括产品价值、服务价值、人员价值、形象价值等；另一方面是消费者在消费产品或服务中需要耗费的总成本，包括货币成本、时间成本、精神成本、体力成本等。也就是说，消费者感知价值受到产品价值、服务价值、人员价值、形象价值、货币成本、时间成本、精神成本、体力成本八个因素的影响。进一步说，消费者感知价值与产品价值、服务价值、人员价值、形象价值成正比，与货币成本、时间成本、精神成本、体力成本成反比。

（1）产品价值。产品价值是由产品的功能、特性、品质、品种、品牌与式样等所产生的价值，它是消费者需要的中心内容，也是消费者选购产品的首要因素。在一般情况下，产品价值是决定消费者感知价值大小的关键因素和主要因素。产品价值高，消费者的感知价值就高；产品价值低，消费者的感知价值就低。

假如产品的质量不稳定，即使企业与消费者建立了某种关系，这种关系也是脆弱的，很难维持下去，因为它损害了消费者的利益。所以，企业应保持并不断提高产品的质量，这样才能提高产品价值，进而提高消费者的感知价值，使其与消费者关系建立在坚实的基础上。

假如产品缺乏创新，样式陈旧或功能落伍，跟不上消费者需求的变化，消费者的感知价值就会降低，自然消费者就会不满意，还会“移情别恋”“另觅新欢”，转向购买新型的或更好的同类产品或服务。

此外，随着收入水平的提高，消费者的需求层次也有了很大的变化，面对日益繁荣的市场，许多消费者产生了渴望品牌的需求，品牌对企业提高产品价值的影响也就尤为突出，同时，品牌还充当着企业与消费者联系情感的纽带。因此，企业可通过对品牌形象的塑造来提高产品价值，进而为消费者带来更大的感知价值。

（2）服务价值。服务价值是指伴随产品实体的出售，企业向消费者提供的各种附加服务，包括售前、售中、售后的产品介绍、送货、安装、调试、维修、技术培训、产品保证，以及服务设施、服务环境、服务的可靠性和及时性等因素所产生的价值。

服务价值是构成消费者总价值的重要因素之一，对消费者的感知价值影响也较大。服务价值高，消费者的感知价值就高；服务价值低，消费者的感知价值就低。虽然再好的服务也不能使劣质的产品成为优等品，但优质产品会因劣质的服务而失去消费者。例如，企业的服务意识淡薄，员工傲慢，服务效率低，对消费者草率、冷漠、粗鲁、不礼貌、不友好、不耐心；消费者的问题不能得到及时解决，咨询无人理睬、投诉没人处理等都会导致消费者的感知价值低。

优异的服务是提高消费者感知价值的基本要素和提高产品价值不可缺少的部分，出色的售前、售中、售后服务对于增加消费者总价值和减少消费者的时间成本、体力成本、精神成本等方面的付出具有极其重要的作用。企业只有不断提高服务质量，才能提高消费者的感知价值。

（3）人员价值。人员价值是指企业“老板”及全体员工的经营思想、工作效益与作风、业务能力、应变能力等所产生的价值。例如，一个综合素质较高的工作人员会比综合素质较低的工作人员为消费者创造的感知价值更高。此外，工作人员是否愿意帮助消费者、理解消费者，以及工作人员的敬业精神、响应时间和沟通能力等因素也会影响消费者的感知价值。例如，李素丽的服务给乘客带来温暖、尊重、体贴和愉悦，而冷漠的乘务人员则会给乘客带来不安全感、不舒服感。

（4）形象价值。形象价值是指企业及其产品在社会公众中形成的总体形象所产生的价值，它在很大程度上是产品价值、服务价值、人员价值三个方面综合作用的反映和结果，包括了产品、服务、人员、技术、品牌等产生的价值，以及企业的价值观念、管理哲学等产生的价值，还包括企业“老板”及其员工的经营行为、道德行为、态度作风等产生的价值。

企业形象价值高，将有利于提高消费者的感知价值，如果企业形象在消费者心目中较好，消费者就会谅解该企业的个别失误。相反，如果企业原有的形象不佳，企业经营过程中如果存在不合法、不道德、不安全、不健康和违背社会规范的行为，即使企业的产品或服务很好，消费者对它的印象也会大打折扣，那么任何细微的失误也会造成很坏的影响。因此，企业形象被称为消费者感知的“过滤器”。

例如，竞争者可说是无所不在，无时不有，但企业在竞争中不要损人利己、相互拆台、造谣、诽谤、中伤，否则最终只能导致两败俱伤。相反，企业如果能与竞争者建立良好的竞争关系，则会塑造一个阳光的企业形象，从而提高消费者的感知价值。

（5）货币成本。货币成本是消费者在购买、消费产品或服务时必须支付的金额，是构成消费者总成本的主要的和基本的因素，是影响消费者感知的重要因素。消费者在购买产品或服务时，无论是有意还是无意，总会将价格与其消费所得相比较，希望以较小的货币成本获取更多的实际利益，以保证自己在较低的支出水平上获得最大的满足。即使一个企业的产品或服务再好，形象再好，如果需要消费者付出超过其预期价格很多才能得到该产品或服务，消费者也不会乐意。因此，如果消费者能够以低于预期价格的货币成本买到较好的产品或服务，那么消费者的感知价值就高，反之，消费者的感知价值就低。

（6）时间成本。时间成本是消费者在购买、消费产品或服务时必须花费的时间，它包括消费者等待服务的时间、等待交易的时间、等待预约的时间等方面。激烈的市场竞争使人们更清楚地认识到时间的宝贵，对于一些消费者来说，时间可能与质量同样重要。在相同情况下，如果消费者所花费的时间越少，消费者购买的总成本就越低，消费者的感知价值就越高。相反，如果消费者所花费的时间越多，消费者购买的时间成本就越高，消费者的感知价值就越低。因此，企业必须努力提高效率，在保证产品质量和服务质量的前提下，尽可能减少消费者时间的支出，从而降低消费者购买的总成本，提高消费者的感知价值。如今，对消费者反应时间的长短已经成为某些行业，如快餐业、快递业和报业成功的关键因素。

（7）精神成本。精神成本是消费者在购买产品或服务时必须耗费精神的多少。在相同情况下，精神成本越少，消费者总成本就越低，消费者的感知价值就越大。相反，精神成本越高，消费者的感知价值就越低。

一般来说，消费者在一个不确定的情况下购买产品或服务，都可能存在一定的消费风险。例如：预期风险，如当消费者的预期与现实不相符时，就会有失落感，产生不满；形象风险或心理风险，如消费者担心购买的服装太前卫会破坏自己的形象，或担心购买价格低的产品被人取笑，或购买价格高的产品又会被人指责摆阔、逞能等；财务风险，即购买的产品是否物有所值、保养维修的费用是否太高、将来的价格会不会更便宜等；人身安全风险，如某些产品的使用可能隐含一定的风险，如驾驶汽车、摩托车可能造成交通事故……这些可能存在的消费风险，都会导致消费者精神压力的增加，如果企业不能降低消费者的精神成本，就会降低消费者的感知价值。

例如，旅馆不守信用，旅客预订的客房无法按时入住，而旅馆没有任何补偿行为，这也会增加旅客的精神成本，从而降低消费者的感知价值。

根据日本知名的管理顾问角田识之的研究，一般交易活动中买卖双方的情绪热度呈现出两条迥然不同的曲线：卖方从接触买方开始，其热忱便不断升温，到签约时达到巅峰，等收款后便急剧降温、一路下滑；然而，买方的情绪却是从签约开始逐渐上升，但总是在需要卖方服务的时候，才发现求助无门——这往往是买方产生不满的根源。如果买方始终担心购买后，卖方的售后服务态度会一落千丈，那么就会犹豫是否要购买其产品或服务。

（8）体力成本。体力成本是消费者在购买、消费产品或服务时必须耗费体力的多少。在相同情况下，体力成本越少，消费者的感知价值就越高。相反，体力成本越高，消费者的感知价值就越低。在紧张的生活节奏与激烈的市场竞争中，消费者对购买产品或服务的方便性要求也在提高，因为消费者在购买过程的各个阶段均需付出一定的体力。如果企业能够通过多种渠道减少消费者为购买产品或服务而花费的体力，便可降低消费者购买的体力成本，进而提高消费者的感知价值。

总之，消费者总是希望获得最多的产品价值、服务价值、人员价值、形象价值，同时又希望把货币成本、时间成本、精神成本、体力成本降到最低限度，只有这样消费者的感知价值才会最高。

（二）消费者预期

消费者预期是指消费者在购买、消费之前对感知价值，即产品价值、服务价值、人员价值、形象价值、货币成本、时间成本、精神成本、体力成本等方面的主观认识或期待。

1. 消费者预期对消费者满意的影响

为什么会出现不同的人接受同一产品或服务后，有的人感到满意，而有的人感到不满意呢？因为他们的预期不同。

为什么会出现同一个人接受不同的产品或服务后，好的不能让他满意，而不够好的却能使他满意呢？因为好的产品或服务比他预期的要差，而不够好的产品或服务却比他预期的要好。

例如，消费者对自己等待时间满意与否，取决于消费者对等待时间的预期值和实际等待的时间的对比。例如，消费者预期等待 10 分钟，而实际上却等待了半个小时，这很可能引起消费者的极度不满意。同样等了 10 分钟，预期 6 分钟等待时间的消费者会比预期 30 分钟等待时间的消费者不满意。

又如，A、B、C 三个消费者同时进入一家餐厅消费，假设 A、B、C 三个消费者对餐厅服务的预期分别是 a、b、c，并且 a>b>c，餐厅为他们提供的服务都是 b。那么，消费后，A 对餐厅感觉不满意，因为 A 在消费前对餐厅抱有很大的预期，其预期值为 a，但是他实际感受到的餐厅服务只是 b，而 a>b，也就是说，餐厅所提供的服务没有达到 A 消费者的预期值，使 A 消费者产生失落感，所以 A 消费者对餐厅是不满意的。B 消费者在消费前的预期值为 b，而他实际感受到的餐厅服务刚好达到了他心中的预期值 b，所以 B 消费者对餐厅的服务是满意的。C 消费者在消费前的预期值为 c，而在消费过程中，餐厅服务达到了 b，而 b>c，也就是说，餐厅所提供的服务不但达到而且超过了 C 消费者的预期值，从而使 C 消费者产生“物超所值”的感觉，所以 C 消费者会对餐厅非常满意。

这个例子说明了消费者预期对消费者满意是有重要影响的，也就是说，如果企业提供的产品或服务达到或超过消费者预期，那么消费者就会满意或很满意；而如果达不到消费者预期，那么消费者就会不满意。

2. 影响消费者预期的因素

消费者预期不是与生俱来、一成不变的，而是后天得来且动态变化的，消费者预期会随着消费者自身因素和外在因素的变化而不断地进行调整。一般来说，影响消费者预期的因素有以下几个方面。

（1）消费者的价值观、需求、习惯、偏好。

不同的消费者由于性别、年龄、身份及消费能力等的差异会产生不同的价值观、需求、习惯、偏好，进而面对同样的产品或服务会形成不同的预期。

（2）消费者以往的消费经历、消费经验、消费阅历。消费者在购买某种产品或服务之前往往会结合他以往的消费经历、消费经验，对即将要购买的产品或服务产生一个心理预期值。

例如，消费者过去吃一份快餐要 10 元，那么他下次再去吃快餐可以接受的价格，即对快餐的价格预期值也是 10 元；如果过去吃一份快餐只要 5 元，那么他下次再去吃快餐可以接受的价格，即对快餐的价格预期值就是 5 元。

又如，消费者以往打热线电话在 10 秒钟之内就能够接通，这一次超过 20 秒钟仍无人接听就会难以接受；反之，消费者以往热线电话很难打进去，现在 1 分钟内被受理感觉就比较好。

而没有消费经历和消费经验的消费者如果有消费阅历（即亲眼目睹别人消费），那么也会影响他的预期。如果看上去感觉不错就会形成较高的预期，如果看上去感觉不好则会形成较低的预期。

此外，一般来说，新消费者与老消费者对同一产品或服务的预期往往不同，新消费者由于没有消费经历、消费经验而往往预期过高或过低，而老消费者由于有丰富的消费经历、消费经验而使预期比较理性。

（3）他人的介绍。消费者的消费决定总是很容易受到他人尤其是亲戚朋友的影响，亲戚朋友的介绍对消费者预期的影响较大。如果消费者身边的人极力赞扬，说企业的好话，那么就容易让消费者对该企业的产品或服务产生较高的预期；相反，如果消费者身边的人对企业进行负面宣传，则会使消费者对该企业的产品或服务产生较低的预期。

例如，某消费者的朋友告诉消费者，某宾馆的服务好极了，自然该消费者对该宾馆的预期值就会很高；如果某消费者的朋友告诉消费者，某宾馆的服务糟糕透了，自然该消费者对该宾馆的预期值就会很低。

（4）企业的宣传与承诺。企业的宣传与承诺主要包括广告、产品外包装上的说明、员工的介绍和讲解等，根据这些，消费者会对企业的产品或服务在心中产生一个预期值。例如，药品的广告宣称服用三天见效，那么药品的服用者也就预期三天见效；如果广告宣称是服用三周见效，那么药品的服用者也就预期三周见效。如果企业肆意地夸大宣传自己的产品或服务，会让消费者产生过高的预期值。而客观的宣传，就会使消费者的预期比较理性。例如，如果企业预先提醒消费者可能需要等待，就会使消费者有一个心理准备，产生需要等待的预期。研究表明，那些预先获得通知需要等待的消费者会比那些没有获得通知需要等待的消费者满意。

（5）价格、包装、环境等有形展示。消费者还会凭借价格、包装、环境等看得见的有形展示线索来形成对产品或服务的预期。例如，如果餐厅环境污浊、服务人员穿着邋遢，不修边幅的话，显然会令消费者将其定位为低档消费场所，认为其根本不可能提供好的服务。相反，较高的价格、精美或豪华的包装、舒适高雅的环境等可使消费者产生较高的预期。

延伸阅读

引导消费者期望的技巧

1. 向消费者展示其忽视的因素

消费者："这件衣服100元可以卖吗？"

店员："对不起，太低了，要200元！"

消费者："这不是普通棉布做的吗？怎么这么贵呀？"

店员："噢，您没看出来吧？这可是正宗的巴西进口的精细棉，不会起皱，透气性也很好，所以要贵些！"

消费者："是这样啊，好吧，那我买两件！"

2. 修正对方的经验

消费者："这件童装多少钱？"

店员："200元。"

消费者："怎么这么贵！我上次给自己买的比这件大多了，但只要100元，除了布料比这件多些外，其他都没什么不一样的啊？怎么这件这么贵？"

店员："噢，是这样的，童装虽然用的布料少，但做工要求更高、更精细，所以价格会更贵些！"

3. 修正对方的思维模式

消费者："这部手机多少钱？"

店员："2 000元。"

消费者："上星期我的一个朋友在另外一家店买才花1 500元啊！"

店员："噢，那几天这款手机刚上市，为了做广告所以按优惠价格销售，当时我们这里也是卖1 500元，可现在促销期已经过了，所以要按正常价格销售了。"

第二节 » 影响消费者忠诚的因素

消费者忠诚是指消费者一再重复购买，而不是偶尔重复购买同一企业的产品或服务的行为。美国学者奥立弗（Oliver）认为消费者忠诚就是对偏爱产品或服务的深度承诺，在未来一贯地重复购买并因此而产生的对同一品牌或同一品牌系列产品或服务的重复购买行为，而不会因市场情景的变化和竞争性营销力量的影响产生转移行为。

一、消费者忠诚的意义

（一）"忠诚"比"满意"更能确保企业的长久收益

"消费者满意"不等于"消费者忠诚"，如果企业只能实现"消费者满意"，不能实现

"消费者忠诚"，那么意味着自己没有稳定的消费者群，这样经营收益就无法确保，因为，只有忠诚的消费者才会持续购买企业的产品或服务，才能给企业带来持续的收益。

假设某企业每年的消费者流失率是 10%，每个消费者平均每年带来 100 美元的利润，吸收一个新消费者的成本是 80 美元。现在企业决定实施消费者忠诚计划，将消费者年流失率从 10% 降低到 5%，该计划的成本是每个消费者 20 美元。分析这家企业消费者终生价值的变化情况：每年流失 10% 的消费者，意味着平均每个消费者的保留时间大约是 10 年，每年流失 5% 的消费者，意味着平均每个消费者的保留时间大约是 20 年。忠诚计划实施前，平均每个消费者的终生价值为：10 年 ×100 美元 / 年 −80 美元 =920 美元。忠诚计划实施后，平均每个消费者的终生价值为：20 年 ×（100 美元 / 年 −20 美元 / 年）−80 美元 =1 520 美元。通过实施消费者忠诚计划，平均每个消费者的终生价值增加了 600 美元，也就是说，平均每个消费者给企业创造的价值增加了 600 美元。

（二）使企业的收入增长并获得溢价收益

忠诚消费者因为对企业信任、偏爱，不仅会重复购买企业的产品或服务，还会放心地增加购买量或增加购买频率。忠诚消费者对企业的其他产品会连带地产生信任，当产生对该类产品的需求时，会自然地想到购买该品牌的产品，从而增加企业的销售量，为企业带来更大的利润。

此外，忠诚消费者会很自然地对该企业推出的新产品或新服务产生信任，愿意尝试，因而他们往往是新产品或新服务的早期购买者，为企业的新产品或新服务的上市铺平了前进的道路。

另外，忠诚消费者对价格的敏感度较低、承受力强，比新消费者更愿意以较高价格来接受企业的产品或服务，而不是等待降价或不停地讨价还价。由于他们信任企业，所以购买贵重产品或服务的可能性也较大，因而忠诚消费者可使企业获得溢价收益。

美国某位学者的研究成果也表明，消费者忠诚度提高 5%，企业的利润将增加 25% ~ 85%，随着企业与消费者维护商业关系时间的延长，忠诚消费者会购买更多的产品或服务，其产生的利润呈递增趋势。

（三）降低开发成本、交易成本和服务成本

1. 降低开发消费者的成本

随着企业间为争夺消费者而展开的竞争日趋白热化，导致企业争取新消费者需要花费较多的成本，如广告宣传费用、推销费用（如向新消费者推销所需的佣金、推销人员的管理费用及公关费用等）、促销费用（如免费使用、有奖销售、降价等），还有大量的登门拜访以及争取新消费者的人力成本、时间成本和精力成本……因此，企业开发新消费者的成本非常高，而且这些成本还呈不断攀升的趋势。例如，电视广告费用不断上涨，而广告份额却在下降，企业若要维持原有的广告份额，就必须不断增加广告费用。所以，对于许

多企业来说，最大的成本就是开发新消费者的成本。

然而，比起开发新消费者，留住老消费者的成本要相对“便宜”很多，特别是消费者越“老”，其维系成本越低，有时候一些定期的回访或听取他们的抱怨就能奏效。即使是激活一位中断购买很久的“休眠消费者”的成本，也要比开发一位新消费者的成本低得多。

美国的一项研究表明：吸引一个新消费者要付出 119 美元，而维系一个老消费者只需要 19 美元，也就是说，获得一个新消费者的成本是维系一个老消费者成本的 5 ~ 6 倍。

总而言之，如果企业的忠诚消费者多了，消费者忠诚度提高了，就可以降低企业开发新消费者的压力和支出。

2. 降低交易成本

交易成本主要包括搜寻成本（即为搜寻交易双方的信息所发生的成本）、谈判成本（即为签订交易合同所发生的成本）、履约成本（即为监督合同的履行所发生的成本）三个方面，支出的形式包含金钱、时间和精力的支出。

由于忠诚消费者比新消费者更了解和信任企业，且与企业已经形成一种合作伙伴关系，彼此之间已经达成一种信用关系，所以，交易的惯例化可使企业大大降低搜寻成本、谈判成本和履约成本，最终使企业的交易成本降低。

3. 降低服务成本

第一，服务老消费者的成本比服务新消费者的成本要低很多。例如，在消费者服务中心的电话记录中，新消费者的电话往往要比老消费者多得多，这是因为新消费者对产品或服务还相当陌生，需要企业多加指导，而老消费者因为对产品或服务了如指掌，因此不用花费企业太多的服务成本。

第二，由于企业了解和熟悉老消费者的预期和接受服务的方式，所以可以更容易、更顺利地为老消费者提供服务，并且还可以提高服务效率和减少员工的培训费用，从而降低企业的服务成本。

（四）降低经营风险并提高效率

据统计，如果没有采取有效的措施，企业每年要流失 10% ~ 30% 的消费者，这样造成的后果是企业经营的不确定性增加了，风险也增加了。

而相对忠诚的消费者群体和稳定的消费者关系，可使企业不再疲于应付因消费者不断改变而带来需求的变化，有利于企业制定长期规划，集中资源去为这些稳定的、忠诚的消费者提高产品质量和完善服务体系，并且降低经营风险。

同时，企业能够为老消费者提供熟练的服务，不但意味着效率会提高，而且失误率也会降低，事半功倍。此外，忠诚消费者易于亲近企业，能主动向企业提出改进产品或服务的合理化建议，从而提高企业决策的效率和效益。

（五）获得良好的口碑效应

随着市场竞争的加剧，各类广告信息的泛滥，消费者面对大量眼花缭乱的广告难辨真假，无所适从，对广告的信任度在大幅度下降。而“口碑”是比当今“满天飞”的广告更具有说服力的宣传，消费者在进行购买决策时，往往越来越重视和相信亲朋好友的推荐，尤其是已经使用过产品或接受过服务的人的推荐。例如，万科房产销售就有相当比例得益于原有消费者的口碑。

忠诚消费者是企业及其产品或服务的有力倡导者和宣传者，他们会把对产品或服务的良好感觉介绍给周围的人，主动地向亲朋好友和周围的人推荐，甚至积极鼓动其关系范围内的人购买，从而帮助企业增加新消费者。

美国有一项调查表明，一个高度忠诚的消费者平均会向 5 个人推荐企业的产品或服务，这不但能节约企业开发新消费者的费用，而且还可以在市场拓展方面产生乘数效应。一个对欧洲 7 000 名消费者的调查报告表明，60% 的被调查者购买新产品或新品牌是受到家庭或朋友的影响。

可见，忠诚消费者的正面宣传是难得的免费广告，可以使企业的知名度和美誉度迅速提高。忠诚消费者的口碑还能够塑造和巩固良好的企业形象。

（六）获得消费者队伍的壮大

假设有三家公司，A 公司的消费者流失率每年是 5%，B 公司的消费者流失率每年是 10%，C 公司的消费者流失率每年是 15%，三家公司每年的新消费者增长率均为 15%。

那么 A 公司的消费者存量每年将增加 10%，B 公司的消费者存量每年将增加 5%，而 C 公司的消费者存量则是零增长。

这样一来，7 年以后 A 公司的消费者总量将翻一番，14 年后 B 公司的消费者总量也将翻一番，而 C 公司的消费者总量将始终不会有实质性的增长。

可见，消费者忠诚度高的企业，能够获得消费者数量的增长，从而壮大企业的消费者队伍。

（七）为企业发展带来良性循环

随着企业与忠诚消费者关系的延续，忠诚消费者带来的效益呈递增趋势，这样就能够为企业的发展带来良性循环。消费者忠诚的企业，增长速度快，发展前景广阔，可使企业员工树立荣誉感和自豪感，有利于激发员工士气；消费者忠诚的企业获得的高收入可以用于再投资、再建设、再生产、再服务，也可以进一步提高员工的待遇，进而提高员工的满意度和忠诚度；忠诚员工一般都是熟练的员工，工作效率高，可以为消费者提供更好的、令其满意的产品或服务，这将更加稳固企业的消费者资源，进一步强化消费者的忠诚；消费者忠诚的进一步提高，又将增加企业的收益，给企业带来更大的发展，从而进入下一个良性循环……

美国贝恩策略顾问公司通过对几十个行业长达10年的“忠诚实践项目”调查，发现消费者忠诚是企业经营成功和持续发展的基础和重大动力之一。

总而言之，消费者忠诚能确保企业的长久收益，使企业收入增长并获得溢价收益，能节省开发成本、交易成本和服务成本，降低经营风险并提高效率，能获得良好的口碑效应及消费者队伍的壮大，为企业发展带来良性循环，保证了企业的可持续发展。可以这么说，忠诚消费者的数量决定了企业的生存与发展；忠诚的质量，即忠诚度的高低，反映了企业竞争能力的强弱。

二、如何判断消费者是否忠诚

消费者是否忠诚一般可以从下面几个指标来判断。

（一）消费者重复购买的次数

消费者重复购买的次数是指在一定时期内，消费者重复购买某种品牌产品的次数。一般来说，消费者对某品牌产品重复购买的次数越多，说明对这一品牌的忠诚度越高，反之则越低。

有些企业为了便于识别和纳入数据库管理，一般将消费者忠诚量化为连续3次或4次以上的购买行为，但现实中不同的消费领域、不同的消费项目有很大差别。例如，有的产品或服务，我们一生可能会消费几万次、几十万次甚至更多，而有的产品或服务，我们一生可能只消费几次甚至一次。因此，不能一概而论，不能简单用次数来判断消费者是否忠诚，更不能跨消费领域、跨消费项目进行比较，因为这样比较是没有意义的。

（二）消费者对竞争品牌的态度

一般来说，对某种品牌忠诚度高的消费者会自觉地排斥其他品牌的产品或服务。因此，如果消费者对竞争品牌的产品或服务有兴趣并有好感，那么就表明他对该品牌的忠诚度较低，反之，则说明他对该品牌的忠诚度较高。

（三）消费者对价格的敏感程度

消费者对价格都是非常重视的，但这并不意味着消费者对价格变动的敏感程度都相同。事实表明，对于喜爱和信赖的产品或者服务，消费者对其价格变动的承受能力强，即敏感度低。而对于不喜爱和不信赖的产品或者服务，消费者对其价格变动的承受力弱，即敏感度高。因此，企业可以依据消费者对价格的敏感程度来衡量消费者对某品牌的忠诚度。对价格的敏感程度高，说明消费者对该品牌的忠诚度低。对价格的敏感程度低，说明消费者对该品牌的忠诚度高。

（四）消费者对产品质量的承受能力

任何服务或产品都有可能出现各种质量问题，即使是名牌产品也很难避免。如果消费者对该品牌的忠诚度较高，当出现质量问题时，他们会采取宽容、谅解和协商解决的态度，不会由此而失去对它的偏好。相反，如果消费者对品牌的忠诚度较低，当出现质量问题时，他们会深感自己的正当权益被侵犯了，从而会产生强烈的不满，甚至会通过法律方式进行索赔。当然，企业运用这一指标时，要注意区别事故的性质，即是严重事故还是一般事故，是经常发生的事故还是偶然发生的事故。

（五）消费者购买费用的金额

消费者对某一品牌支付的费用与购买同类产品支付的费用总额的比值如果高，即消费者购买该品牌的比重大，就说明消费者对此种品牌的忠诚度高。反之，消费者对此种品牌的忠诚度低。

（六）消费者挑选时间的长短

消费者购买产品或服务都要经过挑选，但由于信赖程度的差异，对不同品牌的挑选时间是不同的。通常，消费者挑选的时间越短，说明他对该品牌的忠诚度越高；反之，则说明他对该品牌的忠诚度越低。

三、影响消费者忠诚的因素

一般来说，影响消费者忠诚的因素有：消费者满意度、消费者因忠诚能够获得多少利益、消费者的信任和情感、消费者是否有归属感、消费者的转换成本、企业与消费者联系的紧密程度、企业对消费者的忠诚度、员工对企业的忠诚度、消费者自身因素等。影响消费者忠诚有些是单一因素作用的结果，有些是多个因素共同作用的结果。

（一）消费者满意度

消费者忠诚度和满意度之间有着千丝万缕的联系。一般来说，消费者满意度越高，消费者的忠诚度就会越高；消费者满意度越低，消费者的忠诚度就会越低。可以说，消费者满意是推动消费者忠诚的最重要因素。但是，消费者满意与消费者忠诚之间的关系又没有那么简单，它们之间的关系既复杂，又微妙。

1. 满意则可能忠诚

满意使重复购买行为的实施变得简单易行，同时也使消费者对企业产生依赖感。统计结果表明：一个满意的消费者，6 倍于一个不满意的消费者更愿意继续购买企业的产品或服务。

根据消费者满意的状况，我们可将消费者忠诚分为信赖忠诚和势利忠诚两种。

第一，信赖忠诚。当消费者对企业及其产品或服务完全满意时，往往表现出对企业及其产品或服务的“信赖忠诚”。信赖忠诚是指消费者在完全满意的基础上，对使其从中受益的一个或几个品牌的产品或服务情有独钟，并且长期、指向性地重复购买。

信赖忠诚的消费者在思想上对企业及其产品或服务有很高的精神寄托，注重与企业在情感上的联系，寻求归属感。他们相信企业能够以诚待客，有能力满足消费者的预期，对所忠诚企业的失误也会持宽容的态度。当发现该企业的产品或服务存在某些缺陷时，能谅解并且主动向企业反馈信息，而不影响再次购买。他们还乐意为企业做免费宣传，甚至热心地向他人推荐，是企业的热心追随者和义务宣传员。

信赖忠诚的消费者在行为上表现为指向性、重复性、主动性、排他性购买。当他们想购买一种他们曾经购买过的产品或服务时，会主动去寻找原来向他们提供过这一产品或服务的企业。有时因为某种原因没有找到所忠诚的品牌，他们会搁置需求，直到所忠诚的品牌出现。他们能够自觉地排斥“货比三家”的心理，能在很大程度上抗拒其他企业提供的优惠和折扣等诱惑，而一如既往地购买所忠诚企业的产品或服务。

信赖忠诚的消费者是高依恋的消费者，他们的忠诚最可靠、最持久，他们是企业最为宝贵的资源，是企业最基本、最重要的消费者，是企业最渴求的。他们的忠诚也表明企业现有的产品或服务对他们是有价值的。

第二，“势利忠诚”。当消费者对企业及其产品或服务不完全满意，只是对企业及其产品或服务的某个方面满意时，往往表现出对企业及其产品或服务的“势利忠诚”。

例如：有些消费者是因为“购买方便”而忠诚；有些消费者是因为“价格诱人”而忠诚；有些消费者是因为“可以中奖”“可以打折”“有奖励”“有赠品”等而忠诚；有些消费者是因为“流失成本太高”，或风险更大，或实惠变少，或支出增加等而忠诚……

总之，“势利忠诚”是消费者为了能够得到某个（些）好处或害怕有某个（些）损失，而长久地重复购买某一产品或服务的行为。一旦没有了这些诱惑和障碍，他们也就不再“忠诚”，很可能就会转向其他更有诱惑的企业。可见，“势利忠诚”是“虚情假意”的忠诚，他们对企业的依恋度很低，很容易被竞争者挖走。

因此，企业要尽可能实现消费者的“信赖忠诚”，但是，如果实在无法实现消费者的“信赖忠诚”，也可以退而求其次——追求实现消费者的“势利忠诚”，这种忠诚对企业同样有价值、有意义。

2. 满意也可能不忠诚

一般认为满意的消费者在很大程度上就是忠诚的消费者，但实际上它们之间并不像人们所想象的那样存在着必然的联系。许多企业管理人员发现：有的消费者虽然满意，但还是离开了。

《哈佛商业评论》报告显示，对产品满意的消费者中，仍有 65% ~ 85% 的消费者会选择新的替代品，也就是说满意并不一定忠诚。

一般来说，满意也可能不忠诚的原因大概有以下几种情况：消费者没有因为忠诚而能获得更多利益；消费者对企业的信任和情感不够深；消费者没有归属感；消费者的转换成本过低；企业与消费者联系的紧密程度低；企业对消费者的忠诚度低；员工对企业的忠诚度低；消费者自身因素，如消费者想换“口味”丰富一下自己的消费经历等都会导致消费者虽然满意但不忠诚。

3. 不满意则一般不忠诚

一般来说，要让不满意的消费者忠诚可能性是很小的，如果不是无可奈何、迫不得已，消费者是不会“愚忠”的。

例如，消费者不满意企业污染环境，或不承担社会责任，或不关心公益事业等，就会对企业不忠诚。又如，企业对消费者的投诉和抱怨处理不及时、不妥当，消费者就会对企业不忠诚。

一个不满意的消费者迫于某种压力，不一定会马上流失、马上不忠诚，但条件一旦成熟，就会不忠诚。

4. 不满意也有可能忠诚

有两种情况，一种是“惰性忠诚”，另一种是“无奈忠诚”。

第一，“惰性忠诚”。“惰性忠诚”是指消费者尽管对产品或服务不满意，但是由于本身的惰性而不愿意去寻找其他供应商或服务商。对于这种忠诚，如果其他企业主动出击，让“惰性忠诚者”满意，还是容易将他们挖走的。

第二，“无奈忠诚”。“无奈忠诚”是指在卖方占主导地位的市场条件下，或在不开放的市场条件下，尽管消费者不满却因为别无选择，找不到其他替代品，不得已，只能忠诚。例如，市场上仅有一个供应商，在这样垄断的背景下，尽管不满意，消费者也别无选择地忠诚，因为根本没有“存有二心”的机会和条件。

虽然“惰性忠诚”和“无奈忠诚”能够给企业带来利润，企业可以顺势、借势而为，但是，企业切不可麻痹大意、掉以轻心，因为不满意的忠诚是靠不住的、很脆弱的，一旦时机成熟，这类不满意消费者就会毫不留情地流失。

从以上的分析来看，消费者忠诚很大程度上受消费者满意的影响，但是并不绝对，满意的消费者也并不一定是忠诚的消费者，如可能因为没有忠诚的动力或压力。一般来讲，消费者不满意通常就不会忠诚，但是，消费者有时尽管不满意也可能因为惰性或迫于无奈而忠诚。所以，企业要想实现消费者忠诚，除了让消费者满意外，还得考虑影响消费者忠诚的其他因素，需要其他手段的配合。

（二）消费者因忠诚能够获得多少利益

追求利益是消费者的基本价值取向。调查结果表明，消费者一般也乐于与企业建立长久关系，其主要原因是希望从忠诚中得到优惠和特殊关照，如果能够得到优惠和特殊关照，就会激发他们与企业建立长久关系。如果老消费者没有得到比新消费者更多的优惠和特殊关照，那么就会限制了他们的忠诚，这样老消费者就会流失，新消费者也不愿成为老消费者。因此，企业能否提供忠诚奖励将会影响消费者是否持续忠诚。

然而，当前仍然有许多企业总是把最好、最优惠的条件提供给新消费者，而使老消费者的待遇还不如新消费者，这其实是鼓励“后进”，打击“先进”，这是一个倒退，将大大损害消费者忠诚度。一个人如果对待一个有十年交情的老朋友还不如新结识的朋友，那么有谁会愿意和这样的人做长久的朋友？其实，新消费者是个未知数，你不知道最后他们会带来什么，而老消费者伴随着企业历经风雨，是企业的功臣。如果一个企业连老消费者都不珍惜，又怎能令人相信它会珍惜新消费者？再新也最终会变旧，企业切不可喜新厌旧，否则只会让老消费者寒心，受伤害的他们将不再忠诚而会流失，而新消费者看到老消费者的下场，也会望而却步，因为老消费者今天的境遇或下场就是新消费者明天的境遇或下场。

所以，企业要废除一切妨碍和不利于消费者忠诚的因素，要让老消费者得到更多的实惠，享受更多的奖励，这样就会激励消费者对企业的忠诚。当然，利益要足够大，要能够影响和左右消费者对是否忠诚于企业的选择。

（三）消费者的信任和情感因素

1. 信任因素

由于消费者的购买存在一定的风险，因此，消费的安全感是消费者与企业建立忠诚关系的主要动力之一。消费者为了避免和减少购买过程中的风险，往往总是倾向于与自己信任的企业保持长期关系。

市场上确实有这样的企业，只追求眼前利益，“一切向钱看”，不顾及消费者的感受，但这种企业是不可能得到消费者信任的，而没有得到消费者信任的企业肯定得不到消费者的忠诚。

研究显示，信任是构成消费者忠诚的核心因素，信任使重复购买行为的实施变得简单易行，同时也使消费者对企业产生依赖感。

例如，衣蝶百货是一家百分之百只卖女性衣服的专卖店，服务策略是用周到的服务来创造令人感动的体验。如衣蝶百货的洗手间会给人喜出望外的体验，里面有高品质的护肤乳液和香精。洗手台有专职的服务人员，清洁工作非常到位，没有水渍。为了防止马桶座垫不卫生，衣蝶百货还为消费者提供了自动胶膜。衣蝶百货站在女性的角度来想，方便了在外购物的女性们，从而赢来了很多的忠诚消费者。

2. 情感因素

如今，情感对消费者是否忠诚的影响越来越不能忽视，这是因为企业给予消费者利益，竞争者也同样可以提供类似的利益，但竞争者难以攻破情感深度交流下建立的消费者忠诚。

企业与消费者一旦有了情感交融，就会使企业与消费者之间从单纯的买卖关系升华为休戚相关的伙伴关系。当消费者与企业的感情深厚时，消费者就不会轻易背叛，即使受到其他利益的诱惑也会掂量掂量与企业感情的分量。

美国人维基·伦兹在其所著的《情感营销》一书中也明确指出：“情感是成功的市场

营销的唯一的、真正的基础，是价值、消费者忠诚和利润的秘诀。”

加拿大营销学教授杰姆·巴诺斯通过调查研究指出，消费者关系与人际关系有着一样的基本特征，包括信任、信赖、社区感、共同目标、尊重、依赖等内涵。企业只有真正站在消费者的角度，给消费者以关怀，与消费者建立超越经济关系之上的情感关系，才能赢得消费者的心，赢得消费者的忠诚。

（四）消费者是否有归属感

假如消费者具有很强的归属感，感到自己被企业重视、尊重，就会不知不觉地依恋企业，因而忠诚度就高。相反，假如消费者没有归属感，感觉自己被轻视，就不会依恋企业，忠诚度也就低。

例如，星巴克最忠诚的消费者每月上星巴克店的次数高达 18 次，因为他们把星巴克当作一种除家和办公室之外的第三场所。他们可以在星巴克体验到在别的地方无法体验到的情调和氛围，还能从这种星巴克服务中感受到某种情谊和归属感，甚至能够获得某种精神的提升。

又如，穷游网保持消费者黏性依靠的是其丰富实用的旅游咨询和服务，以及良好的社区气氛。穷游网将后台加工制作的集成式攻略单列为一个版块，将消费者生成的攻略和消费者间的问答互动一起放入了论坛版块。注册消费者则拥有自己的主页，可以进行发帖，上传照片，问答等，也可以与其他消费者发私信。注册消费者在穷游网上免费得到了其他消费者提供的旅游信息，然后在自己亲身体验之后又回来回报网站，分享自己的旅游经历。如此这样的循环往复，穷游网便吸引了众多忠诚消费者的持续关注。

案例

米粉圈

小米公司在官方网站建立了小米社区，将有共同爱好、共同价值观的粉丝进行了聚拢，通过同城会、米粉节等不断深化社区的活力与磁场，并在小米社区平台引导粉丝进行内容创造，与核心的粉丝用户建立良好的互动关系，通过一系列的优惠措施以及尊崇体验带给核心粉丝更高的溢价。小米公司还通过微信平台对粉丝遇到的产品售后问题进行维护，以解决产品设计缺陷可能产生的粉丝流失问题。同时，小米公司在各大媒体社交工具上都保持零距离贴近消费者，包括小米手机的创始人雷军在内的公司高层管理者每天都会亲自做一系列的客服工作，耐心解答用户部分提问。总之，小米公司通过小米社区、同城会、米粉节等，与米粉建立良好的互动关系，使米粉有了归属感，感到自己被重视、被尊重，因而提高了对小米的忠诚度。

（五）消费者的转换成本

转换成本指的是消费者从一个企业转向另一个企业需要面临多大的障碍或增加多大的成本，是消费者为更换企业所需付出的各种代价的总和。

转换成本可以归为以下三类：一类是时间和精力上的转换成本，包括学习成本、时间成本、精力成本等；另一类是经济上的转换成本，包括利益损失成本、金钱损失成本等；还有一类是情感上的转换成本，包括个人关系损失成本、品牌关系损失成本等。相比较而言，情感转换成本比起另外两个转换成本更加难以被竞争者模仿。

转换成本是阻止消费者不忠诚的一个缓冲力。如果消费者从一个企业转向另一个企业，会损失大量的时间、精力、金钱、关系和感情，那么，即使目前他们对企业不是完全满意，也会三思而行，慎重考虑，不会轻易背叛。

例如，企业实行累计优惠计划，那么频繁、重复购买的忠诚消费者，就可以享受奖励，而如果中途背叛、放弃就会失去眼看就要到手的奖励，并且原来积累的利益也会因转换而失效，这样就会激励消费者对企业忠诚。

案例

COSTA的会员打折卡

当你走进 COSTA 点了一杯 36 元的拿铁咖啡，准备掏出钱包付款时，服务员告诉你："先生，这杯价格 36 元的咖啡，你今天可以免费得到。"

服务员接着说："你办理一张 88 元的打折卡，这杯咖啡今天就是免费的了。并且这张卡全国通用，你任何时候到 COSTA 消费，都可以享受 9 折优惠。"

调查表明，有 70% 左右的消费者都会购买这张打折卡。此策略的高明之处体现在以下两方面。

一是提高消费者第一次消费客单价。对于用户来说咖啡的价值是 36 元，所以办一张打折卡 88 元，送一杯咖啡，然后这张卡以后还可以持续打折，挺好的。但是，真实的情况是多花了 53 元。为什么这么说？因为打折是建立在你消费的基础上的，你不消费，这张卡对你没有任何用处，就算你消费那也是给 COSTA 持续贡献利润。

二是锁住消费者。当你响应了 COSTA 的主张之后，你获得了一张打折卡，就在你办卡的一瞬间，其实他们就已经锁定了你的消费。由于 COSTA 与星巴克定价几乎一样，当你下一次要喝咖啡的时候，因为有这张打折卡，你基本不会考虑星巴克。

（六）企业与消费者联系的紧密程度

我们知道，如果两个物体的接触面非常光滑，摩擦系数很小，那么这两个物体彼此就很容易"滑溜"；相反，如果两个物体的表面粗糙，摩擦系数很大，那么这两个物体就没有那么容易“开溜”。这个时候，“摩擦阻力”成了“牵挂”。

我们还知道，化学反应比物理反应稳定。如果两个企业之间的关系不是表层的关系，而是深层的、高级的关系，相互渗透的关系，那么分开就不是件容易的事了。

经验表明，消费者购买一家企业的产品越多，对这家企业的依赖就越大，消费者流失的可能性就越小，就越可能忠诚。如 360 安全公司和瑞星公司通过网上智能升级系统，及时为使用其产品的消费者进行升级，并且提供一些可免费下载的软件，从而增强了消费者对其的依赖性。

总而言之，消费者对企业的依赖程度高，忠诚度也就高；反之，如果消费者对企业的依赖程度低，那么一旦发现更好更合适的企业，便会毫不犹豫地转向新的企业。

（七）企业对消费者的忠诚度

忠诚应该是企业与消费者之间双向的、互动的，不能追求消费者对企业的单向忠诚，而忽视了企业对消费者的忠诚。正像宜家提出的那样：“通过给予忠诚来获得忠诚。”

假如企业对消费者的忠诚度高，忠心耿耿、一心一意地为消费者着想，不见异思迁，不断为消费者提供满意的产品或服务，就容易获得消费者的信任甚至忠诚。相反，如果企业喜新厌旧、见异思迁、朝秦暮楚，不能持续地为消费者提供满意的产品或服务，那么，消费者的忠诚度就会降低。

 **案例**

苹果公司以自己的忠诚换取消费者的忠诚

苹果公司规定每一个 App 商店的应用开发者和应用开发商必须要重视用户的隐私，必须保护好用户的数据信息，不能保留用户数据的任何备份，在用户不再使用这款 App 的时候，必须要把用户的数据删得一干二净，否则的话，苹果 App 商店将直接把这款 App 给下架，不会再一次上架……苹果公司保护消费者的隐私，塑造了良好的企业形象，赢得消费者的忠诚。

（八）员工对企业的忠诚度

研究发现，员工的满意度、忠诚度与消费者的满意度、忠诚度之间呈正相关的关系。这是因为，一方面，只有满意的、忠诚的员工才能愉快地、熟练地提供令消费者满意的产品和服务；另一方面，员工的满意度、忠诚度会影响消费者对企业的评价，进而影响其对企业的忠诚度。

另外，有些消费者之所以忠诚于某家企业主要是因为与之联系的员工的出色表现，如专业、高效、娴熟以及与他们建立的良好私人关系。因此，如果这个员工离开了这家企业，消费者就会怀疑该企业是否仍能满足他们的要求。

可见，员工对企业的忠诚度会影响消费者对企业的忠诚度。

（九）消费者自身因素

以下几种消费者自身的因素也会影响消费者的忠诚。例如，消费者遭遇某种诱惑；消费者遭遇某种压力；消费者搬迁或需求出现转移，如消费者原来喝白酒，现在注意保健而改喝葡萄酒了，如果白酒生产企业不能及时满足消费者新的需求（如供应葡萄酒），那么消费者就不会继续忠诚；消费者朝三暮四——有的消费者由于信念、性格等原因天生就没有忠诚感，要让这样的消费者忠诚显然是非常困难的……这些因素是消费者本身造成的，是企业无法改变的客观存在。

第三节 » 影响消费者流失的因素

消费者流失是指消费者由于种种原因不再忠诚，而转向购买其他企业的产品或服务的现象。

随着企业生产力和经营水平的不断提高，市场上雷同、相近、相似的产品或服务越来越多，竞争品牌之间的差异也越来越小，消费者因改变品牌所承受的风险也大大降低了，因此，当前企业普遍存在消费者易流失的特点。

消费者流失除了有企业自身的原因外，还有消费者本身的原因。

一、企业因素

影响消费者流失的因素与影响消费者忠诚的因素是一样的，这些因素正面作用的结果就是消费者的忠诚，负面作用的结果就是导致消费者的流失。

（一）消费者不满意

当产品或服务质量没有达到标准或经常出现故障时，就容易导致消费者流失。例如，当其他通信企业给消费者提供越来越多的功能，网络覆盖范围不断扩大，接通率提高，掉线率下降时，而本企业提供的通信服务却在很多地方打不通，或经常掉线，那么消费者的埋怨就会不断增加。又如，有的消费者在ATM操作时不慎借记卡被吞，或是吐出假币残币，联系客服却不能迅速地解决。但是当机器出钞出现失误，多吐出钞票时，联系客服时银行工作人员却火速赶到ATM网点解决。这样的对比不免让消费者心生寒意。

当服务态度或服务方式存在问题时，也容易导致消费者流失。例如，服务意识淡薄，员工傲慢、对消费者冷漠、粗鲁，表情僵硬，或表示出不屑，不尊重消费者，不礼貌，缺乏耐心，咨询无人理睬，对消费者的提问和要求表示烦躁；服务僵化、被动，工作效率低下，没有迅速、准确处理消费者的问题，对消费者的投诉和抱怨处理不及时不妥当……企业不能满足消费者需要致使消费者利益受损时，消费者就会寻求其他的商家。

当消费者上当受骗时，也容易导致消费者流失。例如，企业在广告中过分夸大宣传产品的某些性能，造成消费者预期的落空，或企业对消费者做了某种承诺却没有兑现，使消费者的预期没有得到满足。如有的商场承诺包退包换，但是一旦消费者提出退换要求时，商场总是找理由拒绝，也会造成消费者流失。

当产品或服务落伍时，也容易导致消费者流失。任何产品或服务都有自己的生命周期，若企业不能进行产品或服务的创新，消费者自然就会另寻他路，这也是导致消费者流失的重要因素。例如，过去诺基亚手机的消费者现在大多已经流失到了苹果公司、华为公司、三星公司等。

梅赛德斯·奔驰，是为数不多的百年汽车品牌之一。然而，就是这样一家以德国制造品质著称的百年老店，在 2019 年却引发巨大的舆论海啸——闹得沸沸扬扬的西安、兰州两位奔驰女车主坐引擎盖上维权之后，很多潜在的奔驰消费者选择观望、犹豫甚至转投其他品牌。

此外，消费者不满企业的行为，如破坏或污染环境，不关心公益事业，不承担社会责任等，也会造成消费者的流失。

（二）其他原因

例如，消费者从忠诚中所获得的利益较少，消费者对企业的信任和情感不够深，消费者没有归属感，觉得自己被轻视。此外，消费者转换成本较低；企业与消费者业务联系不够紧密；消费者对企业的依赖程度低；跳槽员工带走消费者；企业自身对消费者不忠诚，朝秦暮楚、见异思迁等也都会导致消费者流失。

二、消费者因素

有些导致消费者流失的因素是消费者本身造成的，原因主要有以下三个。

（1）有的消费者因为需求转移或消费习惯改变而退出某个市场。

（2）有的消费者对企业提供的好的服务或产品根本就不在乎，转向其他企业不是因为对原企业不满意，而是因为自己想换“口味”，想尝试一下新企业的产品或服务，或只是想丰富自己的消费经历。

（3）有的消费者由于住址变化等原因而导致流失。

案例

伊利公司挽回流失消费者

三聚氰胺事件使消费者对奶粉业产生信任危机，作为奶粉业的巨头伊利公司深深地陷入此次事件的泥淖，许多的消费者流失了。那么，伊利公司是怎么挽回已经流失的消费者的呢？

第一，实施“三清理”，即严格清理所有的原料供应环节可能出现的问题；严格清理库存产品，凡是有问题的库存产品一律销毁，决不流入市场；严格清理市场，从市场上全面收回不合格的产品，决不让一件有问题的产品留在市场上。

第二，实施“三确保”，即确保所有的产品都必须经过本企业和国家质检部门的严格检测后再出厂；确保严格对原奶收购环节进行检测，确保奶农利益。通过“三确保”，伊利公司保证了生产环节的产品质量，确保了销售的每一批产品都是合格的。

第三，实施“抓两头”，即抓原奶和出厂。在原奶收购环节，伊利将所有的检测前置到收奶环节，加强和提高了检验水平；在出厂环节配备了高精度的检测仪器进行检测。

第四，率先推出24小时网络生产直播平台，即从奶牛饲养到机械挤奶、从产品灌装到出库流通，消费者均可通过视频看到伊利生产的全过程。

第五，开展“放心奶大行动”“天天都是开放日，人人都是监督员”活动，邀请上万名消费者以及质检专家、媒体走进伊利工厂，亲眼见证原奶验收、无菌处理、无菌灌装和入库出库四大环节的操作流程……

伊利公司一系列对症下药的措施受到了消费者和零售商的积极回应，消费者们重新树立了对伊利公司的信心，许多流失的消费者纷纷回头，表示愿意信任以及购买伊利产品。

延伸阅读

消费者调查的步骤

消费者调查是一种科学的工作方法，必须尊重科学、尊重客观规律。为了使消费者调查取得良好的预期效果，调查者必须制订周密的调查计划，按步骤做好必要的准备工作。消费者调查一般分为调查准备、调查设计、调查实施、调查资料处理阶段。

1. 调查准备阶段

首先，界定调查问题。界定调查问题主要是明确调查主题和调查范围。调查主题是消费者调查所要说明或解决的问题，必须具体、明确，不能过于笼统。调查范围一般可以从地区上确定市场的区域范围，从产品使用上确定调查的群体范围。

其次，进行文案调查，又称二手资料调查，是指利用各种信息，如年鉴、报纸、期刊、杂志、报表等，对调查内容进行分析研究。

最后，编写消费者调查方案。内容包括调查主题、调查背景、调查目的；资料来源和评价：第二手资料，第一手资料，评价标准和原则；调查地点、调查时间进程安排、调查人员、调查对象、调查的具体内容；调查方法、样本设计、回访设计；调查的数据统计和分析方法；调查费用预算和责任；等等。

2. 调查设计阶段

首先，确定调查项目。调查项目包括调查对象的基本特征项目、调查主题的主体项目、调查问题的相关项目等。例如，对消费者的需求调查，既要有消费者的基本项目（年龄、性别、职业、文化程度、家庭人口等），又要有消费者需求量、购买动机、购买行为等主体项目，还应有消费者收入、消费结构、储蓄、就业、产品价格等引起需求变动的相关项目。

其次，设计调查方式。从样本角度，目前调查的方式有普查、重点调查、典型调查和抽样调查。调查方式的选择取决于调查的目的、内容以及时间、地点、费用等条件。

再次，调查问卷的设计。调查项目确定以后，就可以设计调查问卷。调查问卷既可作为书面调查的记载工具，也可作为口头询问的提纲。调查问卷设计应以调查项目为依据，能够确保调查数据和资料有效收集，提高调查质量。问卷设计要考虑被调查者的能力和态度，要注意对隐私的保护。问卷界面要友好，简洁美观，具备人性化版面设计。

最后，非正式调查（预调查）。非正式调查是指对初步设计出来的问卷在小范围内进行试验性调查，以便弄清问卷在初稿中存在的问题，了解被调查者是否对所有问题都乐意回答或能够回答，哪些是多余的，还有哪些不完善或遗漏的地方。如果发现问题，应立即修改，使问卷更加完善。预调查是正式调查成功的重要前提和基础，经过一轮或多轮的预调查和问卷修改，即可印制正式问卷。

3. 调查实施阶段

这个阶段主要是由调查人员分头开展调查活动，全面广泛地收集有关的信息资料。

4. 调查资料处理阶段

首先，收集分析资料。收集整理调查资料一般由专人进行，对资料编号保存，问卷需要审核和编码，录入计算机形成数据库，然后制成相应的图表，以供统计分析使用。

其次，撰写调查报告。调查报告一般有两种类型：一种是专业性报告，内容要求详尽，并介绍调查的全过程，说明采用何种调查方式、方法，对信息资料怎样进行取舍，怎样得到调查结果，等等；另一种是一般性调查报告，要求重点突出，介绍情况客观、准确、简明扼要，避免使用专门性术语。

最后，追踪调查结果。即再次通过市场活动实践，检验报告所反映的问题是否准确，所提建议是否可行、效果如何，并总结消费者调查的经验教训，以提高消费者调查的能力和水平。

章后思考题

1. 影响消费者满意的因素有哪些?
2. 影响消费者忠诚的因素有哪些?
3. 影响消费者流失的因素有哪些?
4. 影响消费者预期的因素有哪些?
5. 影响消费者感知价值的因素有哪些?

本篇实训

◆ **实训内容：**

分析影响自己或他人（某次）消费购后行为的因素。

◆ **实践组织：**

1．全班分为若干个小组，采用组长负责制，组员合理分工、团结协作。

2．小组内部充分讨论，认真研究，形成分析报告。

3．小组需制作一份10分钟左右能够演示完毕的PPT文件在课堂上进行汇报，之后其他小组可提出质询，台上台下进行互动。

4．教师对每组分析报告和课堂讨论情况即时进行点评和总结。

参考文献

[1] 迈克尔·所罗门．消费者行为学 [M].12 版．杨晓燕译．北京：中国人民大学出版社，2018-8.

[2] 江林，丁瑛．消费者心理与行为 [M]．北京：中国人民大学出版社，2018-10.

[3] 王曼，白玉苓．消费者行为学 [M]．北京：机械工业出版社，2018-9.

[4] 曹旭平，唐娟．消费者行为学 [M]．北京：清华大学出版社，2017-8.

[5] 周斌，王雪飞．消费者行为学 [M]．北京：清华大学出版社，2013-9.

[6] 何时修．智能技术引领消费新时代 [J]．中国质量万里行，2017（11）.

[7] 杜丹清．互联网技术对消费升级的影响研究 [J]．中国物价，2017（9）.